让你的议论风生

时师教你写议论文

时鹏寿 编著

南京师范大学出版社

图书在版编目（CIP）数据

让你的议论风生．时师教你写议论文 / 时鹏寿编著．—
南京：南京师范大学出版社，2020. 12
ISBN 978-7-5651-4708-1

Ⅰ．①让… Ⅱ．①时… Ⅲ．①议论文－写作－高中－
教学参考资料 Ⅳ．①G634. 343

中国版本图书馆 CIP 数据核字（2020）第 163885 号

书　　名　让你的议论风生——时师教你写议论文
策　　划　张　鹏
编　　著　时鹏寿
责任编辑　张岳全
出版发行　南京师范大学出版社
地　　址　江苏省南京市玄武区后宰门西村 9 号（邮编：210016）
电　　话　（025）83598919（总编办）　83598412（营销部）　83598009（邮购部）
网　　址　http://press.njnu.edu.cn
电子信箱　nspzbb@njnu.edu.cn
照　　排　南京凯建文化发展有限公司
印　　刷　南京茂华彩色印务有限公司
开　　本　787 毫米 ×1092 毫米　1/16
印　　张　19.25
字　　数　376 千
版　　次　2020 年 12 月第 1 版　2021 年 2 月第 2 次印刷
书　　号　ISBN 978-7-5651-4708-1
定　　价　58.00 元

出 版 人　张志刚

有言在先

终于，又一部书稿杀青了！

在三十多年的语文教学生涯中，著者对作文教学用力尤勤，用心尤多，自忖也有一些一得之见。比如，在写作上，必须有一定的理论武装，必须掌握一些常用的技法，无论师生；比如，就议论文的写作而言，提高认识水平是根本出路；比如，就作文训练的全程而论，讲评是最为关键的环节——作为标志性成果的“高中语文‘四步作文讲评法’课堂教学模式”是《高效课堂：模式与案例·语文》(南京大学出版社 2009 年 12 月第 1 版，《高效课堂：模式与案例》是解读南通教育的丛书）所收录的十一个教学模式之一，中文核心期刊《语文教学通讯》也推介过；比如，历年高考作文典题及精心设计的日常训练题是训练审题立意的最佳材料；再比如，来自考场的佳作是学子学习借鉴的最好样本。如此等等，不一而足。

因此，著者以为，要提升写作水平，对古今中外的文学理论、著名作家的写作经验的借鉴是非常重要的，也是非常必要的。有时候，长期困扰着你的难题也许会因为他们的言说迎刃而解，而豁然开朗，而醍醐灌顶。

所以，要学会写议论文，进而写好议论文，自然得从写作理论、写作技法入手。

我们所说的写作理论、写作技法，不是象牙之塔里的向壁虚构，不是科举八股中的高头讲章，而是从教学实践中来，又在教学实践中用，并且是行之有效的。虽然强调“操作性”会有功利主义之讥，但是对不得不面对选拔性考试的广大考生而言，“操作性”就是最大的“政治”，最大的专业，最大的善意。

基于这样的认知，著者围绕着材料作文、审题立意、拟题艺术、结构艺术、首尾艺术、论证艺术、例证艺术、分析艺术、语言艺术、驳论艺术等话题（其间有涵盖、交叉，分述是为了阐述清楚，突出重点）进行阐释，力求讲清楚“是什么”，尤其致力于“怎么做”。

本书还安排了“佳作篇”，由“高考佳作”和“日常佳作”组成，从 44 年的数百道高考作文题中精选了 54 道典题及 65 篇高分作文（不少还是满分作文），在日常考练中精选了12道典题及15篇佳作，于是有了现在的66道典题80篇佳作。每道题都有“解析”——这是本书和其他作文图书大不相同的地方；每篇佳作既有文后“综评”，也有文中的细部品鉴——这也是本书和其他作文图书大不相同的地方。这，也是基于著者数十年的作文教学理念：对考练作文而言，孤立地看一篇作文是难以准确判断其优劣的，必须结合命题来考量；你觉得是一篇佳作，要让他人也认同你的看法，就必须讲清楚佳作之“佳”在何处——整体感觉要讲，局部感觉更要讲，甚至“白璧”之“瑕”也要讲出来。

有了理论武装，有了技法指津，有了典题解析，有了佳作评鉴，就有了写作水平提升的可能。当然，要真正地把可能化为现实，还需学子的演练，而且是反复地演练、持恒地演练。因为，从根本上说，作文是一种练习。

需要特别说明的是，书中借鉴了一些网络资料和多种公开出版的图书资料，吸收了一些专家、同行的智慧，恕不逐一注明。但是，著者内心的感恩是虔诚的。

真心祈望本书能对莘莘学子的写作水平提升起到臂助功效。果如斯，则是学子之幸，更是著者之幸。

时鹏寿

2020年8月16日写定于“时鹏寿工作站”

目　录

技法篇

佳作篇

【高考佳作】

技法篇

1．“入乎其内，出乎其外”
——“材料作文”指津

纵观恢复高考以来44年的高考作文题，我们可以毫不勉强地得出这样的结论：材料作文、命题作文、话题作文三种命题样式“三足鼎立”的形势已经变为材料作文（包括渐成气候的“任务驱动型”作文）的“一枝独秀”的局面。从本书的“佳作篇”的“高考佳作”的54道“典题”可以清楚地知悉。

应该承认，“材料作文”是作文命题诸样式中的最高境界，因为它有提炼材料主旨这个先决性环节。如果这个环节出现偏差，就会“全盘皆输”。

因此，时师首先对“材料作文”的写作机制进行梳理，以帮助学子应对这种作文命题。

概而言之，“材料作文”的写作要领是“入乎其内，出乎其外”。

一、认真研读材料，力求吃透材料

材料作文所提供的材料是作文的基点，文章的中心观点（或曰中心论点）必须从材料中来。因此，你首先要认真研读材料，真正吃透材料。如果准备写议论文，必须在行文之初对材料有所交代，当然是通过概述的方式。

我们知道，常见的材料的形式有文字材料和图画材料两大类型。材料的类型不同，研读时各自应该遵循的思维规范也不同。

具体而言，文字材料有直白类和寓比类之分，单则材料和多则材料之别。

所谓直白类材料作文，就是列举出历史上或者现实生活中发生的某种现象或某些事例，要求学子对所列现象或事例进行阐释、评说。这些现象或事例的倾向性比较明显，不容易发生立意上的偏差，我们只要按照议论文的范式去行文就可以了。

相对复杂的是寓比类材料。所谓寓比类材料，就是有所寄托、隐含和比附的材料。这类材料作文往往是提供一则寓言故事或寄寓隐含某些哲理的材料，要求考生据此作文。这就需要我们从整体上弄懂材料的价值取向，准确把握其所寄托、隐含和比附的命意。

请看下面的示例：

根据下边所给材料，写一篇不少于800字的议论文，题目自拟。

杨子是战国时期有名的哲学家。有一次他到宋国去，住在一家旅店里。旅店里有两个年轻女人，一个长得俊俏风流，一个却长得粗黑丑陋。但是，别人对待那个丑女十分尊重，而对那个美女却表示轻蔑。杨子感到奇怪，便问店小二。店小二说："那个美的自己觉得挺美，我倒不觉得她美；那个丑的自己觉得十分难看，我倒不觉得她丑陋。"杨子沉思一会儿说道："弟子们记住，做了好事而不自以为好，这样的人，到哪里会不受人尊敬呢？"

这是一则寓言性质的材料。通读材料后，我们可以看出，它说的是这样的道理：一个人做了好事，生怕别人不知道，大肆宣扬自己，人们就不以为他好；若他对自己做的好事闭口不谈，反会受到人们的尊敬。这实际上在引导人们"高调做事，低调做人"，学会自谦，等等。有了正确的立意，文章就成功了一半。

至于单则材料，因为比较好把握，此处不赘述。特别为多则材料费点笔墨。

材料多，则思维向度广，而提炼中心时必须顾及各则材料中的"共性"，否则便会顾此失彼，因为不能周全而偏离题旨。

"共性"如何找？可先分析各则材料中蕴含的道理，然后通过比较，异中求同，或同中求异，由表及里，揭示底蕴，提炼出各则材料共同的中心。

例如下面这则"壁灯及其他"的材料：

壁灯：位置算得了什么？我终生的愿望是发光。

油漆：你的色彩装点生活，直到被岁月侵蚀得斑斑驳驳，人们赞美你的色彩，我更赞美你对生活的忠诚与执着。

水龙头：建设者离去了，托你向用户传达第一声问候。

要求：阅读上列材料，提炼一个共同观点，联系思想和社会实际，写一篇800字以上的读后感。

我们先分析三个事物各自的特点是什么，共同点又是什么，各个事物本身的喻义是什么，它们的共同喻义又是什么。经过这般分析、综合之后，抓住三个事物的共同点作为展开议论的重点。从材料的内容看，三者都是常见事物，"油漆"装点生活，"壁灯"给人光明，"水龙头"送来了清泉，它们都能给人们的生活提供便利，带来福音。这是其闪光之处，但如果仅从这一点出发，予以立论，那还只浮在表面，没有深入下去，难以写出富有深意的文章来。那么其深层含义是什么呢？"油漆"忠诚执着地保护他物；"壁灯"不计较位置，只求发光；"水龙头"一个劲地给予。这些，不正象征了那些兢兢业业，默默无闻为国家、为社会奉献出自己一切的，工作在平凡岗位上的人们吗？这样就可以立论为：为甘于平凡喝彩！平凡精神在闪光！

有时，我们面对的几则材料各自独立，似乎没有什么共同之处，难以用一个中心统摄材料；但细细想来，命题者把这几则材料聚合在一起，其“异”中总会有“同”的地方，关键是我们能不能找到这个“同”。如果我们能够多从哲学的角度——比如现象与本质，内因与外因，世界是广泛联系的，等等——思考，往往容易找到“共性”。有些材料表面上是对立的，但都统一在一个共同的话题之中，找到统一点，也就找到了聚合点，议论的中心就可以确立了。如“近朱者赤，近墨者黑”与“出淤泥而不染，濯清涟而不妖”，一是说明环境可以改变人，环境对人的影响；一是说明人可以不被环境影响。两则材料虽然对立，但都统一在“人与环境”这个话题之上，“人与环境的关系”就是两则材料的中心。

所以对于多则材料，关键是要找出它们的最佳结合点，即“共性”的东西，综合考虑，这样才符合命题者的意图。但最佳结合点未必就是立意，议论的角度要结合论题的历史意义和现实意义去考虑，这样写出来的文章针对性强，有时代气息，切合“文章合为时而著”的意旨。

至于图画材料，可以分成讽刺性漫画和一般性图画，单幅图画和多幅图画。它们都是作者深入生活并经过对生活的反复观察，周密思考，集中了最能反映主题的题材而创作的。它与文字材料形异实同，只不过材料由文字变成了图画而已。

我们对图画的理解不能狭隘地将所有图画都看成讽刺性的漫画，随着现代观念的多元，带有生活哲理的一般性图画也非常时尚。图画之所以为考试命题所青睐——2019 年全国卷 III 的“毕业前最后一节课”，2010 年全国卷 I 的“有鱼吃还捉老鼠”等等——是因为图画材料作文也可以考查考生的观察、理解、概括、分析以及表达的能力等。

无论是讽刺性漫画和一般性图画，还是单幅图画和多幅图画，都要从对图画中所揭示的片断事实的观察、想象和分析、判断中获得题材和主题，并要用恰当的语言表达出来。这是图画材料作文的第一步。

看图时要注意以下几点：① 按一定的顺序看，一般顺序为由上到下，由左到右，由近到远，由人及物，由部分到整体。② 注意画面中反映的时间、地点及背景环境。③ 注意人物的服饰、动作、表情，从而思考其心理活动及性格特点。④ 如果是多幅图，要注意彼此的关系，根据画面内容对各幅图进行合理的诠释。⑤ 注意画的题目和画的有关说明，借以体会画意。⑥ 根据画的内容展开联想，适当补充情节。⑦ 根据画的立意确立论点。

应特别提醒的是，有的图已有标题或说明，但这并不就是该图的主题。展开论述时要紧密联系画面的含义，这样才符合看图作文的要求。一般地说，给的图都有较强的针对性，因此，作文时要注意联想相似的社会现象及人们的思想实际。

以上说的是对文字材料和图画材料的解读，下面还要特别说说思辨型材料作文题。

一般说来，思辨型材料作文题都有丰富的内涵，能够引发对写作对象多角度的联想，开放的程度比较高，写作的自由度比较大。材料后面的作文要求常见的表述文字是“要求全面理解材料，也可以选择一个侧面，一个角度构思作文；自主确定立意，确定文体，自拟标题；不要脱离材料的含意作文”。于此可知，它强调对材料本身的“全面理解”，也就是对命题者倾向性的准确把握。

就主要观点的提炼概括的角度考察，我们可以粗略地分解为对举型和并举型两个类别。

所谓对举型，就是对材料本身所做出的判断是对立的（二元的），非此即彼；本书“作家如何对待读者”（“佳作篇”的“高考佳作”的“典题”11）和“现代社会的竞争”（“佳作篇”的“日常佳作”的“典题”56）、“过程 PK 结果”（“佳作篇”的“日常佳作”的“典题”60）等材料都是这个序列的。对于对举型材料，考生必须执其一端，走“片面的深刻”的路子。

所谓并举型，就是材料本身包孕丰厚，价值指向多元，作者可以根据自己的阅历选取其中一个方面去演绎、论说，几者之间是可以共存的；本书的“人生要读三本大书”（“佳作篇”的“高考佳作”的“典题”21）和“王选成功宝典 8 条”等材料都是这个序列的。对于并举型材料，考生可以根据自己的认知等方面的积淀，在不否认其他因素（或曰角度）的基础上，抓住某个角度去做文章。

这样的命题样式给考生以相当大的选择余地，为考生提供了避短扬长的空间，能够训练或检测考生的思维能力和认知水平，因而为命题者所青睐，在考试中有较高的亮相频率。熟悉并通过一定量的练习掌握这种样式的命题的应对策略是很有必要的。

以上说的是“入乎其内”的过程，旨在准确地把握材料的内蕴，为正式展开行文扎实地奠基。

二、依据材料内蕴，恰当联想生发

在“吃”透材料的基础上，材料作文应该由此及彼，借题发挥，写出对自然、社会、人生的真切体验与独特感受。不能抛开材料，信马由缰；不能另起炉灶，随意枝蔓；不能就事论事，囿于材料。

此处要特别注意“任务驱动型”作文。因为任务驱动型作文渐成主流样式，而它与其他样式的材料作文写法是迥异的，所以，我们必须厘清其间的区别。

一般的材料作文重在寓意启发——要求考生从材料中提炼出一个恰当的观点，再用材料之外的事实或事理去证明观点的正确性或者价值。而任务驱动型作文近乎时评，也就是现实评论，不论审题立意还是行文展开，其诀窍就是“就事论事”，要求考生针对材料中的具体事实进行评说，从材料的细节入手进行分析甚至辨析，表明自己的态度；虽然也可以适度“外联”——联系材料以外的同质事例与道理进行阐述，但是本质上就是要“扭住了说”，不可随意枝蔓。简而言之，一般的材料作文必须“说开去”。

为了说清楚这个关键的不同，试举两例。

请看 2017 年全国卷 I 的高考作文题（典题 19）：

阅读下面的材料，根据要求写作。

据近期一项对来华留学生的调查，他们较为关注的“中国关键词”有：“一带一路”、大熊猫、广场舞、中华美食、长城、共享单车、京剧、空气污染、美丽乡村、食品安全、高铁、移动支付。

请从中选择两三个关键词来呈现你所认识的中国，写一篇文章帮助外国青年读懂中国。

要求：选好关键词，使之形成有机的关联；选好角度，明确文体，自拟标题；不要套作，不得抄袭；不少于 800 字。

这是一道隐性任务驱动型作文命题。考生必须围绕这些“中国关键词”来做文章。

下笔之先，不妨对十二个关键词的内涵做一番归类梳理：“一带一路”，代表中国承担的历史使命和积极进取的大国风采；高铁，代表中国的发展成就和日新月异的变化；长城、京剧，代表中国的传统和过去；共享单车、移动支付，代表中国的现在；大熊猫，是国宝，象征着友谊；广场舞、中华美食、美丽乡村，展现了中国世俗人情的一面；空气污染、食品安全，代表了中国在发展的进程中出现的问题……当然，这些内涵还可以有其他的解读。

成文之时，要让笔下的两三个关键词之间“形成有机的关联”，指向文章着意让外国青年读懂的重点，诸如温情、美丽、多彩的中国，可以写广场舞、中华美食、美丽乡村；朝气蓬勃、创新发展的中国，可以写“一带一路”、高铁、共享单车；等等。

总而言之，必须而且只能在这十二个关键词中做文章，不可以旁逸斜出。

这是任务驱动型作文命题的特性。

再请看 2018 年全国卷 II 高考作文题：

阅读下面的材料，根据要求写作。

“二战”期间，为了加强对战机的防护，英美军方调查了作战后幸存飞机上弹痕的分布，决定哪里弹痕多就加强哪里。然而统计学家沃德力排众议，指出更应该注意弹痕少的部位，因为这些部位受到重创的战机，很难有机会返航，而这部分数据被忽略了。事实证明，沃德是正确的。

要求：综合材料内容及含意，选好角度，确定立意，明确文体，自拟标题；不要套作，不得抄袭；不少于800字。

如何认识飞机上的弹痕这个作文材料借用了逻辑学中著名的“幸存者偏差”谬误，引导考生将逻辑思考与现实生活建立关联。对于这个相对单一的材料，有两个方向的行文角度：一是思维方式的角度。军方关注幸存飞机，而沃德关注弃毁飞机，从而就有抓关键、抓要害、抓主体的重要性，勇于打破常规，跳出思维惯性，标新立异等立意方向；军方进行的是幸存飞机“哪里弹痕多就加强哪里”的显性思考，关注的是局部，而沃德留意到“因为弹痕少的部位受到重创后战机难以返航”的隐性本质，观照到整体，从而就有现象与本质、整体与局部的关系，尊重事物规律，凡事理性分析等立意方向。二是对待事物的态度。沃德力排众议的观点，得到了事实证明，从而就有不盲从、对自己认定的就得坚持等立意方向。

简明扼要地说，军方和沃德对同一现象的不同认识只是引子，要从中引出文章想表达的观点，然后力证这一观点。

这是一般材料作文的要求。

那么，如何恰当地联想生发呢?

我们可以从原材料出发，进行相似联想，看看历史上与现实生活中有哪些情况与原材料所说的近似，其间有什么规律可以总结，有什么启示可以警世；我们也可以从原材料出发，进行相关联想，看看哪些东西与材料内容是有关联的，它们之间的联系是横向的还是纵向的，是单向的还是双向的，是偶然的还是必然的，是直接的还是间接的；我们还可以从原材料出发，进行相反联想，深入地考察与原材料悖逆的一些历史事件、现实状态，让自己的视角更加多元，经过这样的辩证思考后，看看从中有哪些经验可以借鉴，有哪些教益可以吸取；我们更可以从原材料出发，进行因果联想，材料是现象，我们探究一下潜藏在背后的本质性的问题，材料是结果，我们追问一下引发这一结果的原因，这会让我们的思维敏捷起来。

这样的过程就是“出乎其外”。

三、“入格”而后“出格”，大胆炫示才情

如果说上面的工作都是“知”的层面，是“袖手于前”的话，现在我们就到了“行”的层面，要“疾书于后”了。

“行”必然要考虑文章的结构。经过多年的研究，议论文基本上形成了比较稳定的、得到很多人认同的结构模式：“概述材料——明确观点（中心）——联系实际——展开议论——结语”。有些人怕人说模式就是僵化，于是羞羞答答地不敢公开承认这样的模式。其实，对大多数考生来说，学会一定的结构模式，使得写出来的文章像模像样、中规合矩是很有必要的。这是“入格”的过程，是每个考生必经的阶段。就是创新层面的“出格”也是建筑在“入格”的基础上的。还没有“入格”就奢望着“出格”，美妙固然美妙，只怕是美丽的肥皂泡而已。

就是在这样的模式之下，我们也有比较大的创造的空间。比如“概述材料”的概括与絜叨，侧重与全面；比如“联系实际”的向度（时间上的古今，空间上的中外，人物所在领域上的多元）；比如遣词造句上的“亮点意识”（议论文的语言在“准确”“鲜明”而外也还有“生动”的要求）。

就思辨型材料作文而言，如果面对的是对举型材料，你必须有足够的能力挺“正方”观点，或者忽然“变脸”强力支持“反方”观点。如果面对的是并举型材料，你要能够驾驭其中的任何一个角度。

具体说来，思辨型材料作文大体上可以按以下几个步骤进行。

一是审读材料，挖掘内涵。思辨型材料因为其内蕴的丰厚，从不同的角度考察，它的主旨是多元的，往往各有存在的理由。以“现代社会的竞争”为例，竞争是一种相当普遍的存在，不管你承认不承认，愿意不愿意，它都是活生生的现实。竞争有很多的益处，同时也有不少派生出来的弊端。在这样的背景下，有知名人士提出“在学习中本来就不该鼓励竞争”的观点。那么，现代社会到底要不要竞争？如果免不了竞争的话，我们需要什么样的竞争？这些都成为我们必须思考，必须做出回答的问题。

二是深入思考，确定主旨。一篇800多字的文章不可能也不应该八面出击，若那样，势必是一面也不能击破。在深入思考之后，只能确定其中一个中心（角度）去做文章。以“人生要读三本大书”为例，在文章中，可以提倡读“有字之书”，也可以提倡读“无字之书”，还可以提倡读“心灵之书”。总之，文章只需执其一端。

三是围绕主旨，充分说理。思辨型材料作文题做议论文，要在论证结构、方法、语言等方面下功夫，让理性的光芒在文章中闪耀，用雄辩滔滔去支撑观点。

在举国上下提倡创新的今天，恪守住文章内容与材料的“神合”的底线，我们完全可以放胆结撰华章。

需要特别强调的是，行文过程中不可以用所给材料来证明你的立论，否则就是逻辑上所否定的“循环论证”！

总而言之，材料作文就是在所给材料的基础上作文，或者说文章的观点甚至所拈来的材料是由某个材料触发的；这个材料是文字（一件或几件事，一个或几个观点，一组或几组材料，甚至一篇或几篇文章，一本或几本书）也好，是图画（讽刺性漫画或一般性图画，单幅图画或多幅图画）也罢，只要我们扣住材料的精髓去思考、生发，我们就可以大胆炫示才情，而大可不必如履薄冰。

2．“借我一双慧眼吧！”
——审题立意

在当今的作文命题中，最常见的样式就是材料作文——包括传统意义上的材料作文和发端于 2015 年新课标卷的任务驱动型作文。时师一直以为，材料作文是作文命题的最高境界。考生啃下了这块“硬骨头”，其他的就是“过了黄洋界”之后“不须看”的“险处”。

纵观近年全国各地的高考作文命题，除北京卷以两道题（常常以“附料型”命题作文的样式呈现）的形式明确要求写记叙文或者议论文外，比较常见的要求是“文体不限，诗歌除外”。很自然地，议论文成为很多人的选择，而且呈现压倒性优势的状态。

对议论文写作而言，审题立意是第一步，这一步至关重要。

其实，审题和立意是一体两翼，它们是作文的两个步骤，其评判的标准不同：审题讲究的是精到、准确，立意讲究的是新颖、深刻。它们也是二合一的，二者紧密相连：审题目的就是立意。特别是对限时完成的作文而言，审题与立意差不多是同时进行的。

在议论文写作中，学生遇到的最大的困惑莫过于此。或者因为不能真正读懂材料而不得要领，或者因为误读了材料而偏离题旨。而不得要领、偏离题旨会导致劳而无功、满盘皆输。

那么，如何破解审题立意的困惑呢？

从本质上说，提高认识水平是关键。

明朝著名学者、思想家、文学家李贽说：“才胆实由识而济，故天下唯识为难。有其识，则虽四五分才与胆，皆可建立而成事也。”明末的许学夷有云：“学者以识见为主，以才力辅之。”“学者以识为主，其功夫才质不可偏废。”“学者以识为主，则有阶级可循，而无颠踬之患。”清初的叶燮这样持论：“大约才、识、胆、力，四者交相为济，苟一有所歉，则不可登作者之坛。四者无缓急，而要在先之以识，使无识，则三者俱无所托。”清代的刘熙载如斯说：“认题立意，非识之高卓精审，无以中要。才、学、识三长，识为尤重。”他还说：“叙事要有法，然无识则法亦虚。”章学诚曰：“非识，无以断其义。”意思是说，没有相当的认识事物的能力，就没法断定事物的是非真伪。他们言殊而旨近，其实都指向认识水平。当然，认识水平的高低取决于很多因素，虽有提高之心，亦非一日之功。尽管如此，还是必须把提高认识水平摆到重要位置上。

确实，见识或者说认识水平在中学生作文中的位置举足轻重，一旦突破了见识（认识水平）的瓶颈，让缺乏见识的获得见识，见识较少的增加见识，见识单一的多元见识，见识肤浅的深化见识，见识偏狭的辩证见识，中学生作文就会步入新的境地。

然而，见识的提升确实不容易！

但是，凡事都会有解决的途径。那么，如何迅速提高认识水平？时师以为，主要有两个渠道。

一是阅读。阅读可以帮助提升见识。唐朝文学家柳宗元在《答韦中立论师道书》有“文者以明道”一说。明末清初著名学者顾炎武在《日知录》中写道：“文之不可绝于天地间者，曰明道也。”足见，文章中都是有思想的。而阅读可以与作者的思想亲近、碰撞、交融。俄国作家鲁巴金说过：“阅读，就是在别人的帮助下，建立自己的思想。”明末清初的李沂在《秋星阁诗话》中也有“诗须识高，而非读书则识不高”的妙论。而且，哪怕不是整本书、整篇文的阅读，就是读读名言警句，那精粹的文字也会给人思想的启迪。美国作家梭罗说：“一切经得起再度阅读的格言，一定值得再度思索。”苏联大文学家高尔基也有“在用格言进行的思维中，我学会了很多东西”的认知，见识一定也在其中。

二是做“思维体操”。有人说：“你不可能总是处于笔耕状态，但要努力使‘脑耕’成为一种常态……想的永远比写的多，要不然，不仅‘想’会萎缩，‘写’也会枯竭。”这，确实让人豁然开朗。作文命题千变万化，但是万变不离之“宗”是“人”！从“人”出发，可以梳理出“人与他人”“人与社会”“人与自然”和“人与自我”四大关系，让思维的触角多角度地伸展，正面看看，反面看看；乐观地看看，悲观地看看；仰视一番，鸟瞰一番；外表看看，内里看看……左看右看，上看下看，就一定会“见他人之所未见”。当真正能够“见他人之所未见”了，那么下笔之时，就能“道他人之所未道”，从而写出新意灼灼的文章来。

当然，掌握一定的方法也可以让我们学会审题立意。

譬如，运用“设问法”来审题立意。所谓设问法，就是在通读所提供材料的基础上，把握住材料的总体倾向，然后进行设问，再将回答的内容加以变通，从而得到紧扣材料的论点的方法。

一般说来，设问法有如下两种类型。

一是“总体设问法”，即研究材料后提出统摄全材料的问题，将回答的内容加工成论点的方法。请看题目设计：

阅读下面材料，按要求作文。

等　待

一位探险家在森林中看到一位老农正坐在树桩上抽烟斗，于是他上前打招呼道：“您好，您在这儿干什么呢？”

这位老农回答：“有一次我正要砍树，但就在这时风雨大作，刮倒了许多参天大树，这省了我不少力气。”

“您真幸运。”

“您可说对了。还有一次，在暴风雨中的闪电把我准备要焚烧的干草给点着了。”

“真是奇迹！您现在准备做什么？”

“我正等待发生一场地震把土豆从地里翻出来。”

要求：阅读上述材料，由此生发开去，写一篇不少于600字的作文。除诗歌外，文体不限，题目自拟。

这是一则寓比型材料，必须准确地“破译”材料内涵，察其弦外之音，提炼出带有哲理意味的人生感悟。

假如我们想写作议论文，不妨用总体设问法来提炼论点。因为寓言故事的寓意必须从整体上去把握。

我们不妨围绕寓言的题目“等待”展开几个设问。为什么“等待”？原来是把偶然当成了必然，保存了一份侥幸心理，是意识深处的“惰性”在作怪。“等待”什么？原来在等待“奇迹”再现，等待成功从天而降。“等待”有何危害？显然，“等待”无异于自我毁灭，只会丧失一个又一个良机，永远与成功无缘。我们应该怎么办？当然不能做守株待兔式的消极等待，要主动出击，要靠自己去创造奇迹，要把握时机促成飞跃，要勇敢地与“惰性”说再见，等等。这样，紧扣材料的论点就一个又一个地生发出来了。走好了这一步，文章也就成功了一大半。

二是“切割设问法”，就是在把握材料总体倾向的前提下将所供材料切割成若干片断，再通过处理设问的答案来提炼论点的方法。

现以下面的题目设计为例加以阐释。

阅读下面材料，根据要求作文。

当代历史上那个特殊的十年期间，山东大学校长成仿吾被批斗，造反派把“独有英雄驱虎豹，更无豪杰怕熊罴”的“罴”（pí）字读成了“罢”字。成老坚持纠正学生的读音，在场群众为之潸然泪下，热烈鼓掌。

要求：根据这个材料，选择最佳角度，自拟题目，联系实际加以拓展，写一篇议论文，字数不少于800。

这则材料不太容易把握，不少考生绞尽脑汁仍不得要领，然而，一旦运用了切割设问法，问题便迎刃而解了。

先读“当代历史上那个特殊的十年期间，山东大学校长成仿吾被批斗”后打住，问：为什么会出现这种情况？答：连老一辈的无产阶级革命家，“创造社”的宿将成仿吾这样的人都不能幸免于难，可见那个年代对人才的摧残到了何等程度，那个年代法纪废弛到了何等程度！转换之后可以得出这样的论点：人才岂容恣意摧残?！我们呼唤一个法治的社会！再读“成老坚持纠正学生的读音”后打住，问：为什么他要这样做？答：这是一种难能可贵的责任心，是一种职业道德的驱使。转换后又可以得出这些论点：责任心可歌可泣，时刻牢记自己的职责。再读“在场群众为之潸然泪下，热烈鼓掌”后停下来，问：为什么会这样？答：是成老的人格、胸襟打动了他们。转换后可以得出这些论点：宁为玉碎，不为瓦全；无私则无畏；“取义”不惜“成仁”；敢说，就是好。最后，将这些论点根据自己的“库存”情况进行一番筛选，确定想要分享的中心论点后，就可以激扬文字了。

运用设问法进行审题立意特别要注意以下三点。

首先，要吃透材料实质。

无论是总体设问法还是切割设问法，都必须以把握材料总体倾向为前提。像“等待”中的老农是被嘲讽的对象，“成仿吾被斗”中的成仿吾是位可敬的长者，这就是材料的总体倾向，也是材料的重心所在，必须把握住这一实质。

其次，要选准设问点。

如面对“等待”一料，就不能在探险家身上做文章，因为探险家仅仅是材料的一个引子，他的作用仅限于借对话引出可笑的老农形象。同理，“成仿吾被斗”中造反派的举止也不宜做文章，如果在第一个句号处切割一下问出“造反派为什么会读错字音”从而引出诸如“不学无术者戒”“要读准字音”“要维护祖国语言文字的纯洁性”等观点的话，其荒谬之处昭然若揭。

再次，要变通回答内容。

议论文的论点最好是一个明晰的判断，见诸文题，常常是主谓结构或动宾结构，让读者一目了然。因此，必须对设问的回答内容进行适当的处理，使之更加紧扣材料，更加明晰醒目。

另外，审题立意时要注意“思辨”。这也是新课标揄扬的一种思维方式。

思辨就是思考、辨析（分辨、质疑、分析）。它是一种具体的思维方式，更是一种审慎的思维品格。它有助于创新表达、个性化表达。

例如，孔子说过："己所不欲，勿施于人。"我们不禁要问：是不是一定要恪守这一古训？是不是可以实行"己所不欲，可施于人"的方略？殊不知，自己的"砒霜"可以是他人的"蜜糖"！如果我们认同了这一古训，觉得"施于人"的可以是"己之所欲"，但又如何得知自己的"蜜糖"不是他人的"砒霜"呢？再换一种角度，我们同为"社会人"，有着共同的生活背景，有着相近的心理需求，那么在很多情况下，"己之所欲"，还是可以"施于人"的。

再如，孔子曾经说："无友不如己者。"如果对这个观点进行思辨性立意，我们就会去问：这句话说得对不对？这句话符合实际情况吗？这句话适用于所有情况吗？这句话可以从哪几个角度审视？如果更进一步，我们将思考：谁得"无友不如己者"？"不如"是哪方面"不如"？"无"（勿）是不是太绝对了？这句话逻辑上对不对？因为这种交友观实际上不具备可操作性，势必造成"高不成，低不就"的局面。

如此，无形之中，一种思辨便开始了。

下面以一道新材料作文题目为例，具体阐述议论文立意的"思辨技术"。

一个小学生把一个被自行车撞伤的老奶奶送进医院，小学生的母亲还为老奶奶垫付了医药费。老奶奶的家人却把小学生告上法庭，诬蔑小学生撞倒老人，要求小学生负事故的全部责任。法院依证据驳回原告，但小学生的心灵已受伤，他在日记中写道："我帮助人，别人却到法院告我，我害怕，我想哭，不知雷锋有没有被人告过，他哭过吗？"

请你写一篇作文，对小学生说一番话。自定立意，自拟题目，不少于800字。

这是一道任务驱动型新材料作文，即带有明确而又具体的写作任务——"对小学生说一番话"，那就意味着有特定的人称限制，即采用第一人称和第二人称来讲道理，并且要考虑到小学生这一特殊对象。而"你"在此具有不确定性，既可以指写文章的本人，也可以是虚拟化的某个人。如果本文能够从"非我"的立场、采用"我"的口吻构思，例如"我"可以是被救助的老奶奶，还可以是老奶奶的家人，甚至是雷锋叔叔等，这样的文章就带有创新性了。

思辨技术之一：化笼统为具体。

事情本身是很复杂的，因此要采取具体分析的思路，去考虑具体的人、具体的事、具体的细节、具体的结果等等。假如以笼统的眼光来看待事情，一定会出现"以偏概全"的结论。

例如，材料中"老奶奶的家人却把小学生告上法庭，诬蔑小学生撞倒老人，要求小学生负事故的全部责任"这句话就存在辨析的空间。我们可以进一步追问：是老奶奶把小学生告上法庭吗？或者说，是受助者本人将施助者告上法庭吗？受助者本人的表现如何呢？可不可以合理推测？如果循着这个思路对小学生说一番话，一定会受到不一般的效果：

亲爱的小同学，请你不要悲伤，更不要绝望。你扶起了急需救助的老奶奶，你做得对！但是你却作为被告，出现在法庭上。你心里一定很难过，这是人之常情。其实，这件事是老奶奶的家人做得不对，不应该对你的行为抱有怀疑，更不应该不信任你。但我相信，你所救助的老奶奶一定对你充满了感激，你的行为也一定得到了她的认可，在未来的岁月里，她也一定会带着对你的感恩去关爱他人。

而有的同学缺乏这种“具体化”的思维训练，习惯在文章中空谈大道理，动不动就是“我们中国人”“我们社会主义国家”“社会主义制度的优越性”等。例如下面这段话：

小同学你好，你的行为没有错。习近平总书记提出了“中国梦”的伟大构想，要求我们践行社会主义核心价值观。你的行为就是在践行伟大的社会主义核心价值观。作为新时代的“四有”新人，你是这个时代道德的中流砥柱，你用自己的行为诠释着公平正义，诠释着善良友爱，你的行为就是实现“中国梦”的一支力量！

这样的说理显得空洞，说服力不强，因为越是具体可感的道理，才越具有说服力。

再来看这段话：

小朋友，你此刻的心情我也很理解，那是做了好事遭到污蔑或冤枉的心凉与委屈。我也有过这样的经历。那是我小时候，想着妈妈那么辛苦，便帮着做家务，刚擦完一个花瓶，我年幼的妹妹就打碎了花瓶。恰好妈妈回到了家，看到破碎的花瓶，不问青红皂白便把我训斥了一顿。我默默地扫了碎片，心里觉得十分委屈。但难道因为这，我以后就不帮妈妈做家务了吗？当然不是。小朋友，你也一样，难道经过这件事之后，你就再也不乐于助人了吗？我相信你肯定不会。

这段话的说服效果就很不错，因为作者在“现身说法”，用自己的经历来劝说别人，往往会收到较好的劝说效果。这是“同理心”在发挥作用。这也说明了讲的道理越具体越好，尽量不要讲那些空洞无物的大道理！

思辨技术之二：变绝对为辩证。

在面对“对与错”“好与坏”“善与恶”“正义与邪恶”“进步与落后”等话题时，不能用“二元对立”的绝对化思维，搞非此即彼的是非判断（那是线性思维，有简单化的弊病），而是要辩证地看待，即从正面分析之后，还要从反面分析其合理性，反之亦然。

例如，材料中说“老奶奶的家人却把小学生告上法庭，诬蔑小学生撞倒老人，要求小学生负事故的全部责任”，那我们就可以进一步辨析：老奶奶的家人把小学生告上法庭，他们就一定是恶人吗？一定是坏人吗？他们的行为就一定触犯法律了吗？就一定违背道德了吗？如果循着这个思路对小学生说一番话，就会令人耳目一新：

亲爱的小同学，当你因为救助老奶奶而被告上法庭时，你内心对这个社会一定充满了失望吧。其实，老奶奶的家人只是一时被情绪冲昏了头脑，毕竟是自己的亲人受伤了。即使做得再不对，他们也不是坏人，更不是十恶不赦的恶人。小朋友你想一想，在那种情况下，在没有任何证据的情况下，他们用法律维护自己的权益，其实并没有过错。可能他们的行为使你幼小的心灵受到了伤害，但在法律方面并没有问题。法治社会里，我们应该相信法律。通过法律维护公平正义，维护自己的权益，这恰恰是我们应该发扬的精神。

基于上述认识，有同学劝说小学生将来要继续做好事。这本来也没有问题，只是很多同学习惯进行绝对化的论证，影响了表达效果。

例如，比较多的同学这样写：

孩子，你一定要相信，善有善报，恶有恶报，不是不报，时候未到，要相信这个世界上还是好人多，所以你在未来的生活中一定要保持善良，相信正义一定会战胜邪恶。

这段文字中包含着陈旧的因果报应思想，而“正义一定会战胜邪恶”或许也只是人们的美好理想。用这样绝对化的表述，并不合适。

有一位同学这样表述：

小朋友，你还小，涉世不深，内心更多的是对这个世界的美好的期待。但我还是想告诉你，这个世界远比你想象的复杂，你要懂得保护自己。我并不是教你诈，更不是教你圆滑处世，而是希望你将这次经历当作成长的一课，在以后的生活中还能真心帮助别人，同时也要讲究策略和方法，所谓“防人之心不可无”。“防人之心”是这个时代不可缺少的心理状态。这不是自私，不是冷漠，而是一种保护自己合法权益不受侵害的方法。

如此表述，观点既鲜明，即鼓励小学生继续做好事，同时又留有余地，即在做好事时还要讲究策略和方法，要学会保护自己。这样的说理，小学生一定可以心悦诚服，同时又真正吸取了教训。无论从功利角度还是从写作角度，都会达到新颖的效果。

思辨技术之三：变单一为立体。

在说理论证时，要学会从多个侧面、多个领域、多种理由说理，要“手有寸铁”，例如从社会学、伦理学、文学艺术、哲学、心理学等角度进行探究，而不能仅仅会讲一些通俗的生活道理。即使是生活道理，也要拓宽思路，从多个角度论证。

对于本则材料而言，以下角度就会达到“立体化”的效果。

孩子，委屈其实是一种不成熟的心理。当然，你年龄还小，受到了委屈，会产生悲观的情绪，这也很正常。但你想一想，如果自己襟怀坦荡，无欲无求，做事情并不期望得到什么回报，即使别人错怪了你甚至起诉了你，你依然能够有平常心，“委屈”的负能量不就没有用武之地了吗？正如孔子所说：“人不知而不愠，不亦君子乎！”孔子还说：“不患人之不己知，患不知人也。”我们相信你，随着年龄的增长，你会逐步成熟，不断进步，终有一天，你会看淡“委屈”，看透“悲观”，会成为一个心平气和雍容大度的男子汉的！

这是从心理角度建言的。

孩子，听我给你讲讲人情物理。其实，人与人之间，除了血缘关系的纽带，还有另一种纽带，那就是“仁义纽带”。孔子说，“仁”就是爱人，不仅爱亲人，而且爱陌生人，而“义”就是应该，做自己应该做的事。你的行为正是对孔子仁义观的践行，你扶起了受伤的老奶奶，这既是关爱他人的表现，又是做自己应该做的事。这本身就是值得称道的，只不过在具体的过程与细节方面出了一些不如意的状况，这些状况并不是对你行为的否定，恰恰相反，正因为有了这个意外，你的所作所为才更有价值。

这是从伦理角度建言的。

孩子，你知道社会是什么吗？社会就是一群陌生人在同一个空间里共同生存。连接社会的纽带，除了血缘，就是正义。正如罗尔斯所说“正义是社会体制的第一美德”，正义不仅要求我们能够处理亲缘关系，更要求我们在处理与陌生人关系时有公共之心。实际上，人与人之间就处于这样一种潜在的关系纽带中，自己需要他人的帮助，他人也离不开自己的帮助。你的行为正好诠释了正义这种公共伦理，正是现代社会缺乏的品格。你虽然心里受了一点委屈，但从更广阔的视角看，却是功不可没。

这是从社会角度建言的。

孩子，其实你所经历的事情是“小概率事件”。所谓“小概率事件”，就是在大量重复试验中出现概率非常低的事件。我们老百姓不是经常说吗，社会上还是好人多。而你所遇见的事，重复的概率是很低的。这类事之所以引起关注，并不是因为出现的次数多，而是因为意义重大，容易引起争议。其实，被新闻媒体报道出来的类似的事件，看似很多，但是与生活中到处出现的好人好事相比，数量是微乎其微的。因此，你千万不要悲观，更不要对这个社会失去信心。

这是从数理角度建言的。

从不同的角度来说理，并不是要求学生必须掌握专业的心理学、社会学、哲学、文化学、伦理学等学科的知识，而是要求他们能够从这些不同的角度去思考问题、分析原因。上述四个段落的文字中，并没有用到过于高深的、专业的理论，只是从不同的侧面来阐述同一个问题。多侧面、多角度分析，就会使文章避免单一化和平面化，从而达到较强的说服效果。

总而言之，立意的新颖和深刻，无疑是思维水平高超的标志。我们写文章，就是要在这两个层面上努力。更地道地说，如果有新颖的立意更好，如果没有，也要将平常的道理讲得深刻。思辨，会让文章的立意新颖、深刻。

3．“传神写照”赖“阿堵”

——拟题艺术

俗话说：“题好一半文。”

在材料作文风靡的时代，“自拟题目”（“自拟标题”）是写作指令之一。这是命题者对写作者提出的要求，也是命题者给写作者提供的舞台。在这个小小的舞台上，完全可以大有作为。

千万不要小觑了文题的作用。如果漏写了文题，按照阅卷规则虽然只扣减 2 分，但是绝不是 2 分这样简单：这会让阅卷老师形成不好的第一印象，而这样的第一印象肯定会影响评分的。在确保有文题的情况下，蹩脚的文题和出彩的文题，给予阅卷老师的印象也是不一样的，而且是大不一样。

《世说新语》载有东晋的大画家顾恺之语：“四体妍蚩，本无关于妙处，传神写照，正在阿堵（‘阿堵’是晋时口语，意同‘这个’，承上文指‘眼睛’）中。”贾岛认为文章的标题“如人之眼目，眼目明，则全其人之相，足以坐窥万象”。毛泽东也强调“标题要吸引人看，这很重要”。足见“眼睛”之重要，艺术如是，作文也如是。

其实，“题目”这个词汇很有意思！题目、题目，题即是目，处于显要位置的文题就如同文章的眼睛。好的题目应该达到“题由文出，文以题传”的境界。

着手为文，必须拟题（“无题”也是题），而且，必先拟题——有些写作者习惯在文章完成后再回过头来确定题目，时师认为这是一个不好的习惯！因为先确定了题目再下笔，有助于行文时扣题、点题。这充分揭示了题目在创作中的地位。

苏轼在《东坡集·传神记》中有“传神之难在目”之说，文学上的多面手如斯说，足见“眼睛”之难为。

那么，怎样为你的文章配一双“传神写照”的“阿堵”，让它能送出摄人魂魄、豁人耳目的“秋波”呢？

还是让我们先来开阔一下视野吧！

这是报刊上的几个文题：1949 年前某报有“丰子恺画画 ——不要脸”，《羊城晚报》

有“刘海粟：是沧海？是一粟？”，《南方周末》有“外交部发言人不是‘人’”，《中学生阅读》里有“打倒聂卫平”……

这是大文豪鲁迅先生的部分文章名、文集名：“狂人日记”“药”“祝福”“呐喊”“彷徨”“朝花夕拾”“野草”“华盖集”“且介亭杂文”“坟”“热风”“而已集”“三闲集”“二心集”“南腔北调集”“伪自由谈”“准风月谈”“花边文学”……

这是“码字儿”高手王朔的几部小说的题目：“一半是海水一半是火焰”“玩的就是心跳”“我是你爸爸”“千万别把我当人”……

这是一些流行歌曲的曲名：“我被青春撞了一下腰”“爱上一个不回家的人”“让我欢喜让我忧”“像雾像雨又像风”“雾里看花”“太阳雨”“星星点灯”“广岛之恋”“漂洋过海来看你”“父亲的草原母亲的河”“来自天堂的魔鬼”“把孤独当作晚餐”“穿过你的黑发的我的手”……

这些题目怎么样？

还是先来解剖几只“麻雀”吧，俾能窥斑见豹。

譬如“刘海粟：是沧海？是一粟？”。事缘南京师范大学的陈传席先生重新审视现代文艺巨擘的成就，笔触所及，郭沫若、钱钟书、刘海粟等被“请”了出来。舆论对刘海粟评价迥异。著名作家柯灵说“治新美术史，不能无刘海粟”，可见刘海粟是美术史上绕不过去的一个人物；也有人对刘海粟的艺术水准乃至人品颇多质疑。对此，作者析用了成语“沧海一粟”，既扣大师名讳又同时表达大师级（“沧海”）和普通级（“一粟”）两种境界，真是妙不可言。

譬如“打倒聂卫平”。聂卫平是“棋圣”，此文刊发时正是聂卫平横扫中日围棋擂台赛前三届、创“九连胜”佳绩之际，是谁基于怎样的心态要把如日中天的聂卫平“打倒”呢？读过文章后才懂得了作者的良苦用心：不能让聂卫平成为阵阵离不了的“穆桂英”，中国棋坛呼唤新的王牌棋手脱颖而出，共创中国围棋的辉煌。好一个“打倒”，是该“打倒”，“打倒”得好！

譬如“彷徨”。“五四”以后，新文化阵营发生了分化，原来和鲁迅先生一起参加新文化运动的人，“有的高升，有的退隐，有的前进”。当时鲁迅感到像布不成阵的游勇那样的孤立和彷徨。他在《题〈彷徨〉》一诗里说“寂寞新文苑，平安旧战场，两间余一卒，荷戟独彷徨”。书名“彷徨”，表现出他这一时期（1924—1925年间）在探索革命道路中暂时的徘徊和彷徨的心情。

譬如“伪自由谈”。1933年鲁迅因郁达夫的关系为《申报》的“自由谈”写稿。“自由谈”实在是“口惠而实不至”的不自由谈，况且鲁迅的杂文一向是“论时事不留面子，砭锢弊常取类型”的，于是不久便不能发表了。所谓“自由谈”，不过是虚伪的点缀品罢了。于是，鲁迅取了“伪自由谈”的书名。

这些题目是不是匠心独运？是不是含味隽永？是不是言近旨远？是不是耐人寻味？是不是发人深省？是不是让人耳目一新？

这些题目有着共同的效果：读者会先“顿”而后“悟”，继“原来如此”之感慨后而不由得击节赞赏。

由此看来，拟制一个一目了然的标题固然是一种境界，安上一对豁人耳目的“阿堵”，使文章顾盼有神、摇曳多姿应当更让人迷醉。而且，那种让人迷醉的境界，并非高不可攀，关键是我们必须具有强烈的求新意识。

譬如，我们拿到一则“三个和尚没水吃”的材料，我们固然可以拟出诸如“一味的依赖只能是一事无成”“互相推诿要不得”“要各负其责”“该死的大锅饭”等旗帜鲜明的文题，甚至可以懒惰出诸如“由‘三个和尚没水吃’说开去”“有感于‘三个和尚没水吃’”之类，但这些俗套在“1 + 1 + 1 = 0”面前都相形见绌了。这个标题同样适用于《克雷洛夫寓言》中的“天鹅、梭子鱼和虾合伙不合心，拉车车不动”那则材料。如此说来，换个角度想一下也就不同了。

其次，我们要掌握一定的拟题技巧。

如运用修辞格。像“马歇尔歇马，华莱士来华”的妙题就是运用了对偶、回环的辞格，诙谐地告诉了我们1948年发生在南京的那段史实；“成大业与拘小节”一题运用对比手法扣住了东汉陈蕃与薛勤的机锋。

又如化用成语。有人有感于凡事刮一阵风，堂而皇之地拍马屁、动辄吹牛皮的现象，由“风马牛不相及”化出“风马牛相及”的题目，旧瓶装新酒，含意蕴藉；还有人以此题对以“千里马”速度发展着的深圳在市政府前塑“孺子牛”的雕像发议论：马以快捷著称，牛以耐力出名，越是“千里马”驰骋之地，越要突出“孺子牛”精神，“千里马”要致千里，没有“孺子牛”的韧性精神断断不行，这倒也别是一番滋味。

再如借鉴名句。《青年报》曾报道“上海市工读学校七年来对近三万名中小学生进行教育挽救，一万五千余名同学升学就业成为新人”的消息，有人撰文发感，借“一失足成千古恨，再回首已百年身”而拟出“失足未必千古恨”的好题目。

还可以借鉴其他学科的语汇。有人有感于某些人的语言不文明现象而以“‘返祖现象’的反思”为题生发议论，这是借鉴生物学；有人对生意场上迅速赢得经济效益的手段以“漂亮的‘短平快’”为题撰文推许，这是借鉴体育。真可谓琳琅满目，各擅其胜。

总之，只要我们有强烈的求新意识，再广博涉猎，多多积累，掌握一定的方法技巧，才能为文章安上能“传神写照”、可摄人魂魄的“眼睛”。

最后，再明确一下议论文所拟题目的两个层次。

第一个层次，确保文题是个判断，读者从文题中就能够知道论点。判断的呈现方式是动宾结构，或者主谓宾结构。如本书中所选的“做个‘知言之人’”（“佳作”24）、“活出真我的风采”（“佳作”35）、“保护别人的秘密”（“佳作”76）、“我们要敬畏生命”（“佳作”79）都是。

因此，坚决反对二元或三元关系题，像“仰望星空与脚踏实地”“天鹅、梭子鱼和虾”就是。也坚决反对“从 ×× 想到的”“由 ×× 说开去”之类的题目，因为这样的题目是副标题路数的。上述两种题目不受待见的原因是读者看不到作者的态度。

第二个层次，文题最好是引用或化用而来的。引用就是直接征引现成的诗文、成语、谚语、歌词等，化用就是置换诗文、成语、谚语、歌词之类的词句中的某些语素，或运用“析词”的修辞格（把固化的词语拆开来用）。如“‘你是我的一切我的全部’”（“佳作”12）、“‘言而当，知也！’”（“佳作”36）、“为你，千千万万回！”（“佳作”80）就是引用，分别来自歌词、名人名言、名著；“有‘融’乃大”（“佳作”17）、“漂其黑，守其白”（“佳作”32）、“谨‘小’慎‘微’”（“佳作”52）就是化用成语“有容乃大”、老子的“知其白，守其黑”和成语“谨小慎微”（为契合文章的立意，而为“小”“微”都加上了引号）。

如果说第一个层次是基本要求，那么第二个层次就是我们的追求。

4. “四大范式”定乾坤
——结构艺术

结构属于形式层面，但是，有时候，形式确实会大于内容。

明清之交的著名文人李渔在《闲情偶寄·词曲部》中如斯说“至于结构二字，则在引商刻羽之先，拈韵抽毫之始”，强调了结构的重要性。他说的是戏曲创作，其实同样适用于议论文写作。

日本的遍照金刚在《文镜秘府论》这样写道：“凡制于文，先布其位。犹夫行阵之有次，阶梯之有依也。”大意就是：写文章时，在立意既定的前提下，首先就要考虑叙写的次序和全文的布局。怎样开头、怎样转接、怎样过渡、怎样结尾，最好能够成竹在胸。只有这样，写起来才能像行军布阵一样，从容不迫、有条不紊；才能像攀登阶梯一样，逐层升高，有所遵循。

在中国，议论文历史悠久，源远流长。先秦诸子的众多著述都是议论性的。最典型的当属《孟子》《荀子》《庄子》《墨子》等。

自隋而兴的科举制度，发展到后来，考量的就是“八股文”——典型的议论文。

“八股文”也称制义、制艺、时文、八比文。八股文章就“四书五经”取题，内容必须用古人的语气，绝对不允许自由发挥，而句子的长短、字的繁简、声调高低等也都要相对成文，字数亦有限制。文体有固定格式，由破题、承题、起讲、入手（题）、起股、中股、后股、束股八部分组成，后四个部分每部分有两股排比对偶的文字——要用孔子、孟子的口气说话，讲究平仄对仗，不能用风花雪月的典故亵渎圣人——合起来共八股。

人们经常提起的清代出自韩菼之手的一篇应试文，被视为典范。

韩菼，字元少，别号慕庐，长洲人。康熙癸丑一甲一名进士，就是当科状元。后授修撰，官至礼部尚书。

当科考题如是：

子谓颜渊曰，用之则行，舍之则藏，惟我与尔有是夫！

韩文如次：

圣人行藏之宜，俟能者而始微示之也。

盖圣人之行藏，正不易规，自颜子几之，而始可与之言矣。

故特谓之曰：毕生阅历，只一二途以听人分取焉，而求可以不穷于其际者，往往而鲜也。迨于有可以自信之矣。而或独得而无与共，独处而无与言。此意其托之寤歌自适也耶？而吾今幸有以语尔也。

回乎！人有积生平之得力，终不自明，而必俟其人发之者，情相待也。故意气至广，得一人焉，可以不孤矣。

人有积一心之静观，初无所试，而不知他人已识之者，神相告也。故学问诚深，有一候焉，不容终秘矣。

回乎！尝试与尔仰参天时，俯察人事，而中度吾身，用耶舍耶！行耶藏耶！

汲于行者蹶，需于行者滞。有如不必于行，而用之则行者乎？此其人非复功名中人也。

一于藏者缓，果于藏者殆。有如不必于藏，而舍之则藏者乎？此其人非复泉石间人也。

则尝试拟而求之，意必诗书之内有其人焉。爰是流连以志之，然吾学之谓何？而此诣竟遥遥终古，则长自负矣。窃念自穷理观化以来，屡以身涉用舍之交，而充然有余以自处者，此际亦差堪慰耳。

则又尝身为试之，今者辙环之际有微擅焉，乃日周旋而忽之，然与人同学之谓何？而此意竟寂寂人间，亦用自叹矣。而独是晤对忘言之顷，曾不与我质行藏之疑，而渊然此中之相发者，此际亦足共慰耳。

而吾因念夫我也，念夫我之与尔也。

惟我与尔揽事物之归，而确有以自主，故一任乎人事之迁，而只自行其性分之素。此时我得其为我，尔亦得其为尔也，用舍何与焉？我两人长抱此至足者共千古已矣。

惟我与尔参神明之变，而顺应无方，故虽积乎道德之厚，而总不争乎气数之先，此时我不执其为我，尔亦不执其为尔也，行藏又何事焉？我两人长留此不可知者予造物已矣。

有是夫，惟我与尔也夫，而斯时之回，亦怡然得、默然解也。

全文600多字，紧扣题旨行文，于规范中有变化。

前人对此典范文字有诠释，时师照录于此，有意者可以研读：

（一）破题二句，明破行藏，暗破“惟我与尔”。凡破题无论圣贤与何人之名，均须用代字，故以“能者”二字代颜渊。

（二）承题四句，三句、五句皆可。承题诸人直称名号，故称颜子。破、承皆用作者之意，不入口气。

（三）起讲十句，多少句数并无定法，可以任意伸缩。起处用若曰、意谓、且夫、今夫、尝思等字皆可。“故特谓之曰”下，入孔子口气对颜渊说，“毕生”四句正起，“迨于”三句反承，“此意”二句转合，总笼全题，层次分明，起讲以后，皆是孔子口气。

（四）只用“回乎”二字领起，以无上文，故直接入题。孔子对于弟子一律呼名，颜子名回，字子渊，所以不曰渊而曰回。“回乎”下为起二比，每比七句，句数多少无定，中后比亦然，特起比不宜长，致占中后比地位。用意在题前“我”“尔”字盘旋，轻逗用舍行藏而不实作。

（五）为提比后之出题，仍用“回乎”唤起，将“用”“舍”“行”“藏”“我”“尔”字一起点出，此为五句，但相题为之，句数可以伸缩。

（六）为提比后之两小比，醒出行藏、用舍二语，叫起“我”“尔”，意为中比地步。唯此两小比，或有用于中比之下，或有用于后比之下作束比，位置倘或不同，则用意随之而改。合之全篇仍为八股，亦有省去此二小比，而全篇文为六股者。

（七）此为二中比，抉发题中神理之所在，锁上关下，轻紧松灵，向背开合，可以参之议论，但仍不宜尽用实笔实写耳。

（八）此为过接，于中比后，即过到题之末句“惟我与尔”，紧接后比。

（九）此为后二比，实力发挥，用题“惟我与尔”末句，总起用舍、行藏全题，气势舒达，意无余蕴，全文至此而成篇矣。每比八句，因其中比略长。若中比较短，则后比之文，尽情驰骋，往往至十余、二十句者亦有。

（十）此为全篇之收结，倘有下文，则收结改为落下。

总上言之，凡破题、承题、起讲、领题、出题、过接、收结，皆用单句法。起讲中间亦有用对句者，八比则出比与对比必相对以成文，此定体也。举此一篇而分释之，以略见八股之例。其余体格，不及详论。

可以说。经过数千年的锤炼、发展，议论文逐渐形成了相对固定的结构范式。

具体说来，有如下四种结构范式。

一、总分式

这是分别表述与总结表述相结合而构成系统的结构方式。讲究条分缕析，逻辑鲜明。文章主体的部分与部分关系平列，分述与总述则有层次辈分之别。呈现方式有先分后总式、先总后分式和先总后分再总式。

先分后总，是把所要表述的对象或主题分成若干部分或侧面，从不同角度渐次展开阐说或论述，最后在此基础上得出结论或归纳全文。

先总后分，是先提纲挈领，从总体述说，然后再划分若干层次或侧面，分别阐说或论述，从不同侧面贯彻总论总述。

先总后分再总，是先总论，然后分而论述，最后再总括，更上一层楼，使文章逻辑严密，条理分明，中心突出。内容复杂的论说文常采用这种方式。

比如，2008 年全国卷 II 作文题（典题 51）推出的《老鹰哲学》（佳作 62）就是总分总的结构。

开头总写："自然界中鹰享有盛誉，仔细总结，发现其有以下三个特点，称之为老鹰哲学。"

主体部分分论："老鹰哲学之一：看清事实。""老鹰哲学之二：引而不发。""老鹰哲学之三：坚持不懈。"

结尾总写："这便是老鹰的哲学！有了它，老鹰得以捍卫自己的领空，称霸一方，无人匹敌！""学习老鹰的哲学，我们便能驾驭着老鹰的智慧，长出一双坚强的翅膀，以一双锐利的双眼，自由搏击于长空！"

比如，施东向的《义理、考据和辞章》（《红旗》1959 年 14 期）一文，就是典型的总分式结构。

开篇是总写：

从前有人说，做学问、写文章要从三个方面下功夫，那就是义理、考据和辞章。我们现在可以借用这种说法来谈谈写文章的问题。

义理和考据，是属于文章内容方面的问题。在我们说来，讲究义理就是要求观点正确，论据充分；讲究考据就是要求材料准确。辞章是属于文章形式方面的问题。讲究辞章，在我们说来，就是要求适合于内容的完美的形式。

义理、考据和辞章虽然是在三个不同方面的要求，但是这三个方面是密切地相互关联着的。

接下来，他分别从"观点和材料的统一""材料的准确性""要有好的形式"三个方面展开阐述。

这是分写。

分写情形比较复杂。至于如何"分"，有很多可以展开的角度，可以参照下文"并列式"部分的表述。

二、并列式

这是论证中的分论阐释。事物都可以按一定的标准进行分类，不同的类型有不同的原因、功用和要求等。以此为思考角度，从几个方面对中心论点展开平行结构的阐释，也就是从中心论点中解析出若干个并列的分论点，每个分论点都独立成段，从不同的角度共同论证中心论点。这是中心论点的具体化。多系一篇文章中的局部结构，但是是文章的主体。这种结构形式条理清晰、眉目分明。

比如 2014 年四川高考的满分作文《世界为立心者鼓掌》(佳作 48）主体部分就是从三个角度展开的："立心，立的是一颗饱受苦难却坚强的心。""立心，立的是一颗举世浑浊却清纯的心。""立心，立的是一颗平平凡凡却高昂清和的心。"

比如"阅读"这个话题，我们就可以根据阅读的对象类型构思出如下几个并列层次：我们要重视阅读有形之书：读诗使人浪漫；读史使人明理；读哲使人睿智。其次我们更要重视阅读无形之书：阅读人生；阅读社会。

有时候，关注因果联系也比较容易构成并列式议论文。因为因果联系是客观存在的普遍关系，没有无果之因，也没有无因之果。一个矛盾的产生，一种现象的出现，总是有前因的。分析它，发现它，弄清来龙去脉，就能找到问题产生的原因，找到矛盾的主次关系，进而找到解决问题的途径。找到某种原因，比不揭示原因深刻；找到根本原因，比找到一般原因深刻。

比如高考佳作《边走边问》开篇提出观点："在人生的道路上，边走边问，才会无悔今生。"

接着就从为什么会得出这一观点的原因的角度分层阐述：

一个爱问的人一定是一个对自己负责的人。

一个爱问的人一定是一个善良的、热心肠的人。

一个爱问的人一定是一个正直的、充满社会责任感的人。

基于以上三点原因分析，读者在被引发思考的同时，也接受了作者观点。

有时候，追索作用意义也比较容易构成并列式议论文。因为事物产生的原因往往是复杂的、多样的，同样，事物造成的结果也往往是复杂的、多样的，有物质的，有精神的；有个人的，有集体的；有主要的，有次要的；有短期的，也有长期的；有显性的，也有隐性的；等等。从这个角度出发思考文章层次，收获必定丰厚。

比如 2008 年江苏高考作文"好奇心"，有人分解为三个并列的分论点：

好奇心让我们不停地追寻真理，领悟科学的真谛；

好奇心让我们不停地探索世界，推动历史的前进；

好奇心让我们不停地思考生命，收获人生的硕果。

有时候，思考影响危害也比较容易构成并列式议论文。用辩证的眼光来观照，凡事都有正面的作用意义，当然负面的影响危害也必定存在，也必定是复杂多样的。

比如高考佳作《细节之处，美不胜收》就是从这个角度构思的：

痛苦是细节，没有它，生活就会显得苍白无力；

伤害是细节，没有它，生活就无法感知关爱；

奋斗是细节，没有它，生活就像一口枯井，了无生趣；

感恩是细节，没有它，生活就没有了真情。

有时候，从时间阶段的角度着手也比较容易构成并列式议论文。思考事物发展的不同阶段，或历史进程的不同时期，或人生前进的不同时间，或一年更替的春夏秋冬，等等，我们的思路会为之大开。

比如高考优秀作文《我想握住你的手》是这样推进的：

春天，我想握住你的手；

夏天，我想握住你的手；

秋天，我想握住你的手；

冬天，我想握住你的手。

有时候，从空间场合的角度着手也比较容易构成并列式议论文。具体构思时，可以是生活的某些具体角落，如家庭、学校、医院等人物活动的某个场所；也可以是国内、国外这样的一个大空间；或者是活动的不同场合，比如正式与非正式，庄重与随意等。

有一篇题为“我们必须注重和谐”的高考佳作就是这样构思的：

在家庭我们要和谐；

在单位我们要和谐；

在社会我们也要和谐。

三、对照式

对照式结构是指文章一般在开头提出中心论点，然后从正反两方面提出分论点或摆出正反两方面的论据，加以分析议论，最后进行总结。目的是通过两个方面突出对比，来说明其中一个方面的正确性。

使用这种结构时要注意两点：一是对比必须鲜明、强烈，通过是与非、功与过、荣与辱的对照，突出其中的一个方面；二是在字里行间要表明作者的褒贬、爱憎之情，不能模棱两可，让人莫衷一是。

基本结构为正反对比：或先从正面论述，再从反面论述；或顺序相反。

比如《智慧 PK“智慧”》（佳作 43）就是把“是智慧——真正的智慧——让他们彪炳史册，光芒万丈”和“是‘智慧’，准确地说，是小聪明葬送了他们”对照着论证的。

比如《苦难是一种财富》一文，中心论点就是“苦难是一种财富”，先正面论述：成功往往要经过苦难的磨炼，像勾践卧薪尝胆。再反面论述：温室的幼苗是经不起风吹雨打的。适度联系现实生活材料。最后总结：苦难能磨炼出坚强的毅力和超人的勇气。

比如《赠人玫瑰，手有余香》一文的片段：

当我们积极帮助别人时，自身的价值便会得到体现，会使自己获得极高的信誉。“二战”结束后，各国经济极度萧条，企业由于受到战争的破坏，资金匮乏。而此时各国银行大多停止接济困难企业。然而，花旗银行却积极办理各项贷款业务，尽力挽救各国企业。企业由于受到援助，迅速发展，促进了经济的复苏，按时归还了花旗银行的贷款。花旗银行的这一友好做法，不仅没有使自己蒙受经济损失，反而给自己带来了极高的信誉。在此后的发展中，花旗银行凭借良好的信誉，使自己成为世界知名银行之一。这一双赢的举措不但救活了企业，而且让花旗银行赢得了许多商家的信赖和支持。

相反，如果缺乏双赢的意识，疏于施助于人，那么我们自身的发展也会受到限制进而缓慢下来，因为我们无法体现自己的价值，不会获得别人的信任。外国一位传教士曾经说过：“当他们去攻击革命党的时候，因为这与我无关，所以我保持沉默；当他们去攻击农民军的时候，因为这与我无关，所以我保持沉默；而现在他们来攻击我了，我该怎么办呢?”这名传教士由于以前没有帮助过别人，“现在”便处于四面楚歌的境地。现在的一些企业，当同行陷入困境时，不是伸出援助之手，而是落井下石，在企业处于平稳发展时，有时还采取诋毁别人等不正当竞争手段来达到自己的目的，这样做其实是极不明智的，他们既会失去买家的信任，又会败坏自己的声誉。

这段文字先用花旗银行的双赢举措为例证，正面论述了利用双赢的举措“赠人玫瑰，手有余香”的道理；然后引用一位传教士的话语，概述一些企业的做法，从反面论证，与上文构成正反对比论证，一正一反，对比鲜明，大大增强了文章说服力。

四、层进式

这是文章各层次之间层层深入、步步推进，各层次的前后顺序有严格要求，不能随意改动的论证结构。与上述论证结构不同，它不但体现作者思维的清晰性，更能反映作者思维的深刻性。合理安排层进式论证结构，对培养我们逐层深入地提出问题、分析问题、解决问题思维品质意义极大。

比如，《谨“小”慎“微”》(佳作52)就是运用的层进式结构。

先说“是什么”：“谨‘小’慎‘微’就是注重‘小’‘微’之处。”

再说“为什么”：先正面从谨“小”慎“微”“有助于认清他人”“有助于彰显自我”“有助于事业成功”三个角度次第推进，再从忽略“小”“微”之处“让个人受损”“让国家衰亡”反面申论，两相比照，有力地支撑了谨“小”慎“微”的中心论点。

后说“怎么做”：“对于‘小’‘微’之处，必须从做人的高度认识，从事业的高度认识，从国家利益的高度认识。”

安排层进式论证结构，可从以下几方面进行：

一是论述的范围由小到大或由大到小。在围绕中心论点分层展开论述时，层与层之间所论述的范围可由小到大或由大到小，从而构成递进（退）关系。这也符合从个别到一般或由一般到个别的认知规律。

如论证中心论点“做一个有责任心的人”，可从“做一个对家庭有责任心的人”“做一个对集体有责任心的人”“做一个对国家有责任心的人”三方面加以论证说理。“家庭”“集体”“国家”论述范围由小到大，层层递进。

又如在论述提高人的素质时，可从要提高国民素质关键是要提高群体素质，而要提高群体素质就要提高个人素质等方面加以论述，论述的范围由大到小，层层推进。

二是先减少再增加所论述内容的内涵。指的是先减去中心论点的部分内涵，然后再逐层增加所减去的内涵，使所论述对象的外延由大到小，内涵不断丰富，层与层之间构成递进关系。

如在论证“应树立崇高的共产主义理想”这一中心论点时，可先减去“崇高的共产主义”的内涵，用一个层次专门论述“一个人应该树立理想”。一个人只有树立了理想，才有动力，才有追求。可理想是多种多样的，有的人的理想是追求物质财富，有的人的理想是谋个好的职业，有的人的理想是为改变落后边区的面貌出力流汗，等等。这些理想，从某种程度上说，都是正当的，但其中有高下之分。接着就论述“一个人应该树立崇高的理想”。因为人不能只为物质而活着，应该有精神追求，有了高尚的精神，人活得才有意义。在诸多高尚的理想之中，“一个人应该树立崇高的共产主义理想”，这是由我们党的性质所决定的，也是至高无上的精神追求。“理想”“崇高的理想”“崇高的共产主义理想”，内涵不断丰富，段意层层推进。

三是相应变换所论述的内涵。是指在分层论述时，在每个分论点的句式基本相同的情况下，变换其中的个别词句，使变换了的词句的语意逐步加深，层与层之间形成递进关系。

如在论证“只有经常反思，不断总结，才能进步，才能发展”的中心论点时，就可从“经常反思，具有自知之明，这是取得进步的前提”“经常反思，敢于自我批评，这是取得进步的途径”“经常反思，勇于改正错误，这是取得进步的关键”“经常反思，始终追求真理，这是取得进步的源泉”等几个方面加以分析说理。这四个分论点句式大体一致，其中变换了的“具有自知之明”“敢于自我批评”“勇于改正错误”“始终追求真理”四个短语，语意层层深入；“前提”“途径”“关键”“源泉”的语意也是逐层递进的。

四是摆现象、析原因、论危害、挖根源、亮（或重申）观点、发号召。中心论点句如果是个肯定判断句，大都从它的意义方面去分析说理；如果论点是个否定判断句，可以从摆现象、析原因、论危害、挖根源等角度去分析问题。由表及里，由现象到本质，逐层深入。

如在围绕“发展经济，不能以牺牲资源为代价”这一中心论点分析说理时，可先摆出若干发展经济以牺牲资源为代价的现象，诸如盲目地乱砍滥伐，盲目开发矿产资源等；接着分析造成这一现象的原因，诸如为了获得眼前的经济利益，为了完成经济指标，没有科学的计划，没有法规保障，等等；然后分析它的危害，如果不加制止地任其发展下去，会造成资源的浪费、枯竭，造成环境恶化；在此基础上挖出其根源，说到底这是科学发展观的缺失，长远发展观的缺失；最后重申观点，发出号召，强化“绿水青山也是金山银山”的理念。

五是最为典范的“三步式”。指的是“是什么”“为什么”“怎么样”。在提出中心论点之后，先从“是什么”的角度解释论点中的相关概念，为展开分析说理打好基础。“为什么”指的是阐释分析论点的诸种意义。“怎么样”是指该如何去做。在分析说理时，“为什么”与“怎么样”的部分，应根据不同的论述中心而有所侧重，不宜平均用力。

如在提出“我们要提倡奉献精神”这一中心论点之后，可先解释奉献“是什么”。奉献就是不计报酬地给予，多做贡献。在弄清奉献的概念之后，再从“为什么”的角度分析说明提倡奉献的意义。提倡奉献是人生的意义所在，也是时代进步的需要，同时也是社会发展的需要……最后可从“怎么样”的角度，谈该如何去做。怎样提倡奉献，就目前来说，应该不计报酬地做好本职工作，力所能及地为他人服务。“是什么”“为什么”“怎么样”的过程，也是提出问题、分析问题、解决问题的过程，它是层层相因，步步深入的。

特别强调一下：典范的“三步式”有显性和隐性之别。

《发出自己的声音》（佳作 66）就是显性的层进式结构。

在亮出文章的中心论点“必须坚持发出自己的声音”后，文章先写“是什么”——“发出自己的声音就是敢于表达自己的见解，任何时候都坚持自己的价值判断，言出由衷，不人云亦云，不昧着良心讲话，不媚上，不媚俗，不向金钱拜倒，不为浮名所累。”再说“为什么”——从“是知识分子良知的表现”和“是知识分子血性的表现”两个角度展开。最后说“怎么做”——从知识分子自身素质、社会大气候、领导者的胸襟三个角度进行阐释。

而《远离竞争》（佳作 67）就是隐性的层进式结构。

文章主体部分阐述“为什么”要“远离竞争”时，从“竞争没有必要”“竞争不仅没有必要，而且实际上也没有可能”“而且，（即使有可能）竞争（也是）弊端多多”三个层次展开，从语义上看，无疑是层层推进的。

以上说的是经典的四大范式，历代议论文概莫能外，只是戏法人人会变，巧妙各有不同。

在这“四大范式”的基础上，很多有思考的老师又变化出具有自身特色的结构模式。不妨开开眼界，如果觉得可行，也可以“为我所用”。

比如，“引议联结”结构模式。

（1）“引议联结”结构模式的背景。

大家经常面对的是材料作文。其所列举之“材”只是现实社会“沧海之一粟”。命题者旨在让大家通过对此材料的分析、思考、议论、探究后，从中受到教育，得到启示，从而找到解决现实生活中诸如此类问题的正确的世界观和方法论。并借以弘扬正义，抨击邪恶，消除心灵的迷雾，协调好人际关系，达到建立和谐社会的目的。鉴于此，高质量的材料作文，总是以现实矛盾为切入口，议评时政，抓住关键，深刻透彻，令人无可辩驳，大多成为“放之四海而皆准”的经典理论指导人们的实践。这一篇篇带有理论性、指导性而又高屋建瓴的文章，犹如山重水复时的仙人指路，使人眼前一亮、独上高楼，眼界为之开阔。材料作文就是要恰当“联系现实”。否则，再漂亮的作文也必然是失根的兰花，漂浮的秋草，因风四散的蒲公英，无生命力可言。

（2）“引议联结”结构模式的操作。

“引”（含“提”）就是引述材料作话题，揭示论点或提出问题。它属于“引论”的部分。最好从提出论点的需要出发，抓住材料要旨，用简洁的语言，准确地引述。一般说来，材料不同，引述方式各异：文字多的叙述性材料应概述，精辟的名言警句要复述，寓意深刻内蕴丰富的文字要阐述，漫画型材料要对画面做简洁介绍和扼要阐述。提，即提出中心论点或论题。引、提，一般写在第一自然段，要求从材料中引出恰当的中心论点；也可以为了强调中心论点或论题，而将“提”单立一段。

“议”（或“评”）就是针对材料和中心论点，做出必要的分析。既要简要地分析上文引用的材料，又要由此稍作生发，拓宽思路，为下文展开议论联系实际张本。这是由“引论”到“本论”的过渡性文字，有承上启下的作用。

“联”就是联系实际，展开分析论证，这是文章成败的关键所在。联，或个人，或集体，或社会；或中国，或外国；或自然，或人类社会。反面正面，多角度，多侧面地阐述。还可指出论点在现实生活中的指导意义，比如，证明论点“创新是一个民族的魂”，可以联想到“嫦娥一号”：“正是许许多多的航天科技工作者，从无到有，开拓创新，踏踏实实，才成功发射‘嫦娥一号’卫星，扬了军威，长了民族志气。”

“结”就是对全文的论证进行总结，解决问题，总结全文。要注意如下几点：要照应材料，与文题或开头呼应；深化论点，或发出号召，或提出办法，把论证推向高潮。结，或以抒情句式发出鼓励和号召，或对论述的问题有所深化和拓展。比如，论点是“我们需要倡导探索精神”，可以这样结尾：“总之，人们应发扬探索精神，知难而上，不保守，不停滞，勇于进取，不断获得新成果，开拓新领域，使国家日益发展，人民生活水平日益提高。这是我们的责任，也是我们的义务。”首尾呼应，发出号召，铿锵有力，引人深思。结尾部分切不可故意拔高，作惊人之语，要精练有力，反对尾大不掉，啰唆冗长。

当然，“引议联结”结构还可以根据具体情况来变通使用，比如，为了使自己的论点更严密，不过于绝对，不过于偏颇，我们可以在“联”的后面再加上一个“辩”的部分，这样就变成了“引（提）”—“议”（或“评”）—“联”—“辩”—“结”。“辩”就是辩证看待观点，是行文思路严密的补笔，往往用“话又说回来”“当然”之类的词句做过渡，通常这一部分不是行文重点，文字不宜过多。字数一般不超过 50 字。有了这一部分，思维就显得严密，观点也显得恰到好处，不失分寸。

下面这篇材料作文就是这种结构模式的运用。

题目设计：

老师带领学生到建筑工地参加劳动，看到脚手架上悬挂着一幅标语：“百年大计，质量第一。”老师问学生：“这八个字有什么含义？我们从中得到什么启示？”请就上述材料，联系生活实际，写一篇 800 字以上的文章。

百年大计，质量第一

建筑工地上，我们常常可以看到这么一则令人信心百倍的宣传标语：“百年大计，质量第一”。（引述材料。）

这的确是一句睿智的口号！（亮出观点。）

毫无疑问，建筑，理所当然的是我们生存生活的最基本的物质条件之一；建筑居室，也理所当然的应是关系居民生活水平高低的大硬件之一；它们与人们的生活紧密相关，更应该是关乎百姓幸福生活的百年大计！因此，建筑工地上，绝不能允许偷工减料，粗制滥造，“豆腐渣”工程横行！必须坚持“百年大计，质量第一”。（议：分析此料——建筑，阐释中心论点，为下文联系实际张本。）

由此，我们联想到（过渡句），作为立国根本的教育事业又何尝不是应“百年大计，质量第一”呢？从这个意义上讲，这条标语有两层含义。其一，“十年树木，百年树人”。教师是人类灵魂的工程师，就应以“塑造人类灵魂”为己任，以“育人育本”的“思想教育”为重点，努力探索，积极实践，做到“质量第一”，努力培养出“思想先进，作风过硬，本领高强”的适合当前现代化建设需要，并与国际接轨的甘于奉献、乐于助人，且“以天下为己任”的优秀人才。而教育部门的领导者，更应首先把学生综合素质的提高作为主要的工作任务来抓，决不应只重数量不重质量地只管分数靠前而不问素质如何。其二，作为学生，也应该以这条标语为座右铭，努力学习，提高自己的思想素质和文化素质，从而做到“质量第一”。如果我们的教师和学生都不以“育人育本”的思想质量为高，不以“育人育本”的思想质量和教学质量为重，而只求分数上去了，其他则不管，那么，纵有再多的大学生硕士生博士生博士后也是枉然！不仅祖国兴旺发达的现代化建设将成为泡影，而且和谐社会建设也必将成为一句空话！中国人民又将永陷贫穷落后的万丈深渊之中！赶欧超美也永远只能是“白日梦”！（联：由建筑联想到教育——先教师后学生。）

由此我们进一步联想到（过渡句），无论干什么事业都需要强调“质量第一”。今天是经济全球化一体化的时代，是高科技迅猛发展使地球成为小村落的时代。小而言之，一个企业，只有讲究质量，才能在激烈的国际国内竞争中站稳脚跟；大而言之，我国各方面的规划和建设只有奉行“质量第一”的原则，才能真正占领市场，击败称雄于全球的强烈竞争对手，从而赢得真正的胜利。三鹿集团因质量疏忽而宣告破产的沉痛教训，再一次告诉我们：质量是企业的生命，更是国家的生命。哪个国家拥有高质量的人才，拥有高效率的管理，拥有高水平的领导，那么，哪个国家就一定处于世界领先地位！（联：事业——先企业后国家。）

总之，没有“百年大计，质量第一”的精神，建筑队无法生存，教育无法发展，国家无法昌盛。（结：总结全文。）

再比如，“六字联珠”结构模式。

“点”——开门见山，点明中心论点（或论题）；简洁，醒目，用两段开头法。最好对概念进行诠释。略写。

“正”——正面举例论述；排比列举事例，段的首尾要勾连论点。较详。

“反”——反面举例论述；有举实例、概括举例、假设举例三种形式。较略。

“深”——对中心和事例进行深入分析、开掘。具体方法有挖原因、找办法、辨是非、提条件、用驳论、引哲理、换论证等等。最详。

“联”——紧密联系现实，展开议论。较略。

“总”——总收全文，呼应中心。或重申论点，或发出号召，等等。略写。

下面这篇文章就是样本：

品读经典

读罢文题，我掩卷沉思，耳畔忽地传来孔夫子的声音："子在齐闻《韶》，三月不知肉味。"我不禁惊愕，在那样一个时代，列国纷争，一本经典便足以拯救身体上的空虚，获取灵魂的升华。如此这般，品读经典，实为当务之急。（点：由孔子的名句引出观点。）

品读经典，品的是前人的心境，读的是圣人的骨髓。读《三国》，我读出"大江东去浪淘尽，千古风流人物"的豪迈与悲壮；读《中国哲学简史》，我读出"躬自厚而薄责于人，则远怨矣"的哲思；读《十日谈》，我读出教士对丑恶社会的抨击与批判以及对未来的美好期待。圣贤经典，浩如烟海，品读经典，方可从这浑浊的尘世中脱离，超乎尘世，在古人最朴素、纯正的哲思中畅游，撷取生命之芳华，使其绽放光彩。（正面：具体举例，突出品读经典的意义。）

然而，现在的我们似乎忽视了经典，太过沉迷于郭敬明、韩寒等作家的作品。忽视了经典，将是精神食粮的最大缺失，也是我们人类最大的悲哀。（反面：概括现实，点明其危害。）

还清楚记得苏童这样感叹："经典之作是一个民族乃至一个时代精神的精华，本身就具有一种无限的力量。"的确，品读经典可以提升我们的科学文化素养，升华人的灵魂与品格，在人的生命中发挥着不可比拟的作用。经典的文学作品是明亮而不刺眼的光亮，是圆润而不腻耳的声响，是清新而不刺鼻的芬芳。唯有细细品读每一部经典之作的精髓，才能真正融入其中，体会创作者的悲欢离合。（深一：挖原因。引用名句，解释名句。暗引余秋雨《山居笔记》中的文字，进行比喻论证。）

古人常主张"文以载道"，每部经典之作中都寄予了作者的喜怒哀乐，我们所要做的便是仔细品味其中的奥秘，挖掘其中深藏的一种悲悯情怀。用一颗平淡的心，品味书香，融入经典。慢慢走，欣赏啊！当今这个世界，物欲横流，缺乏经典滋养的人们的心田早已干涸、龟裂。人们迫切需要的是经典，而不是文化泡沫，只有这样，才能避免我们所处时代的精神悲剧。（深二：提办法。）

作为四大文明古国之一的中国，我们并不缺少经典作品，只是缺少能品读经典的人，那么作为承担着民族复兴大任的一代，我们有责任"为中华崛起而读书"。（联：联系国情，联系自身。）

品读经典，风光何处不旖旎？人生何处不尽欢？（总：用反问句，生动形象有力地突出品读经典的意义。）

一言以蔽之，适合的就是最好的。在日常的演练中，我们要注意打磨适合自己的结构样式，到需要出手时能够驾轻就熟，游刃有余。

5．“善始”还须“克终”
——首尾艺术

前文言说了“结构艺术”，这里专说“首尾艺术”。“首尾艺术”也是“结构艺术”范畴，但是因为特别重要，也特别难为，所以单列出来言说。

有过写作体验的人都知道“头难起，尾难落”，特别是因为考试需要或日常演练而被动写作的莘莘学子。但是，老子有云：天下难事必作于易。凡事，总会有解决的办法的。掌握了一些方法之后，我们就能够化难为易，进入写作的自由王国。

先说开头吧。

确实，“万事开头难”。因为开头有太多的可能，一旦落笔，那就是把太多的可能坐实为一种现实，就像很多艺术家面对断臂的维纳斯，有心修复而无从下手，只好任她付之阙如。所以，我们常常会面对选择的痛苦。但是，选择再痛苦，决心也要下！更何况，每一种开头都有着属于它的精彩呢。

开头方式有很多，请看常用的一些开头方式。

（1）开门见山式。

就是开篇将文章的中心论点亮出来，然后围绕中心论点展开论证，不蔓不枝，使中心论点得到凸显。

采用开门见山式开头，要在写作前经过认真的思考，提炼出能够引领全文主题内容的开头，语言要非常精练，有一种能使读者一望便知全文重点的效果。

2013 年重庆高考佳作《大豆的逆袭》（佳作 51）的开头就是这样的：

什么是所谓的大豆？什么是所谓的青春？

读到这，你是不是会问，这孩子脑子被驴踢了吧？大豆和青春，毫无瓜葛。而我却执拗地认为，大豆在某些意义上，和青春对等。那些廉价无奇的大豆，经历了磨、煮、沥，成了美若凝脂、营养丰富的豆腐，才走上了豆生的巅峰。

作者从大豆说起，先说一般人的认知，再说“我”的独特的见解。用“在某些意义上”体现行文的严密性。还从“人生”仿拟出“豆生”，贴切而有味！

吴晗的《谈骨气》大家都很熟悉，开头就是“我们中国人是有骨气的”这句话，单刀直入，文字简洁，明确了中心论点。

21世纪初，高考全国卷考过“诚信”话题，有一篇佳作是这样开头的：“诚实守信，是我们中华民族的优良传统。千百年来，人们讲求诚信，推崇诚信。诚信之风质朴醇厚，历史越悠久，诚信之气越充盈中华，诚信之光越普照华夏。诚信早已融入我们民族文化的血液，成为文化基因中不可或缺的重要一环。”这也是开门见山式开头。

（2）释题入篇式。

就是在文章开头，对文章的标题或相关概念的含义加以解释和阐发，表明自己的观点。这样开篇，鲜明而简洁，有助于让读者和作者达成共识，搭建好“对话”平台，还能鲜明地展示作者的思考深度。

2018年天津高考佳作《“国之重器”赞》（佳作19），开头是这样的一句话：

“国之重器”是什么？支撑一个国家存在和崛起的物或人，就是“国之重器”。

作者以极其简洁的语言，诠释了文题中“国之重器”的内涵和外延，让人们对契诃夫所说的“简洁是天才的姐妹”有了具体的认识。

有一篇题为“谈感恩”的议论文也是这样开篇的：“感恩是一种处世哲学，一种生活态度，一种优秀品质，也是一种道德情操。”

（3）比喻生辉式。

就是用读者相对熟悉的事物来说抽象深奥的道理，从而使道理深入浅出。如此，可以使说理从平淡变为生动，抽象化为具体，增强说理的形象性、灵动性、感染力。

请看《结果比过程重要》（佳作72）开头：

过程是那长长的路途，而结果才是千辛万苦要到达的终点站；过程是那信徒的一个个脚印，而结果才是他们最终要到达的圣殿；过程是那一级级周而复始的台阶，而结果才是最后到达的顶峰。

本文开篇不俗！以整饬的一组比喻，把过程与结果对应着说，很有韵味。

再请看一篇题为“自负与自卑”的开头：“自负，像一个泥潭，陷进去就难以自拔；自卑，像一根受了潮的火柴，难以把希望之火点燃。所以，我们既不能自负，也不能自卑。”

再看一篇题为“这也是一种力量”的开头：“微笑，恰如淌过的溪流，柔和恬静；微笑，恰似那悬挂的一刀新月，皎洁光亮；微笑，又恰似那挺拔的苍松，积蓄着万般力量……如果说，有一种力量可以让人坚忍不拔，那便是微笑的力量；如果说，有一种力量可以让人自信满满，那便是微笑的力量；如果说，有一种力量可以让人心头一暖，那便是微笑的力量！”

读着这样的文字，是不是对抽象的概念有了比较清晰的认识？是不是感觉到语言的华彩与优美?

（4）排比点题式。

恰当的排比手法的运用，可起到彰显气势、炫示文采的效果。何为恰当?紧扣题旨是其中应有之义，注意到分句间的逻辑层次是其中应有之义。

2015年湖南高考佳作《智者若树》(佳作41）的开头如下：

春花的智慧在于燃尽生命的怒放，于是有了草长莺飞，最美人间四月天。夏蝉的智慧在于蛰伏地底十七年，于是有了一朝破土，一鸣惊人。凤凰的智慧在于烈火的淬炼，于是有了脱胎换骨，涅槃重生……而树的智慧，却远不止如此。智者，若“树”。

这段文字暗引丘迟、林徽因诗文，以春花、夏蝉、凤凰起兴，旨在说“智者若‘树’”，树乃智者。

再请看《谈意气》一文的开头：“如果说雏鹰腾飞苍穹要经历风雨的打击，那么，那搏击长空的意气就是它那犀利的双眼；如果说骏马奔驰于旷野要经历千万里奔跑的锤炼，那么，那奔腾万里为夙愿的意气就是助其翻越千山万水的铁蹄。人，欲傲立于世，成为一代雄主，立一世伟业，那舍我其谁、勇战万方的意气就是其成功的基石。”

（5）引用名言式。

引用名言的范畴很广，包括古诗文名句、名人警句、谚语、对联、歌词、广告词等等。恰当的引用，可以达到言简意丰、深化主题的效果。但是要注意：一是引用的名言一定要准确真实。时师在阅卷时看到的“清代著名作家李清照曾经说过‘业精于勤荒于嬉，行成于思毁于随’”之类的反而会暴露出作者的浅薄无知。二是当所引用的名言表面上看似乎与中心论点没有多大关联的时候，一定要在所引用的名言与论点之间加上过渡语，把读者的认识统一到文章的思路上来。

2016年全国高考卷II满分作文《咀嚼生活的墨雅书香》(佳作31）开篇如下：

庄子言：“鹪鹩巢于深林，不过一枝；鼹鼠饮河，不过满腹。”语文素养的提升又何尝不是如此?知识，其实不是越多越好。生活实践，尤为重要。没有行千里的涉水跋山，何来处事之满腹经纶?没有细味生活的墨雅书香，又怎会有力透纸背的深思熟虑?

作者引用庄子的文字，从寓言落笔，很有文化含量。随即以干净利落的语言，直奔主题，在引用文字和提升语文素养之间建立起联系。

再如《在忘记与铭记的两岸》一文的开头：

席慕蓉说：“生命是一条奔流不息的河，我们都是那个过河的人。”在生命之河的左岸是忘记，在生命之河的右岸是铭记。我们乘坐各自独有的船在左岸与右岸穿梭，才知道——忘记该忘记的，铭记该铭记的。

多么富有诗情画意的文字!

（6）对比引入式。

运用对比引入式，可直接帮助人们判断是非曲直、上下优劣、利弊得失，快速步入论述的主题。

时师写作的2015年的江苏高考下水作文《请借我一双慧眼！》（佳作42）的开头就是这样的：

睿智的命题专家们关于智慧的这句话到底想表达什么呢？

也许有人说，智慧是经验强调了阅历的重要，“世事洞明皆学问”嘛；也许有人说，智慧是能力看重了本领的神通，“荒年饿不死手艺人”嘛；也许有人说，智慧是境界指向了精神的高度，“财富会带来忧虑，但智慧会导致精神安宁”嘛。殊不知，智慧的天地气象万千才是命题专家们最想表达的智慧。

在运用设问句艺术地提及所给材料之后，以三个“也许有人说……”和一个“殊不知”构成对比，让中心论点得到凸显。

再看下面这段开头文字：“一位孔繁森，光芒四射，人们提起他的名字，总是与伟大、光明、进步联系在一起。一个王宝森，臭名昭著，人们提起他的名字，总是与贪婪、黑暗、丑陋联系在一起。两个人都走完了人生。但一个永存人间，一个早已被人唾弃。人生的价值，在两人的鲜明对比中，不是已经显现出来了吗？”

在对比之中，作者的是非观得到彰显。

（7）设问开篇式。

就是在文章开头，先就要议论的问题提出疑问，然后在回答问题中提出自己的观点。引发读者的注意是其最佳的效果。

2016年江苏高考佳作《活出真我的风采》（佳作35）开头如下：

是探讨说话艺术吗？是倡导彰显个性吗？是力主矢志创新吗？

这些，看起来不无道理。然而，我觉得，坚守自我，活出真我的风采最为靠谱。

作者在连续设问之后，明确了文章的中心论点，有引人注目的效果。

再如《青年应该追求什么样的美？》一文的开头：“爱美之心人皆有之。作为新时代的青年，我们应该追求什么样的美？车尔尼雪夫斯基说：‘美是生活。’人们生活中美的语言，美的行为，美的心灵，美的生活方式，这才是我们所追求的最主要的美。”作者运用设问的修辞格，自问自答，在释疑中自然而然地推出了全文的中心论点。

毋庸讳言，这些开头方式之间是有交叉的，比如引用的文字可能就是排比而出的，分说是为了立此存照。

最后，时师以江苏省早年的一道高中会考作文题为例，从另外的角度，演示材料作文的三种入题方法。

题目设计：

《齐鲁晚报》讯：济南一中有一个深受学生、家长及社会欢迎的“土节日”——孝敬日。该校针对目前中学生中存在着的以“我”为中心、不尊敬父母等不良现象，加强对学生的道德教育，规定将父母生日、“三八”妇女节及每周周末定为学生的“孝敬日”。在这一天，学生都能尽己所能，主动为父母分担家务，有的还用节省下来的零用钱购买礼物或自制礼物送给父母，向父母表达感激之情，使父母在精神上受到安慰。这一活动已持续三年，收到良好效果。

请你对这则简讯所报道的事情，联系实际，谈谈自己的看法。自拟题目，不少于800字。

仔细分析这则材料，发现留给学生发挥的天地还是很大的，既可以从学校角度入手，谈道德教育“实在”好，谈于细微处见高明，谈“土节日”——金点子，谈从空话中走出来；也可以从学生角度入手，谈学会心中有他人，谈积善成德益无穷，谈积小善可成大德，谈“我”们是能够发光的“太阳”；还可以从礼仪养成角度入手，谈长幼之节不可废，谈孝——德之大也，谈“孝”傲江湖，谈让生活中充满欢声“孝”语，谈百善孝为先，谈“孝”以养德。

下面几段开头就是从这几个角度展开的。

方法一：概述材料，提出观点。

《从空话中走出来》如斯开头：

济南一中有一个“土节日”——孝敬日，使“孝敬父母”真正落到实处，因而深受学生、家长及社会欢迎。这个做法非常好，把《中学生守则》中规定的“孝敬父母”真正落到了实处。看来，道德教育应该从空话中走出来，实在点好。

这段文字不足百字，却概述了材料，表明了作者的倾向性和赞许的理由，观点明确。这种入题法适用于叙述基本功比较扎实、概括能力较强的学生，在议论文的开头先巧妙地展示一下靓丽的羽毛。

方法二：议论引入，点明材料。

《勿忘孝道》如斯开头：

孝道与忠君历来被视为封建士大夫的两大品德，随着皇帝的土崩瓦解，忠君自然是不要了，但孝道作为社会主义精神文明建设的重要组成部分，不应废弃。每个人都要恪守孝道，孝敬长辈。济南一中的“土节日”受到各方面的欢迎，就是因为它有利于孝道在社会上的张扬。

《我们是能够发光的“太阳”》如斯开头：

社会上许多人常如是说：现在的孩子，唉，都是些“小太阳”！口气中的鄙夷不屑昭然若揭。我认为，孩子的可塑性很强，如果我们的教育工作者引导得法，那么，被称为“小太阳”的孩子也能够成为一个个发光发热的“太阳”。济南一中的“土节日”就让我们的“小太阳”大放光芒。

前者从张扬孝道的角度发议论，颇有历史纵深感和社会责任感，亮出观点后迅速点出材料，议缘料生，言之有据。后者从学生自身入手，反思“小太阳”现象，点明只要引导有方，“小太阳”也可以大放光芒，发人深省。两段开头法如出一辙。这种入题法适用于以议论见长的学生，以不凡的出手收到先声夺人的效果。

方法三：一触即发，摆明观点。

《长幼之节不可废》如斯开头：

读了上面这则简讯，我们不禁为济南一中的做法击节叫好。确实，长幼之节不可废，在物质文明愈见发达的今天，在社会整体道德普遍滑坡的现世，倡导礼仪的养成是何等的必要！

作者起笔就提材料，但不涉及材料的具体内容，仅仅把它作为话引子来摆明作者的观点，简洁不啰唆，痛快之至。此入题法可为不擅长叙述、概括之功者藏拙。

三种入题法异曲同工，叙也好，议也罢，都完成了提出契合材料意旨的论点的关键任务，都能扣住材料行文，不枝不蔓，可谓言简意赅，以“少少许”胜“多多许”，值得借鉴。

再说说结尾艺术。

近代翻译奇人、文章高手林纾（不懂外语，仅凭借别人的转述来翻译，很多时候都是二度创作）有言：“为人看晚节，行文重结穴。”

叶圣陶先生曾经说过：“若是找不到适当的结尾而勉强作结，就像行路的人歇脚在日晒风吹的路旁，总觉得不是个妥当的办法。”足见结尾的重要性。

议论文的结尾是伸延文意、收束全文的关键，是对论点的充分显示和升华，也是衡量考生写作水平的标尺。好的结尾必然使文章整体结构更加严谨自然、完整统一，必然使文章的主旨更加鲜明、深刻。

那么，怎样才能写好议论文的结尾呢？其实，也有很多方式，主要介绍如下几种。

（1）点题点旨式。

用凝练、简洁的语句或重提文章标题，或点明文章主旨，使结尾文字起到画龙点睛，揭示中心或卒章显志等方面的作用。学会在文章结尾处紧扣标题，点题点旨，笔下的文章就能避免文不对题的毛病。

《“国之重器”赞》（佳作 19）的结尾就是这样的：

“为什么我的眼里常含泪水，因为我对这土地爱得深沉！”爱得深沉，所以竭力；

爱得深沉，所以尽心。竭力尽心，方成“国之重器”。

作者引用艾青的著名诗句，从“爱”的角度谈成就“国之重器”（高瞻远瞩的领袖、创新的智者、敢言的思想者、奉献的普通人）的实质，盛赞“国之重器”。

（2）照应开头式。

一篇佳作，总是既重视思想与文采，又重视结构的匀称和谐。一篇议论文，结尾处如能巧妙照应开头，一呼一应，首尾圆洽，便能使文章读来气韵流畅。既能体现视觉上的和谐对称，又能体现思维上的起承转合、严密周全。

有篇题为“为浑沌开窍”的文章如是结尾：

我愿，上古巨神浑沌有首无窍，忽一日，其友人谓之曰：我等虽有七窍，然吾非汝也，汝不需七窍，依旧可逍遥于天地间，吾何劳为汝开窍？于是浑沌乐之。

这个结尾用精彩的语言描绘出富有深意的艺术画面，与题目相照应，与开头的故事（“相传，上古巨神浑沌有首无窍，友人思为其凿窍，使之耳聪目明如常人。孰料，七窍成而浑沌死。”）相照应，想象力非常丰富，情中有境，境中含情，意蕴丰厚，令人回味无穷。

（3）呼吁号召式。

写议论文总是为了解决某个问题。好的议论文不仅对问题有关注、有思考，还有自己深刻的见解，或强烈咏叹，或呼吁号召，以促使人们自我超越，战胜困难。以呼吁号召的文字结尾，能有效剖白作者的写作意图，唤起读者共鸣，给人以启迪和激励，彰显文章的现实意义。

《勤劳为犁，耕耘青春——“热爱劳动”励志演讲》（佳作 9）结尾如下：

同学们，请懂得劳动的意义，认清自我价值，明确奋斗方向。路，就在脚下；诗，就在远方。劳动就是铺路的石子，劳动就是平仄的诗行。衷心希望我们复兴中学的同学们，热爱劳动，从我做起，勤劳为犁，耕耘青春，赢得人生！

这段文字整饬而华美，号召复兴中学的同学热爱劳动，“耕耘青春”以“赢得人生”。

《“你是我的一切我的全部”》（佳作 12）结尾也是以呼吁式收束全文的：

“你是我的一切我的全部。”这个“你”就是祖国。中华民族的伟大复兴，是我们共同的梦想；让我们坚定信念，从我做起，为这个伟大的梦想尽情地奔跑吧！

（4）警示劝诫式。

议论文在议论某些现实问题的时候，为了达到警示、劝诫的作用，结尾处往往采用发出警示或进行劝诫的方式，旨在促使人们意识到问题的严重性，明确问题会导致的严重后果。语言真实、诚恳，能触动人心，有效地达成言说之目的。

有篇题为“换位思考乃人生大智”的文章结尾如下：

请记住这是你的世界，却非你一人的天空！

这个结尾简洁明快，彰显了思想的魅力，更以思想深度启迪人心，引发共鸣，含蓄蕴藉，观点不言而喻。有“回眸一笑百媚生”的奇效。

（5）总结全文式。

这种结尾的优势是能够有效捏合全文，将发散的内容集中起来，让人对文章观点、作者态度一目了然，对文旨有强调作用。此种结尾还能有效克服议论文散、杂、泛、乱的毛病，将漫无边际的思绪归拢起来，使文章观点鲜明，中心突出，简洁干脆。

《文明的韧性》（佳作 18）的结尾就是这样的：

无须将时间再往前翻，无须再列举文明的其他类型，仅仅通过上面的几个人物，人们就已经见识了中华文明强大的韧性。为什么我们的民族伟大而充满活力？依我看，拥有充满韧性的文明，便是答案！

文章以梁益建、孙水林、李剑英几个人物分别展示了中华文明中的“仁”“信”“义”，管中窥豹，以点见面。最后对全篇进行总结。

（6）名言警句式。

名言警句是语言的精粹。善于引用名言、俗语、格言、警句结尾，既能有力佐证自己的观点，又能借他人的精彩助阵，显示作者的文化底蕴和深厚积淀，达成自我的精彩，让人眼前一亮，过目难忘。有曲终奏雅的效果。

有篇题为“应设身处地，莫主观臆断”的文章如是结尾：

《尚书》有言：“若金，用汝作砺；若济巨川，用汝作舟楫；若岁大旱，用汝作霖雨。”秉此上做法，为砺，为舟楫，为霖雨，必可便众生真正于行受益，亦使实行者真正做到设身处地而非主观臆断，从而许己意足心满，许人以天心月圆！

这段文字先引用名言，然后阐释名言的内涵，来紧扣自己的立意。而且名言本身新颖典型，大气有内涵。如此结尾具有浓郁的情感、哲理意味，让人回味无穷。

（7）修辞收束式。

议论文基本表达方式为议论，要在全篇彰显文采，难度较大，若处理不当，将议论文写成了抒情散文，这有悖于文体规范。但在结尾处营造文章的闪光点——有意识地借助修辞手法，达成语言的优美精彩。或以比喻作结，或以排比作结，或以对句作结，甚至以小诗作结，可以在文末给读者留下文采飞扬的印象。

如《甲之蜜糖，乙之砒霜》一文的结尾：

点支烟火赠泥人，掬捧清水赠木人。将糖送给甲，再将乙的砒霜留下。世界，因我们的换位思考，和而不同而和谐美好。

结尾运用了对比（类比）的手法，语言精练，句式整齐，点明观点，收束有力。

（8）设问反问式。

这种结尾方式，或设问，自问自答；或反问，留有思考余地。其突出的优势是能够提醒读者对文章论及的问题做进一步思考，启发人心，有效地延展思想的长度，或拓展思维的深度。

《“言而当，知也！”》(佳作36)的结尾如斯：

说，还是不说？多说，还是少说？你说了算！

作者扣住说话来结尾，连用设问短句，既引发读者思考，又给人以言已尽而意无穷的感觉。

（9）巧妙留白式。

文章结尾采用留白式，往往是留不尽之意在文字之间，达到“言有尽而意无穷”的效果。议论文的结尾巧妙运用留白之法，能够留给读者无穷的想象空间，促使读者思考、咀嚼和回味，文章则更显意味深长。

《交流的无奈》(佳作56)的结尾如此：

假如我们缺少了等待与珍视，我们注定是不能“心连心”的人，我们发出的电子信号最终消散在茫茫太空，我们从未知之中来，又往未知之中去。

这段话说交流中的电子信号之弊，为读者留下了广阔的思考空间，含味隽永。

总之，好的结尾，就要像张中行先生所言：“有挽留力，使读者读后还回味，久久不能忘怀。”

6. 以“方法”为论证助力
——论证艺术

论证是议论文三要素之一。

何为论证？用论据证明论点的过程。

如何用论据证明论点呢？当然有很多的方法。

最常用的自然是“举例论证法”，因为此法内容丰富，可以言说的方面很多，此后时师会专节言说。

此外，还有诸多论证方法。

（1）引用论证法。

这是引用中外诗文名句、俗语、格言、警句等作为论据，引经据典地分析问题、说明道理的论证方法。

运用引用论证法要注意的是：首先，引用文字要契合所论证的中心论点或分论点，否则，再优美再睿智的文字也是不恰当的；其次，引用文字要忠实于原诗文原说法，言语者是谁要精确，言语者的身份要精确，言语者所属的国家（国外的）或者朝代（国内的）要精确；再次，要么不引用，一旦引用，最好一篇文章中有多处引用，一处引用有多人诗句文句，让文章氤氲着文化的气息。

如《咀嚼生活的墨雅书香》（佳作 31）中间有三段文字：

咀嚼生活的墨雅书香，可以赏风花雪月，明人生之境。朱熹道：“问渠哪得清如许，为有源头活水来。”我想，这源头活水便是生活这本大书吧！语文素养在我们观秋叶瑟瑟飞舞、赏春蜂嗡嗡鸣叫之时，便不知不觉得以感染并被提升。

咀嚼生活的墨雅书香，可以味人情冷暖，品世间的爱与苍凉。是谁在沙洲之中“拣尽寒枝不肯栖”？是谁在赤壁之岸高歌“大江东去……”？苏轼味出了人情冷暖，终于在黄州种地酿酒，“夜饮东坡醒复醉”，若是没有这世态的阴晴冷暖的浸染，东坡怎能以其一词一句震撼一个个心灵？

咀嚼生活的墨雅书香，成一曲千古绝唱，氲一缕万古情长！他过着“朝叩富儿门，暮随肥马尘”的生活却仍然道出“堂前扑枣任西邻，无食无儿一妇人”之类的诗句。

他对生活的体味，对民生的恤悯，终成其“诗圣”之美称。若是没有对“入门依旧四壁空，老妻睹我颜色同”的深刻咀嚼，何来“吾庐独破”的万丈豪情？又何来千古间那一瞬温暖的星光照亮历史的暗夜？

你看，这三段文字连续引用了朱熹、苏轼、杜甫的诸多诗词名句，是不是在分别支撑了咀嚼生活的墨雅书香“可以赏风花雪月，明人生之境”“可以味人情冷暖，品世间的爱与苍凉”“成一曲千古绝唱，氤一缕万古情长”三个分论点的同时，又有着漫溢的书香呢？

这是全篇的多处引用，还有某节的多处引用。如《发出自己的声音》(佳作66）有这样两段文字：

怎么样才能真正发出属于自己的声音呢？

我以为，从知识分子自身而言，要有“人到无求品自高”的追求，要有“敢把皇帝拉下马”的豪情，要有“我不入地狱谁入地狱”的担当。当然，社会也应该营造出让知识分子讲话的氛围，把“言者无罪”作为底线，让“智囊团”真正发挥作用而不是作为某种摆设；领导要有容人的胸襟，对知识分子的声音“闻者足戒”，做到“兼听则明”。

上述文字从知识分子自身说到社会、领导多个角度，其间多处引用，还把“言者无罪”与“闻者足戒”拆开来用（析词），是很精彩的表达！

我们还可以运用求异思维，对大家引用的“至今已觉不新鲜”甚至产生了“审美疲劳”的耳熟能详、烂熟于心的一些事理类传统表述重新审视，赋予其新异的内涵，给读者以良性的新鲜刺激，让人耳目一新。

传统思想的表达往往是通过对一些寓言故事的讲述、历史事件的评述来体现的，而这些讲述、评述本身常常就是歧异纷呈的。譬如宋襄公的仁义到底是儒家所倡导的“仁”还是斗争哲学下的毛泽东的“蠢猪式的仁义”？譬如对荆轲刺秦王的是非到底如何看？譬如如何看待大运河的开凿？等等。

有时候，我们所面对的传统思想并不是系统的阐述，往往是浓缩而成的一句话甚至是一个成语。譬如“近朱者赤，近墨者黑”“民可使由之，不可使知之”“人定胜天”“成则为王，败则为寇”等等。不难看出，传统思想的产生自有它特定的背景，不少是有着强烈的现实针对性的。弄清传统思想的来龙去脉，准确把握它的内涵是对传统思想进行求异思维的前提。打个也许不很恰当的比方，传统思想是你准备对付的对象，只有对它知根知底，才能确保“百战不殆”。

譬如我们都很熟悉的“班门弄斧”的说法。这本来是一个含有贬斥意味的成语。在著名的巧匠鲁班这样的内行门前摆弄斧头，确有不自量力的嫌疑。应该承认，从某种意义上说，要求一个人认清自我，准确定位，不做班门弄斧之类的蠢事是有道理的。但是，在高人面前展示真实的自己，露怯亮拙，进而得到高人指点，倒不失为提升自己的渠道。

再如我们也很熟悉的“百闻不如一见”的说法。听说一百次还不如看到一次，它所强调的是“耳听为虚，眼见为实”的观念，表达了古人看轻道听途说而重视实地察看的思想。应该说，这也不无道理甚至大有道理。但是，考虑到所见未必都是“实”，而“百闻”可以大开眼界，倡导“百闻”可胜“一见”是不是也很有道理呢？

《漂其黑，守其白》（佳作 32）中第 3 自然段是这样的：

曾经很喜欢《道德经》中的一句话：“知其白，守其黑，为天下式。”俗话说，白沙在涅，与之俱黑。能如老子这般，如屈平这般，在烂醉的世间保持清醒，不是十分难能可贵吗？但小羽告诉我：漂其黑，守其白，方为天下式！

作者反老子之意而用之，提出了中心论点，很有新意，也很有文化底蕴。

赋予引用文字以新意，无疑是引用的更高境界。

（2）对比论证法。

对比论证是一种求异的思维方式，侧重于从事物的相反或相异的属性的对比中来揭示需要论证的论点的本质。因为可以进行对比的事物很多，所以对比论证方法的运用范围很广，中与外、古与今、大与小、强与弱、美与丑、优与劣等等，都适合进行对比，可以是两个对象之间的对比，也可以是同一对象自身前后不同阶段之间的对比，前者称为横向对比，后者称为纵向对比。

运用对比论证要注意几个问题：首先，对比的双方要具备可比性；其次，要建立合理的参照系。因为要进行有效对比，就必须具有合理的参照系。所谓参照系指的是用来衡量、确定双方优劣长短的标准，这样的标准必须具有客观性，否则对比的结论不一定可靠。

《顺其自然，功到自成》（佳作 63）的主体部分是这样的：

顺其自然，是一种干劲，是一种心态，是一种智慧。

顺其自然，才能树立踏实的作风。……

顺其自然，才会拥有良好的心态。……

顺其自然，才能抵制纷繁的诱惑。……

相反，不顺其自然，急于求成，就会遭到惩罚，多少次自然灾害都归根于人类的贪婪，多少失败者站在成功的门外数落自己的急躁，多少人只知向前赶却忽视了本应属于自己的良机……违背自然，终究是错误的选择，春天的花儿在冬日绽放，便会早早凋谢。

作者从正反申论，前后形成鲜明的对照，有力地支撑了作者论证的展开。

（3）假设论证法。

就是针对前文所举的事，从反面进行假设，进而推论论据的真实性、可靠性，从而有力地论证中心论点的论证方法。这种分析法常用“假设……情况会怎样”引出与所举事例相反的情况，进而展开论述。

请看下面这段文字：

海尔集团始终坚持以技术作为发展的手段和依托。在十几年的发展过程中，从引进技术到整合国内外资源、自主创新，坚持“技术创新课题来自市场难题”和“设计创造高质量、高附加值”的研发理念，通过技术创新使集团在中国市场和国际市场上取得长期的成功，营业额年平均增长率达到78%，持续保持在家电与其他相关领域的领先地位。

可见，海尔的成功在于创新。假如海尔集团因循守旧，不进行技术创新，不更新研发理论，也许海尔早就被市场所淘汰，“海尔”这个品牌也不会闻名中外。正是由于海尔集团的不断创新，打响了“海尔”这个品牌。所以，创新是海尔发展的不竭动力，是促进社会发展的不竭源泉。

（4）类比论证法。

这是根据两个对象在某些属性上的相同或相似，推论两者在其他属性上也有相同或相似的论证方法。其逻辑形式为：A具有a、b、c、d的属性，B具有a、b、c的属性，所以，B可能具有d的属性。

类比论证是一种从特殊到特殊、从个别到个别、从具体到具体的推理方式，虽然其结论不一定为真，只有一定程度上的可靠性，但是富于启发性。它深入浅出，使读者易于领悟抽象的道理，可使文章简练生动。

类比论证有一定的哲学依据，因为世界是多样的，又是统一的。从思维方式来看，类比论证不拘于事物表面上的差异，把不同的事物联系起来考察，试图在异中求同，是包含了辩证法的因素的，在认识客观世界的过程中有其意义。许多类比的结论虽然不一定是真实的，但是可以作为进一步研究的假说。

运用类比论证需注意以下几点：一是要使用同类对象进行类比。要防止出现机械类比的毛病。世界上具有某些相同属性或相似属性的事物是无穷多的，有的根本是风马牛不相及的，对它们进行类比，就缺乏说服力。二是避免单独运用类比论证这一种论证方式。最好是与其他的论证方式结合使用，使之起一种补充和丰富的作用。三是要注意结论的可靠程度。除非个别很有把握的情况，否则结论一般只是一种可能性。在表述上要把握住分寸，不可绝对化。

鲁迅先生的名篇《拿来主义》中有这样的文字：

当然，能够只是送出去，也不算坏事情，一者见得丰富，二者见得大度。尼采就自诩过他是太阳，光热无穷，只是给与，不想取得。然而，尼采究竟不是太阳，他发了疯。中国也不是……

中国如果一味地奉行“送去主义”，最终会掏空“家底”，沦于消亡。有如尼采发疯一样。这就是类比论证，一个从具体到具体的过程。

（5）因果论证法。

所谓原因，指的是产生某一现象并先于某一现象的现象；所谓结果，指的是原因发生作用的后果。原因与结果具有时间上的先后关系，但具有时间先后关系的现象并非都是因果关系；除了时间的先后关系之外，因果关系还必须具备一个条件，即结果是由于原因的作用所引起的。

在自然界和人类社会中，万事万物、各种现象之间是普遍联系的，因果联系是普遍联系的表现形式之一。没有一个现象不是由一定的原因引发的；而当原因和一切必要条件都存在时，结果就必然产生了。

在议论文中，根据客观事物之间都具有这种普遍的和必然的因果联系的规律性，通过提示原因来论证结果，就是因果论证。

运用因果论证，不能停在一因一果的层次上，而要善于多角度地分析原因和结果，比如要分析一果多因、一因多果，还要分析同因异果、异因同果以及互为因果。一般来说，在因果论证中要重视以下的因果分析：

一是分析主要原因和次要原因。有时某种结果是由多种原因引起的，这时就必须分析和抓住其中的主要原因，提示引起结果的最本质的最核心的因素来论证论点。对其他次要原因，应根据它们所起的作用以及与论点的关系，有所区别地对待，对于比较重要的次要原因，做简要分析；对于不重要的原因，提示一下即可。这样，论证过程就能有主有次，有面有点，有详有略，既准确又精炼。

二是分析产生结果的终极原因。原因有时是多层的，有些现象看起来似乎是发生作用的原因，但在它们的背后，却还有产生它们的原因。对于多重原因的事物，如果只停留在其中的某个层面上，把它当成最终因素，论点就可能不深刻，也难以把问题说透，应当一层一层地追究下去，一直到揭示出最终极的原因为止。一般来说，越是表层的原因，越是为大家所熟知的，其论证力也就越有限；越深层的原因，就越能说明问题的实质，就越有说服力。

三是分析异因同果、同因异果和互为因果。这类分析也就是力图异中求同或同中求异，是辩证逻辑的要求。关键是考察和分析不同原因和结果之间有什么联系。异因同果表面上是互不相干的原因，但如果用联系的眼光看问题，深入分析下去，却可以发现，在它们的背后存在着某种共同之处，这时就排除了表面现象的迷惑，更加接近了本质。同因异果也是事物之间的常见的相互联系。同样的原因，在不同的条件下，可能产生不同的结果。这种现象在现实中也是很常见的。在运用因果论证时，有时必须分析同因异果的关系，才能使论点深化和得以确立。互为因果更具有辩证逻辑的特点。事物在一定条件下的互相转化，是极为普遍的现象。

还是以《拿来主义》为例。

该篇前6自然段分别论证了“闭关主义”“闭”不住，“送去主义”“送”不得，“送来”(“抛给”）的东西太恐怖；第7自然段说：“所以我们要运用脑髓，放出眼光，自己来拿！”从结构上考量，第7自然段的“所以”就是建筑在前6自然段的“因为”上的，这就是因果论证。

（6）比喻论证法。

比喻论证是用比喻作论证，拿比喻者之理去论证被比喻者（论题）之理。是由抽象到具体的过程。在比喻论证中，比喻者是一组形象事例，其中包含着一定的关系和道理，被比喻者则是一种抽象的道理。比喻者和被比喻者虽然是两类不同的事物，但在它们之间存在着一个共同的一般性原理，因此它们之间具有推理关系。

运用比喻论证要注意几个问题：一是用来作为喻体的事物，应当是为大家所熟悉的、具体的、浅显的，这样，才能既通俗又生动地证明另一个事物。二是比喻应当贴切、自然，要能恰到好处地证明被论证事物的特点。可以把老师比喻成蜡烛、春蚕，说明他们无私地献出自己的一切，却不能将他们比喻成能使别人干净起来，自己却像越来越脏的抹布、扫帚，这样运用比喻法，叫“引喻失义”。三是因为比喻的双方缺乏本质上的内在联系，所以任何比喻都是有缺陷的。要完整、深刻地论述一个问题，不能仅靠几个比喻，应把它和诸如例证法、对比法之类的论证法结合起来使用。

有的议论文以寓言或者神话作比喻进行论证。因为寓言和神话虽然都属虚构，但它们实质上是人们对社会现象的概括，在一定程度上是反映了生活的真理的。引用这些比喻也能增强论证的效果。例如可引“愚公移山”比喻依靠群众、坚持不懈定能取得成功。

仍然以《拿来主义》为例。

鲁迅先生先把文化遗产比作“一所大宅子”，用“孱头”“混蛋”“废物”来批判三种对待文化遗产的错误观点和态度；把“大宅子”里面的东西划分为“鱼翅”“鸦片”“烟枪和烟灯”“一群姨太太”来比喻文化遗产的几个组成部分，然后，再阐述了如何区别对待这四类东西；用“占有”“挑选”“创新”来说明批判继承文化遗产的三个步骤，形象地阐释了如何区别对待文化遗产中不同对象的道理。

再次明确，孤立的比喻修辞不是比喻论证，如前所说，“比喻者是一组形象事例”，只有成套的贴切的比喻才是比喻论证。

（7）演绎论证法。

演绎论证法是运用讲道理的方法，用经典著作中的精辟见解，古今中外名人名言及被人们公认的科学原理、定理、公式等来证明观点。简而言之，就是用一般原理作论据来证明特殊事实。

《谈读书》第 10 自然段列举“读史使人明智，读诗使人聪慧，演算使人思维精密，哲理使人思想深刻，伦理学使人有思想，逻辑修辞使人善辩”这六门知识的作用进行论证，归纳出“知识能塑造人的性格”的结论。列举的内容丰富翔实，得出的论断令人信服。由于道理论证所引用的材料都是被客观实际所证实的结论，或是被人们所公认的道理，具有理论的权威性和思想的深刻性，因而具有不可辩驳的力量和说服力。

（8）归纳论证法。

论据是关于特殊事实的命题，论点则为一般性的原理，整个论证体现了由个别到一般的思维过程。简而言之，就是用特殊事实作论据来证明一般原理。与演绎论证法恰成反调。

归纳推理分为完全归纳推理与不完全归纳推理，其逻辑性质不同，完全归纳论证能够确定论据与论点间的必然联系，即由真实论据能够确定论点为真；不完全归纳论证只能确定论据与论点间的或然联系，即由真实论据确定论点可能真实。

如果根据若干油脂不溶于水，而得出“一切油脂都不溶于水”的结论，只具有或然性。因此，在现代精密科学中，特别是在数学中，一般不使用归纳论证。归纳论证要得到可靠的结论，必须根据精确的观察和实验，必须根据已有的科学知识对现象做出正确的分析，必须与演绎法结合。

归纳法既可以先举事例再归纳出结论，也可以先提出结论再举例加以证明。前者即我们这里所说的归纳法，后者我们又称之为例证法。

归纳法和演绎法作为论证的两种基本方法，其最大区别就在于结论的真。演绎法只要前提为真，合理演绎，结论就为真。归纳法则不一定，归纳法不能保证前提为真，结论也一定为真。

假如我们就“自学成才”进行申说。在列举了高尔基、华罗庚、张海迪、蔡伟（只有高中学历的他，在蹬三轮车的同时坚持研究古文字，在古文字学泰斗裘锡圭教授的举荐下，38 岁的他一跃而为复旦大学博士研究生）等中外典例后，可以得出“自学也能成才”的结论，这个结论是可信的，而这个结论就是通过归纳论证得出的。

（9）归谬论证法。

这是进行反驳时的一种论证方法。它以被反驳观点（判断）作为充分条件假言判断的前件，然后通过否定由该前件合理引申出来的虚假或荒谬的后件从而否定被反驳观点（判断）。说得通俗些，就是首先假设对方的论点是正确的，然后从这一论点中加以引申、推论，从而得出极其荒谬可笑的结论来，以驳倒对方论点的一种论证方法。又称为引申论证法。

归谬法常和泼辣、犀利的语言相配合，产生辛辣、有力而富有幽默感的表达效果。

按照从被反驳判断引申、推导出的“后件”的虚假或荒谬的表现来看，归谬法不外乎以下两种形式：一是从被反驳判断引申出的是一个违背生活常识、违反已知真理或与实际情况不符的判断。其推理的基本形式为：如果 p，则 q；非 q，所以非 p。二是从被反驳判断引申出的是一对自相矛盾的判断。其推理的形式是：如果 p，则〈q 并且非 q〉；非〈q 并且非 q〉，所以非 p。

看看下面这个对“一切命题都是假的”所做的批驳：

如果一切命题都是假的，那么，有的命题就不是假的（因为所谓“一切命题都是假的”本身就是一个命题。提出这个命题，当然是以这个命题为真；既然承认这个命题为真，那就说明至少有一个命题为真，也就得承认“有的命题不是假的”。）如果有的命题不是假的，则并非一切命题都是假的。所以，如果一切命题是假的，则并非一切命题都是假的。

这是一个充分条件假言连锁推理。其形式为“如果 p，则 q；如果 q，则非 p；所以，如果 p，则非 p”。

再如《是瓶中魔鬼还是诺亚方舟》一文中有言：“如果说有着微量放射性的大自然是最美丽的话，能说核电站是肮脏的吗？”作者是这样反驳“核电站是肮脏的”这一观点的：“如果说核电站因为有放射性就是肮脏的，那么大自然也有微量放射性，所以大自然也是肮脏的”，这与我们说“大自然最美丽”矛盾。作者通过归谬法，得出了一个荒谬的结论，从而说明，不能仅因为核电站有微量的放射性就说“核电站是肮脏的”这一结论。

需要强调的是，在一篇文章中，仅仅运用单一的论证方法不足以让中心论点得到有力的支撑，恰当地运用多种论证方法不仅可以让中心论点得到有力的支撑，还会让行文摇曳多姿，大有可观。

7. 让“事实胜于雄辩”
——例证艺术

前文言说了九种论证方法，这里专门言说举例论证法。

举例论证法简称例证法，是一种用个别、典型的、具体的事例证明论点的论证方法，也叫事实论证。从材料到观点，从个别到一般，从对许多个别事物的分析和研究中归纳出一个共同的结论。

使用这种方法，一般是先分论后结论，即开门见山提出论题，然后围绕论题逐层运用材料证明，最后明确论点。这种结构方法是符合人们的思维认识规律的。

运用事实论证进行论证时，列举的事实可以有两种形式，即概括总体性事实和列举个别事实。概括总体性事实的说服力在于事实所体现的普遍性，它是对事实的总体或全局的全面性统计或概括。这是领袖人物、党报党刊经常采用的。我们写作时一般采用列举个别事例的论证方法，不要求全面周到，只需列举一些事例即可。所举事例要有一定的典型性，同时也要考虑到经济原则，尽可能不要同类重复。

对议论文的写作而言，举例论证也许是人们首先想到的论证方法。因为议论文无论是立论还是驳论，都是要讲道理的；既然是讲道理，自然要摆事实，也就是举例。有道是：事实胜于雄辩。钱钟书先生曾经如斯说：例不十，理不立。当然，还有个不便明说的原因——如果不用例证法，很多人都难以完成一篇符合字数要求的文章，特别是刚刚学习写作议论文的学生。

但是，很多人在运用例证法的时候把经念歪了，出现了很多问题。须知摆事实不是简单的举例，更不是为了凑字数，其实，其间有不少讲究。

议论文用例首先要树立“四度意识”。

一是契合度。

古今中外的人物事迹不可胜数，而一篇文章中所用的实例毕竟有限，选用什么材料进入文章主要取决于想论证的观点与材料本身的契合程度。为什么确立了观点后会很自然想起这个材料而不是那个材料？为什么在文章中选用了这个材料而不是那个材料？主要就是“这个材料”与文章的观点是契合的，换句话说，“这个材料”可以支撑文章的观点。再说得明白些，能够支撑文章的观点的材料就是合适的材料，就是好材料，就是应该采用的材料；不能支撑文章的观点的材料就是不合适的材料，就不是好材料，就是应该舍弃的材料。

二是新颖度。

就一个观点的支撑而言，可以采用的实例还是比较多的，让哪个“上”哪个“下”呢？新颖与否就是一个考量的标准。看到太多太多的“屈原向我们走来……”看到司马迁一次又一次地在学子的笔下受宫刑，看到苹果一次又一次地在学子的笔下砸到牛顿的头上，看到太多的爱因斯坦的“第三只小板凳”之类的故事……有如“美丽的姑娘一枝花”的妙喻再三地出现让人“至今已觉不新鲜”，我们是不是可以做到“人无我有”呢？我们是不是可以让屈原、司马迁、牛顿、爱因斯坦们清静点呢？多多关注中央电视台近年推出的“感动中国人物”如何？我们是不是可以做到“人有我特”呢？我们要在人们常规思维角度下另辟蹊径，挖掘出常见材料中的新意来。

三是简洁度。

首先我们必须厘清一些观念：议论文中的举例是为了论证说理，而不是为了行文凑字数；读者是通过文章的论证来明理，而不是为了听故事。基于此，文章对材料的表述就应该是概述，不是一般意义上的叙述，更不是文学笔法上的描述。因此，“定向叙述”是必须掌握的技巧：凡是与文章想论证的观点高度相关的内容，可以用简练的文字叙述；无关的或者似乎相关的内容，必须大胆地“割爱”。否则，一则材料可能会占去百余字甚至更多的篇幅，读者可能会淹没在所讲述的故事中，而看不到要阐释的道理。我们提倡用一句话叙述一个材料，文字的上限为 80 个字。

四是多角度。

有时候，可以服务于某个观点的材料有很多很多，而一般文章的容量却很有限，如何解决这个矛盾？在材料的选用上可以考虑时间上的古今分布、地域上的中外分布及领域上的多元分布——政治的、军事的、科技的、教育的、商企的、文学的、艺术的、体育的等等。让一篇文章中出现的材料丰富而不单调，使观点得到有力的支撑。

其次要注意呈现方式。

议论文中举例论证法的运用，常见的是一篇文章里有三五则材料。如果足够典型，有时候个中还形成对比，也不是不可以，因为这样的举例也能起到论证的效果。

但是，还有更高的境界等着我们去攀升。

比如“切割法”。

按照高考作文研究专家何永康教授的说法：“应少而精地用例，短小的议论文一例即可。”还应把“这一个”例“切割”开来，分别“投档”，服务于相关的小论点。这就是“切割法”。

当然，运用“切割法”需要以非常熟悉某个名家大腕为前提，对其有足够的材料储备。

何永康教授1982年的高考下水作文《先天下之忧而忧，后天下之乐而乐》(佳作65）通篇只用到了彭德怀一个人的事例，是“切割法”用例的典范，读者可以仔细研读、体会。

比如“集束法”。

这是一种集中用例的方法，又称“铺排法”。2014年四川高考满分作文《世界为立心者鼓掌》(佳作48）堪为示范。全文选用了二十多个典型材料，以集束的方式呈现，形成了无可辩驳的逻辑力量。

专门说说“材料新鲜”问题。

从某种意义上说，材料本身无所谓新鲜不新鲜，关键看怎么去用材料，或者说文章将让读者如何去解读材料。大学者克罗齐就有过妙论：“一切历史都是当代史”，细细体悟下来，直觉得个中智慧在熠熠生光。

那么，写作的“材料”怎样才能“新鲜”?

时师的回答是：要么“人无我有”，要么“人有我特”。

“人无我有”很好理解。大家都把目光投向“重量级名人”的时候，我们注意打量一下“次名人”乃至身边的“准名人”，撇开各个领域里面在世界上广有声名的人不论，看看历年的“感动中国十大人物”，甚至看看各个领域、各个地方上遴选出来的风云人物。大家都比较关注某个人物的某个方面的时候，我们换个角度观照该人物的别的方面；大家都把目光探向古代的时候，我们把目光驻留在当代；大家都把目光局限在国内的时候，我们把目光拓宽到国外……这样，呈现在我们笔下的材料就是新鲜的，或者说能够给读者新鲜的感觉。

至于“人有我特”，实际上是说材料本身为大家都熟稔，只是“我”在运用时从特别的角度来解读大家都熟悉的材料，从而给读者特别的感觉。这样也能达到“材料新鲜”的效果。而且，只要我们新意灼灼，别具慧眼，就一定能够从人们习见的素材中翻出新意来。从某种意义上说，从经典素材中翻出新意来是特别好的立意，而立意往往决定着对阅卷人吸引度的强弱，也影响着一篇文章的赋分的高低，所谓“意奇则奇，意高则高，意庸则庸”说的就是这个意思。

下面就是大家常常碰到的一些事实类的经典素材，让我们来激活思维，碰撞智慧，共同做“思维体操”，看看会不会产生“于我心有戚戚焉”的感觉。

我们也许都熟悉“薛谭学讴”的故事。

薛谭向秦青学习唱歌，还没有学完秦青的技艺，就以为学尽了，于是告辞回家。秦青没有劝阻他，在城外大道旁给他饯行，秦青打着拍节，高唱悲歌。歌声振动了林木，那音响止住了行云。薛谭于是向秦青道歉，要求回来继续学习。从此以后，他一辈子也不敢再说要回家。如果从故事中拈出“学无止境”的道理自然是可取的，也是一目了然的结论。但是，假如我们仍然从薛谭的角度来观照这个故事，或者肯定他“知过能改”的品质，或者质疑他“一辈子也不敢再说要回家”的做法进而阐述“转益多师是吾师”的道理都是有新意的；假如从秦青的角度来审视这个材料，翻出“教育要讲究方式”“身教重于言教”之类的思想应该是材料中应有之义。

我们也很熟悉苏东坡与庙僧的故事。

宋代大文豪苏东坡平生喜欢访僧问禅，有一次，他脱掉官服换上便衣，到某座寺庙中游玩拜会。这座庙的方丈看到来人貌不出众，穿戴寻常，于是坐在自己位子上没有动，只是懒洋洋地抬手让小和尚给他看座，算是打了个招呼：“坐，茶。”苏东坡看到方丈如此慢待自己，有些不高兴，便想戏弄一下这个以衣冠取人的僧人，于是吩咐站在一边的小和尚：“取善簿来。”意思是要布施一些香火钱。善簿取来以后，苏东坡当着方丈的面，提笔写道：香火钱 100 两。方丈在旁边伸着脖子看到，心中一喜，热情地站了起来：“请坐。”又吩咐小和尚：“上茶。”苏东坡一笑，又在善簿上落款：东坡居士苏轼。那方丈一看吓了一跳，他没想到眼前这个看似寻常的人居然是名动天下的大学士苏轼，急忙向他深施一礼，满脸堆笑地说：“请上坐。”又急忙吩咐：“快快，上好茶。”两人落座以后，方丈素闻苏东坡诗词书画冠绝天下，千金难求，于是借这个千载难逢的机会请他为庙里题字。苏东坡爽快地答应了，信笔在备好的纸上写下了一联：“坐，请坐，请上坐；茶，上茶，上好茶。”人们常常从这个故事读出对那些以貌取人、前倨后恭的势利小人的讽刺。其实，换一个视角看这则材料，它不也说明了在中国人迎来送往的礼节中，特别是在比较正式的交际中，“请坐”与“上茶”这两项基本礼仪的重要性吗？再换一个视角看，方丈之所以前倨后恭，不正因为对方是满腹诗书、名动天下的苏东坡吗？由此可以演绎出尊重知识尊重人才的积极立意。这后面的两种立意正是翻出的新意。

再说说当代“中国的保尔”张海迪吧。

5 岁时，她不幸患上了硬脊膜外血管病变，先后做过几次大手术，自第二胸椎以下都没有知觉。她要靠轮椅的扶手，才能勉强支撑住自己的身体。面对生活中一次次沉重的打击，她没有屈服，以超人的毅力开始了自学，先从汉语拼音开始，又学了针灸等医学知识，还自学了英语、德语、世界语等语言，走上了翻译、文学创作的道路。常见的从这个材料中提炼出来的观点是只要勇于与命运抗争就能创造出人间奇迹。当我们转换视角来看这则材料时，还可以从中拈出“人的潜能是无限的”的观点。这也是富有新意的见解。

再让我们把目光投向国外。

传说华盛顿小时候曾把父亲心爱的一棵樱桃树砍倒了。父亲回来发现后，质问家人：“这是谁干的好事？”华盛顿心里有点紧张，但想了之后，还是勇敢地走到父亲面前，带着羞惭的神色说：“爸爸，是我干的！”父亲反问道：“小鬼，把我心爱的樱桃树砍倒了，你不知道我要揍你吗？”华盛顿见父亲怒气未消，便回答说：“可我告诉你是一个事实呀！”父亲听后，不但没有惩罚华盛顿，反而赞扬说：“承认错误是英雄行为，要比一千棵樱桃树还有价值。”常见的提炼出来的观点是为人要诚实，这是从华盛顿的角度出发得出的结论。当我们换一个角度，从华盛顿的父亲的角度来观照这则材料时，便可以得出“教育者应该有宽容之心”的结论。而这就是从材料中翻出的新意。

还有个关于阿姆斯特朗的材料。有个孩子的妈妈在厨房里洗碗，她听到小孩在后院蹦蹦跳跳玩耍的声音，便对他喊道：“你在干什么？”小孩回答：“我要跳到月球上去！”孩子的妈妈没有给他泼冷水，没有说“小孩子不要胡说”或“赶快进来洗干净”之类的话，而是说道：“好，但不要忘记回来哟！”这个小孩后来成为第一位登陆月球的人，他就是阿姆斯特朗。面对这则材料，常见的观点是“对一个幼小心灵来说，鼓励是最好的教育”！这是从母亲的角度出发得出的结论。从阿姆斯特朗的角度来看，则引发出“伟大的理想催生伟大的行动”的观点一点也不勉强。

最后，还得补说一下材料积累的问题。

都知道“巧妇难为无米之炊”，更何况我们不少学生还并非“巧妇”呢。所以，积累材料至关重要。

其实，材料的来源还是蛮丰富的。

我们学过的课本里面的文本、做过的试卷上面的文章就是材料。

时师的下水作文《做个“知言之人”》（佳作 24）全文所用材料都是来自初高中的语文课本。

我们读过的各种书，观赏过的各种电影、电视剧，甚至看过的一些图画，都可以是写作材料。

《“老腔”何以令人震撼》（佳作 33）从陈忠实的作品说起，第三个分论点的论证又用了《哈利·波特》作者 J．K．罗琳用罗伯特·加尔布雷特笔名创作侦探小说《布谷鸟的呼唤》的材料。《没有了妖魔的取经之路》（佳作 64）全部取自《西游记》。

《回到原点》（佳作 58）开头如次：“电影《让子弹飞》让人捧腹之余更予人一个耐

人寻思的结尾，张麻子历经腥风血雨又重上马鞍，驰入山林。也许英雄的归宿终是草莽！电影的结局总是太蒙太奇，但我庆幸，英雄不是走回头路，他只不过是回到原点，那里才有刀光剑影，那里才有豪迈与洒脱。”这里从电影说起，引发读者的兴趣，还点了题。

对于材料的积累，时师还有一些行之有效的做法分享。

比如，确定若干个主题词，和谐、责任、科技、人才、规则、环保、初心、耕耘、悲悯，等等，再把平时读到的材料分别归类储存。同一则材料还可以归属不同的主题词，因为很多材料是可以进行多元解读的。

比如，确定一个对象，把和该对象有关的材料梳理保存。这就是很多老师所说的“个性化素材”，或者俗话所说的“‘吃’一个人”。当然，这个人必须是某个领域的名家大腕。读人物传记最好，还可以从网络上搜集相关材料。

比如，选择某种物质（对象），把和该物质（对象）有关的材料汇集保存。

就以“鸡蛋”为例吧。

中国文化传统中有“以碫投卵”“以卵投石”“危如累卵”“鸡飞蛋打”等成语，有立夏斗蛋、生小孩后送红蛋之类的民俗，有诸如五香蛋、荷包蛋、虎皮蛋、炒蛋、煮蛋、炖蛋、蛋汤、蛋皮、蛋卷、蛋糕甚至生食等各种吃法，更有诸多名人与鸡蛋的故事。

达·芬奇画蛋苦练基本功的故事，英国大文豪萧伯纳抛出过的“鸡蛋理论”，大学者钱钟书淡泊名利的高格在鸡蛋中凸现，时师就不详说了。

先说说少年英雄甘罗。秦王执意要吃公鸡蛋，弄得满朝文武愁眉不展，甘罗让为此而唉声叹气的爷爷在家休息而替他上朝，秦王看到小小年纪的甘罗厕身文武大臣的行列中，便好奇地探问他，甘罗一脸认真地宣称爷爷在家生小孩而不能临朝，秦王哈哈大笑，说：天下哪有男人生小孩的道理？甘罗“打蛇随棍上”：那么，公鸡又如何能下蛋呢？以谬制谬，不可谓不智。秦王不仅不加怪罪，反而不拘一格地重用他，使得他在外交领域折冲樽俎，屡建奇功。

再说说贪图享乐的晋灵公。春秋时期，晋灵公准备动用国库储备来建造九层台，以供享乐，并扬言：谁敢进谏，处死不赦。大夫荀息不管不顾地求见晋灵公，说：“我来表演一套小玩意儿给您看，我能把十二个棋子，一个一个叠起来，上面再加九个鸡蛋。”晋灵公一听，这玩意儿倒很有趣，便叫他当众表演，荀息小心谨慎地先把十二个棋子叠起来，然后将鸡蛋加上去。旁边的人都提心吊胆，紧张得连气都不敢出。灵公也惊呼：“危险啊！太危险了！”荀息却不慌不忙地说：“还有比这更危险的呢！”于是借题发挥：“九层台造了三年尚未完工，以致男不耕女不织，国库快要空了，邻国也正在计划趁机侵略我们，国家总有一天要被灭亡，到那时你怎么办呢？”晋灵公恍然大悟，便下令停止九层台工程，晋国得以休养生息。又是鸡蛋于其中大放光彩。

贵为九五之尊的光绪和重臣翁同龢之间也有一段关于鸡蛋的掌故。有一天，光绪问翁同龢吃什么早点，翁答：“三个炸鸡蛋。”光绪闻言顿出惊人之语：“师傅一顿早膳就要九两银子啊！”原来御膳房向皇帝报虚账，一个鸡蛋价三两。就连皇帝也不能逃脱被人敲剥的命运，更不用说那些无权无势的平民百姓了。封建社会的官吏贪酷、吏治腐败于此可见一斑。

至于牛顿煮“鸡蛋”的佳话就更广为人知了。科学巨匠牛顿就连热恋中也没有停止科学方面的思考，甚至在女友斯托里把手伸给他痴情地等着亲吻时，因思考苹果、月亮问题而将女友手指当作烟叶往烟斗里塞。像这样的人演绎出女友让他去煮鸡蛋，却从锅子里捞出怀表来的离奇故事就不足为怪了。而牛顿之所以能成就斐然的奥秘也昭然矣。

读者诸君看看，这些方法是不是简单易行？

说了这么多，思路肯定会为之大开。简而言之，就是在充分地占有材料之后，从材料本身出发，借助于“思维体操”，对材料做多角度的审视，进而准确地给中心论点或分论点输送合适的材料，使得文章中心论点或分论点得到有力的支撑。

8. “摆事实”还须“讲道理”
——分析艺术

议论文写作的关键是什么？当然是“分析”。

我们来看看“分”“析”这两个字，就知道“分析”是怎么回事了。“分”是上“八”下“刀”，就是用“刀”劈开；“析”是左“木”右“斤”，就是以“斤”（斧头）剖“木”。如此，你就能够理解刘勰在《文心雕龙》中所说的“论如析薪，贵能破理”的内涵了。

对很多中学生而言，议论文写作时理论阐述是个“短板”，很多人只好以例代证，还以“摆事实，讲道理”作为自己的行为依据。殊不知，“摆事实”不等于“讲道理”，“摆事实”也不能代替“讲道理”，“摆事实”只是有助于“讲道理”，“摆事实”之后，还必须分析，在所列举的“事实”与所要论证的“道理”之间建立起必要的联系。说得直白些，就是把确立了“道理”后，在众多的“事实”中怎么偏偏想起这个或这些“事实”的思考用文字说出来，说清楚，以便读者能看清楚你的思考，并且认同你的思考。还是革命导师列宁说得好：“罗列一般的例子是毫不费劲的，但这是没有任何意义的，或者完全起相反的作用——如果不是从全部总和，不是从联系中去把握事实，那么事实就只能是一种儿戏，或者甚至连儿戏都不如。”（见《哲学笔记》）

请看下面的实例。

这是要求证明论点“贫困也是一笔财富”的片段：

“自古才子出寒门。”司马光出身贫寒；范仲淹两岁丧父，随母改嫁，幼时连稠一点的粥都难以喝到；明代龙图大学士宋濂家中一贫如洗。荷兰画家凡·高也曾穷困潦倒，一文不名，生活上常靠着弟弟接济；苏联伟大作家高尔基曾经是个流浪儿；居里夫人刚满十岁就外出打工……可见贫困也是一笔财富。

这段文字的优点是观点明确，论据丰富；缺点是只有“观点＋论据”，论点和论据之间互相脱离，两者之间缺乏必要的联系的桥梁，论点还是论点，论据还是论据；论据失去了其应有的作用，论点孤立无援，也就失去了立足的依据。这是典型的“不讲道理”的议论文，论点无论怎样正确，也不足以服人；论据无论怎样充足，也不过是一堆零碎的材料。

须知，“讲道理”是议论文写作不可缺少的重要组成部分。通过讲道理可以使论点旗帜鲜明，提倡什么反对什么都给人以清醒的认识。而对论据的分析，可以揭示其中所蕴含的道理，厘清论据与论点的联系，使论点与论据形成一个有机的整体。一句话：论点是统帅，论据是士兵，论据要为论点服务。

如果在前面的文字片段的组合例证之后加上这样的文字：

这都是幼时曾经贫困而后来大有作为的非常之人。寒门是他们植根的土壤，也就是这块贫瘠的土壤使他们不断地发育不断地成熟，塑造自我，完善自我，最终成为参天大树，开出灿烂之花。由此看来，贫穷并不可怕，可怕的是丧失摆脱贫穷的信心和斗志。穷则思变，就要奋发图强，越是贫困越奋发上进，这贫困就是一笔财富。

效果是不是大不相同呢？

说到底，议论文的写作不能没有“分析”。这里所说的“分析”，特指的是例证法中的“分析”，也就是举例之后的“分析”。

分析又叫论证——论述证明。议论文不论不证，自然难以揭示材料与观点之间的内在联系，难以显示材料中包含的道理。分析不能空谈抽象的道理，必须摆出事实再讲道理，即用材料证明你的观点。要使材料能充分证明观点，必须通过分析，把材料与观点之间的内在关系证明给人看。通俗地说，证明给人看的过程，就是分析、论证。

比如，假如要论证“我们要勤俭节约”的观点，只是写“张三勤俭节约，李四勤俭节约，王五勤俭节约……所以我们要勤俭节约”是不行的，哪怕你再加上“陆六，冒七，徐八，周九，苏十……”也不能解决问题，因为没有说清“为什么”。而不说清“为什么”，就是没有分析论证，当然就难以服人。换个角度说，分析就是变单纯举例为就例说理。

展开分析的方法很多。

（1）假设分析法。

就是运用假设推理对所列举的论据进行分析，来证明自己的观点，使事例和析例正反映衬，很有说服力。进行假设性的分析，就是正例反说或者反例正说：举的例子是正面的，那么就从反面来假设分析；举的例子是反面的，就从正面来假设分析。

语段一：《没有了妖魔的取经之路》（佳作 64）

如果一步西天，倒也爽快，只是师徒几人的关系恐怕也只能停留在“酒肉朋友”的层次上了。所谓“患难见真情”：八戒虽色，却处处念叨着师傅，偷了个西瓜还不忘分给师傅半个；沙僧虽傻，却任劳任怨，甘心做大伙儿的下手；悟空虽狂，可师傅有难，不也是不顾生死、降妖除魔吗？战场上结下的友情才是钢铁铸成的啊！倘若一切都太容易，那悟空充其量只是个开路的，沙僧充其量只是个脚夫，八戒逗逗大家开心而已，便是一个太无趣的故事了。

一个“倘若”，引出下文，假设了与上文不同的情形，从另一方面申说“患难见真情”的观点。

语段二：做人要光明磊落

身为人子，父母过世理当在灵前尽孝，让死者安心离去，但是在国外躲债的王永红（负债800亿元的中弘集团董事长）并没有回国。或许他想要回国却碍于债务不敢，或许他心里压根儿没想过回国，无论怎样说，王永红在人们心里已然成为一个不忠不孝的人。天网恢恢，疏而不漏。王永红在外潜逃不久，便被逮捕回国。在今日国力日益强大的中国，是绝不允许这些事泛滥成灾，不允许这些人逍遥法外的！

如果王永红没有盲目地进入资本圈、没有随意地投资资本、没有将自己及他人的利益置于危险之中、没有卷款跑路，那么他或许能有机会东山再起，再不济也可以找一份安稳的工作还债，明明白白、光明磊落地做人，也不至于沦落到今天这种人财两空的局面。可是他最终还是陷落了。

一个“如果”，为王永红假设了另外的商海之路，发人深省。

（2）因果分析法。

就是抓住论据所述的事实，并据此推求形成原因的一种分析方法。

语段三：磨难也是一笔财富

有时候磨难恰恰能够历练人生，绽放光彩。贝多芬双耳失聪，却能在这样的磨难下创造出不朽的交响曲，撼人心灵，那是因为他不屈服于命运的压打，顽强抗拒厄运，才谱出了人类的心灵之歌；司马迁遭受腐刑，却能在这样的耻辱中写成《史记》，汗青溢光，那是因为他有坚定如山的信念，刚毅如铁的意志，于诽谤讥嘲中坚持自己的志向，才突围成为“史圣”；一代体操王子李宁泪洒汉城黯然退出体坛后，却又另辟天地开创了自己的事业，让“李宁牌”系列运动用品风靡中国市场，那是因为他懂得承受失败，不为失败所吓倒，才能在失败中开拓出一条新路。磨难，是祸也是福。它对于意志坚强者，只不过是人生路上的一帘风雨，只要勇敢地走过去，前方就是另一片蓝天。

语段四：奋斗冲破“埋没”的压力

古今中外，许多取得了重大成就的人，都遭受过“埋没”的命运。爱因斯坦就曾被埋没在一个专利局中，充当小职员的平凡角色。但他没有灰心，抓紧一切机会进行研究，终于开创了物理学的新天地。华罗庚曾被“埋没”在小店铺里，但他没有消沉，每天在做好营业工作后，抓紧一分一秒，昼夜不停，寒暑不辨，刻苦自学，潜心钻研数学，终成著名的数学家。为什么他们没有因“埋没”而“窒息”，并且能有建树？因为他们不甘心忍受被“埋没”的命运；不管在怎样不利的情况下，他们始终没有丧失向上的勇气和力量；他们坚信：不失千里之志的千里马，终有奋蹄腾飞的日子。因此，他们在被“埋没”的情况下，不是怨天尤人，而是努力拼搏奋斗，最终冲破“埋没”，脱颖而出。

前者是一例一析，逐例分析；后者是例后统析。都是推求因果关系的。

（3）意义分析法。

就是透过论据提供的现象揭示出事物的本质或所蕴含的意义，或予以高度评价，或揭示其要害、危害等，从而证明论点提出的看法和主张的影响、价值、效果等。

语段五：心态有时很重要

有这样一则故事：五只青蛙比赛爬高，面对高墙，围观的青蛙不停地说：“太高了！太高了！”结果四只青蛙“知难而退”，只有一只耳聋的青蛙爬到了顶点。第二次爬更高的墙，围观的青蛙不停地打气，四只青蛙获得了成功，而那只耳聋的青蛙却面对遥远的目标摔了下来。这则故事告诉我们，能否战胜困难，我们的心态是很重要的因素。

语段六：弄虚作假行不通

战国时候的南郭先生不学无术。他听说齐宣王爱听竽乐合奏，就混在乐队里，装模作样，冒充内行，领取俸禄。后来齐宣王死了，齐湣王偏偏喜欢听独奏，叫吹竽的人，一个一个地吹给他听。南郭先生再也没法混下去，只得溜走。这就是著名的“滥竽充数”。滥竽充数，这四个字概括得好。好就好在它点出了南郭先生的要害，在于一个“充”字。人没有生来就会吹竽的。南郭先生不会吹竽，本来无可厚非，但是，他不该不会装会，弄虚作假，冒充内行，而且一味装下去，靠蒙骗过日子，以致落得个逃之夭夭、贻笑大方的结局。

（4）论据引申法。

就是举例作为论据，论据里面存在某种苗头，就着这个苗头引申出去，设想出某种结果。

语段七：大哉，缪贤！

缪贤心胸开阔，他发现蔺相如的才德，并不因为他出生卑贱而瞧不起他，而是不怕群臣嘲笑，把蔺相如推荐给赵王，使其得以出使秦国。蔺相如此去吉凶难料，虽然他有勇有才，但未必能旗开得胜，若是此去非但没有换回秦国的城池，连“天下所共传宝”的和氏璧也被秦国夺走了，辱没了赵国的威名，那么赵王一怒之下，恐怕不只是杀了蔺相如一个了事，连缪贤也将因推荐庸才之过而受到牵连。但缪贤并不惧怕这些，他识才敢用，非常信任蔺相如，置个人安危于不顾，毅然把蔺相如推荐到赵王面前。若非出于对国事的关心，是难以做到的。

（5）例后解说法。

就是举了一个例子后要考虑：它的中心，它与观点的关系，别人的认识会不会和“我”不一样？或觉得这个例子跟要证明的观点关系似乎不那么密切。这时就得把它解说一下，或解说它的中心是什么，或解说它与观点有什么关系。

语段八：善于质疑有助于解决问题

从前有一种怪病，它使人食欲不振，最后导致死亡，在当时几乎是不治之症。有一位化学家，也得了这种病。有一天他路过一个村子，村里人听说他有这个病，就告诉他，我们村里有一口井，井里的神水能治你的病。化学家听了，就去喝那水，结果病好了。病好了以后，他就想：为什么这水能救我？结果就是这么一个村里的人从来不曾想过的问题，促使化学家去研究，最后化学家发现水里含有芒硝，是芒硝救了他，因此他发现了芒硝的药用价值。正所谓“于不疑处有疑，方是进矣”（宋代张载语）。在别人没有产生疑问的地方，产生疑问了，这就是比别人前进了一步了。村里的人就知道能治病，想了没有？从来不想。化学家想了，发现芒硝了。“疑”是发现矛盾的钥匙，“思”与“学”是解决矛盾的方法，发现矛盾是解决矛盾的开端，“疑”便是“思”与“学”的“端”和“始”了。

（6）正反对比法。

有两种情况：一是摆出一正一反两个例子，同时还要对它们做进一步分析；一是只举一个例子，这个例子里面含有正反两种因素，作者从正反两个方面进行对比分析，重在分析。

语段九：《大爱无言》（佳作 55）片段

在青海玉树地震中，有一只叫科拉多的狗，在他主人的“战场”——一片废墟中，死死守候了整整一个多月，这份在人与动物之间的爱，是无与伦比的美丽，试问，主人如果没有平时对它的爱和无微不至的关怀，又怎能收获小狗的爱？大爱无言！

不仅有人与动物的爱，也有人与人之间的关爱。一个发生在肉类加工厂中，一名工人对保安的天天问候，救了工人的性命。人与人之间本身就应互相关爱、互相赠予温暖，让温暖的阳光洒满大地每一个角落。

令人遗憾的是，现实生活中也有反例：佛山市的“小悦悦”事件，让人无不惊颤，如此一个很小的生命，人们怎么熟视无睹啊，或许是物质生命，让她们失去了人性的本质，或许又是那一颗颗冷漠的心，正被物欲横流的金钱迷失了本质，侵蚀了内心。幸好，还有陈贤妹这类好心的群众在，才让人性的光芒得以发挥，大爱无言啊！

这段文字先说人与动物的爱，再说人与人之间的关爱，这是正例；然后是反例“小悦悦”事件，从反面观照社会现实，正反比照之下，越发显得“大爱”的价值。

语段十：好集体不会埋没人才

孙膑与庞涓同出于鬼谷子门下。他们二人可说是精于谋略，都是不可多得的人才。但是当孙膑来到庞涓任职的魏国时，庞涓嫉妒他的才能，表面恭敬，内心狠毒，多次向魏王进谗言，以致孙膑被挖去膝盖骨，不得展其才志。而齐王听说孙膑之才后，不惜费尽心力，将孙膑请到齐国，委以重任。齐军终于有了马陵道之胜。同是孙膑，为何落得两种境遇呢？就是因为他效劳于优劣不同的两个统治集团。在魏国，庞涓只为私利，妒贤嫉能；魏王昏庸，偏听偏信，而且缺乏识别千里马的伯乐眼光。试想，孙膑在这么一个集体中，如何施展大志呢？然而，齐王任贤用能，身边的臣子也不像庞涓那样谋私，因而上下齐心，孙膑在此，可说计出即行，正得以充分发挥作用。可见，好集体不会埋没人才。

（7）比较分析法。

就是将所举两个事例进行比较，找出其中的相同点和不同点。通过比较分析，能够透过表象，指出实质。

语段十一：正确认识人之长短

有这样一个故事：一位哲学家乘渔夫的船过河，他嘲笑渔夫不懂数学失去三分之一的生命，不懂哲学又失去一半的生命。风浪来，船即将沉没，渔夫说，你不会游泳，全部的生命将没有了。在这故事中，哲学家确实知识渊博，他懂数学又精通哲学，这是他的长处。而渔夫呢，这类知识贫乏，对数学、哲学一窍不通，这是他的短处。但是，哲学家虽有长处，也有短处，而且他的短处恰恰是渔夫的长处。哲学家没有全面地看问题，片面地用自己的长处来攻击他人的短处，其结果自然被渔夫反唇相讥。

语段十二：心态往往决定成败

×× 年奥运会上。面对枪靶，44 岁“高龄”的王义夫老枪新传，一枪失准，下一枪再来，最后关头的二次举枪显示出过人的老练，终于用金牌洗雪了亚特兰大奥运会的遗憾。而英国网球运动员亨曼虽然一直保持在一流选手的行列之中，但从未拿过一项大满贯赛事冠军。在 ×× 年的澳网赛场上，比他小 7 岁的俄罗斯选手达维登科都能教训他一把。同样是一流高手，结果却大相径庭，究其原因是个人的品质和心理起了关键的作用。王义夫因为有了顽强的意志和惊人的镇定，所以在一枪失准的情况下，能快速调整心态，重整旗鼓，在下面的几次射击中打出最好的成绩，赢得了金牌。而英国网球运动员亨曼却因为丧失了意志力，惨败连连，留下了终身的遗憾。

（8）披文示意法。

就是披露一段文字后要解释它的含义。在解释含义过程中，使得这一段话更有说服力，更能证明观点，当然解释意思本身也是在证明观点。特别在引用含蓄性或哲理性较强的名言名句时，必须示意。不能停留于简单地引一下，比如只会说“××× 说得好，说……，说的正是这个意思”“×× 这么说，……他的话不正证明了这个道理吗？”你以为然，读者未必以为然；或者读者所以为的“然”，未必就是你所以为的“然”。

语段十三：做人不要妄自菲薄

常见有这种人，遇事总是自惭形秽。我认为，做人还是不要妄自菲薄。俄国作家契诃夫曾经说过：“有大狗，有小狗，但小狗无需因大狗的存在而惶惑。”……天下人也是如此这般。“有大狗，有小狗”，就如人世间存在有能力、有风度、有才华的人，也存在各方面略有不足的人。天下事纷繁复杂，天下人更是多种多样，这是自然选择的结果。但是，小狗的存在自有其价值，自有其自然选择的位置，何必因为“小”就在“大”者面前惶惑不安呢？大狗是小狗长成的，如果小狗们自轻自贱，纵使长成大狗，也会在自卑的压迫下碌碌无为。何况，小狗的娇媚，表演技能的高超，也是大狗们望尘莫及的。

语段十四：做人要有主见

契诃夫曾经说过：“有小狗，有大狗，但小狗无需因大狗的存在而惶惑。”小狗，比喻那些初出茅庐的青年人，大狗则比喻那些有名望的老前辈。青年人应该尊重老前辈，虚心向他们学习，但也不能妄自菲薄。正像契诃夫所说的，“小狗无需因大狗的存在而惶惑”。有些青年人把老前辈的言语作为金科玉律，哪怕是错误的言论，也不敢加以评论。这种做法只能使他们的思想凝滞，缺乏创造活力。这种现象在科学界尤其明显。老前辈的理论被奉为金科玉律，无人敢提出异议。而真正有作为的青年人向来是自信的，他们敢向科学权威挑战，在事业上取得了成就。因此，劝君要有自己的主见。用比较直白的话，把道理说出来：不要自惭形秽，要有主见。

（9）点面分析法。

这里的“点”是指具有代表性的论据，“面”是指由具体的论据所引发出来的概况性的论据或者一般性的结论。在文中不可能列举全部的事例，也不必列举全部的事例，采用点面结合的方法，可以使文章更加简洁，使论证显得更加全面。

语段十五：《我有翅膀，只等点亮》（佳作 39）片段

可上帝关上了一扇门，必定给你开了一扇窗。尤其在如今这个时代，只要你真有那份实力，就会有相应的平台。如马云凭着灵敏的嗅觉和坚韧的品质，在互联网这个大好环境中，创造了阿里巴巴的奇迹；如俞敏洪凭着决绝的勇气和超人的努力，创造

了新东方的辉煌……环顾四周，谁的成功不是实力的展示，不是机会的垂青？谁的实力不是用努力置换，不是有其自己的“特殊微观结构”？

两个典例之后，用“谁的成功……谁的实力……”两个反问，推而广之。

语段十六：毅力助力成功

唐代大诗人白居易幼年读书读得“口舌成疮”，而坚持不辍；马克思写《资本论》用了四十年的时间，其间贫困疾病交加，用他妻子的话说，他是在坟墓边徘徊，可是马克思没有动摇过信念。这些告诉我们，毅力是治学的支柱，凡是事业上有所建树的人，大都有艰难的历程和坚强的毅力。

（10）辩证分析法。

就是用对立统一的、发展的、联系的观点分析材料，既要分析事物本身的内在联系；也要分析该事物与其他事物之间的联系；既要看到事物的正面，也要看到其反面；既要照顾事物的主要矛盾，也要注意到非主要矛盾，同时还必须注意主要矛盾和非主要矛盾在一定条件下的变化与转换。

语段十七：人怎么样，世界就怎么样

唯物辩证法认为，人的主观思想具有能动性，正确的意识可以促进事物的发展，错误的意识将会阻碍事物的发展。希特勒的暴行很大程度上是因为他有着称霸欧洲的野心。主观指导行动，行动成就世界，希特勒是一个邪恶的人，因而他统治的世界就变得疯狂而黑暗。

语段十八：凌霄花的智慧

唯物辩证法认为：事物的发展是内因和外因共同作用的结果，其中内因是事物发展的根本原因，外因是事物发展变化的条件。这就是要求我们看问题办事情时，既要看清自己的优势，顽强自立；又要像凌霄花一样，善于利用外界有利的条件来弥补自己的不足，这样才能更好地生存与发展。

（11）内涵分析法。

就是揭示事例的内涵，让读者明了所述事例和结果的关联。

语段十九：《大豆的逆袭》（佳作 51）片段

“每段青春都是苦的，在后半段才会有出路。”现任光线传媒副总裁刘同在自己的书中写道。他被誉为职场达人，10 年的奋斗，自认为嘴贱性格贱，所以从不抱怨遭遇，他奔走在自己的路上，最终，他成功了，成为 80 后年轻有为的典型代表。一个北漂的“矮穷挫”，不也摇身一变成了“高富帅”么？没有逆袭的青春，谈何纪念？没有拼搏的灵魂，谈何伟大？

于是，刘同的逆袭，带给我们的，是青春的张狂，是信仰的绚烂。

语段二十：善待挫折

人生中的曙光从来都是历经颠簸与坎坷之后才赫然闪现的。有这么一个故事：一位屡屡失意而心灰意懒的年轻人邂逅一位山寺老僧。老僧用名贵龙井招待他。但老僧冲泡的第一杯绿茶，年轻人饮后觉得无一丝香味；待第二次冲泡后，才有一丝若有若无的香气漾开来；待冲泡了五六次后，屋子里便弥漫着阵阵清香。闻着龙井的醉人香味，年轻人心里澄澈起来了：原来，茶香是来自于沸水的一次次“冲泡”；茶越香醇，“冲泡”次数就需越多，如此，方可将茶之精髓一点点滤出。那么，人生的曙光，不也要经过一次次的“冲泡”才能出现吗？要想曙光越璀璨，“冲泡”的次数不也就需越多吗？所谓“天将降大任于斯人也，必先苦其心志，劳其筋骨，饿其体肤”，而后才能“增益其所不能”也！原来，人生的每一次挫折，都是冲泡的历练啊！于是年轻人的愁眉舒展了，自信、坚毅重现脸上。年轻人满载而归，从此奋发向上。

最后，还得补充一句：上述11种分析的方法之间有近似有交叉，比如“意义分析法”和“内涵分析法”，“正反对比法”和“比较分析法”。

需要强调的是：对于内涵丰富、可多角度阐释的叙例语段，我们要根据论点证明的需要，强调相应的某一方面。当然，叙例的时候也要“定向叙述”——把例子和与想证明的观点相关的说出来、说清楚。

时师以众所周知的“小马过河”故事为例来说明。

小马和他的妈妈住在绿草茵茵的小河边。除了妈妈过河给河对岸的村子送粮食的时候，他总是跟随在妈妈的身边寸步不离。他过得很快乐，时光飞快地过去了。有一天，妈妈把小马叫到身边说：“小马，你已经长大了，可以帮妈妈做事了。今天你把这袋粮食送到河对岸的村子里去吧。”小马非常高兴地答应了。他驮着粮食飞快地来到了小河边。可是河上没有桥，只能自己蹚过去。可又不知道河水有多深，犹豫中的小马一抬头，看见了正在不远处吃草的牛伯伯。小马赶紧跑过去问道：“牛伯伯，您知道那河里的水深不深呀？”牛伯伯挺起他那高大的身体笑着说：“不深，不深。才到我的小腿。”小马高兴地跑回河边准备蹚过河去。他刚一迈腿，忽然听见一个声音说：“小马，别下去，这河可深啦。”小马低头一看，原来是小松鼠。小松鼠翘着她的漂亮的尾巴，睁着圆圆的眼睛，很认真地说：“前两天我的一个伙伴不小心掉进了河里，河水就把他卷走了。”小马一听没主意了。马妈妈老远地就看见小马低着头驮着粮食又回来了。心想他一定是遇到困难了，就迎过去问小马。小马哭着把牛伯伯和小松鼠的话告诉了妈妈。妈妈安慰小马说：“没关系，咱们一起去看看吧。”小马和妈妈又一次来到河边，妈妈这回让小马自己去试探一下河水有多深。小马小心地试探着，一步一步地蹚过了河。噢，他明白了，河水既没有牛伯伯说的那么浅，也没有小松鼠说的那么深。

以此故事作为论据，如果要证明的是有关“实践”的观点，那么，就应该从“小马的角度”去解说分析，原来万事只有自己亲自试过才知道，千万不能听他人一说，就贸然作结。如果要证明“教育孩子”的观点，那就应从“马妈妈的角度”补充解说。马妈妈深懂教育之道。她明白，河的深浅只能让小马自己去寻找答案。作为父母，重要的不是代孩子走路，而是应该教会孩子自己如何走路。这样才会使孩子的人生路尽可能顺利，从而减少人生的迷失。如果要证明“做事要符合客观实际”，那么，应该从“牛伯伯小松鼠”的角度作议，说话做事不能只从自我角度出发，而要多从对方的实际考虑，这样，才会比较符合客观实际。

9. “思想的力量”来自语言

——语言艺术

著名作家孙犁先生曾经论及“好的语言和坏的语言”。按照他的说法，“好的语言”就是迎娶新娘时候的“花轿”，“坏的语言”就是迎娶新娘时候的“牛车”；同样是那个新娘，因为迎娶她所用的工具不同，新娘给人的感觉就迥异。

说得真好!

那么，什么是议论文的“好的语言”呢?

议论文是说理的文章，其语言特色主要体现为理论性、准确性、鲜明性、概括性。

先说理论性。

议论文是以理服人的文章，这就要求行文时要上升到一定的理论层次，具有普遍的涵盖性。具体体现在两个方面：一是要从“完整的表象蒸发为抽象的规定”，不能就事论事，只停留在事物的表象上；二是要用理性的眼光看待事物，判定是非，不能因为感情的亲疏而影响对事物的认知。

《为了自由的束缚》(佳作 45)中有这样的文字：

自由与束缚哪个更好？这绝非泾渭分明。绝对的自由于我而言如同绝对的束缚一样，都会导致自我毁灭。绝对的自由能产生个人对束缚的最大愿望，而绝对的束缚同样也能使我们无比渴望自由。这样看来，自由与束缚是相辅相成的。

…………

自由的本质应该是在适当束缚下的多元的精彩生活。为此我们需要主动地约束自己，适当地约束自己。制定必要的社会规范可以让我们免受由错误行为引起的惩罚。减少多余的行为规范，特别是努力发现并废除不合理的规范，这是人们追求自由的主要目的。

这样的文字很精粹，多为警句，认识深刻，引人深思。

次说准确性。

议论文要讲清道理，文章中的每一句话都必须准确；而语言的准确性，常常体现在句子中状语、定语等修饰成分上，也因此，议论文中多长句，多复杂结构的句式。

《为了自由的束缚》（佳作 45）中有这样的文字：

古代科学一度等同于炼金或炼丹。炼金是想获得财富，扩大自己的自由空间和内容；炼丹是为了长生不老，获得时间上的自由。随着认识的提高，人们不再把科学等同于炼金和炼丹，但科学仍是人们追求自由的工具。当波义耳提出化学的目的是探索各种化学现象背后的规律后，人们才终于认识到，若要扩大自由，首先要认识规律。人可以不受人为规范的限制，但不得不受规律的限制。约束和自由是一个对立统一的矛盾体，没有约束就没有自由。

“一度”和“若要……首先……”用语准确，彰显了议论文语言的准确性。

再说鲜明性。

议论文既然是说理，就要把道理说得让人心服口服，因此，文章的论点一定要鲜明，作者的褒贬态度也一定要鲜明，作者在文中提倡什么，反对什么，歌颂什么，批判什么，一定要通过鲜明的观点、充足的论据和严密的论证，明明白白地告诉读者。“千呼万唤始出来，犹抱琵琶半遮面”不是议论文的语言状态。

《请借我一双慧眼！》（佳作 42）有这样一段文字：

也许有人说，智慧是经验强调了阅历的重要，“世事洞明皆学问”嘛；也许有人说，智慧是能力看重了本领的神通，“荒年饿不死手艺人”嘛；也许有人说，智慧是境界指向了精神的高度，“财富会带来忧虑，但智慧会导致精神安宁”嘛。殊不知，智慧的天地气象万千才是命题专家们最想表达的智慧。

“殊不知”引出下文，与前文三个“也许有人说……”构成对比，鲜明地亮出了作者的态度。

最后说概括性。

议论文善于将事物加以抽象，从而反映事物的特点。寻求最大广度的涵盖面是抽象概括的目的。概括的面越广，其理论色彩就越强，事物的本质属性就越能得到充分的显示。因此议论文的语言概括力特别强，常常用比较抽象的词语表现丰富的内容。

《采菊瓦尔登湖》（佳作 13）中有这样一段文字：

如果你只懂中国文化，那你一定不懂中国文化。文化需要对比。中国的文化是一种月亮的文化，它没有西方的热烈、浓郁，却有一种含蓄沉寂的忧伤。从古至今，或思乡或壮志难酬，我们做的都只是金樽对月，只有月亮才能打开中国人的忍与默，只有月亮才能同销万古愁。而在西方，我们会努力去做个伊卡洛斯，即使是消亡也选择这样一种悲壮的结局。西方文化带有一种浓烈的个人英雄主义，它的来和去都很大声。就是在这样的对比下，中国文化的不同才更为彰显，才会更加展现其迷人之处。文化是串在一根线上的珠子，共情是那根线，而线上的珠子彼此有自己的光泽，我们的光泽不会因为其他珠子的完美而黯淡，保持光泽的唯一秘诀就是相信它会发光。

看看，作者用“月亮的文化”和“伊卡洛斯之翼”就很精当地把中西方文化的特点概括了，很有宋词的“婉约派”与“豪放派”的况味。

说到说理，读者朋友千万不要自设情境，认为就是板着面孔说教，就是上纲上线式的理论，就是面对着“马列主义老太太”。其实，除了那些状况外，还有很多说理的状态，比如绵密而富有逻辑力量的阐述下的理性思辨式，比如“随风潜入夜，润物细无声”的和风细雨式，比如在轻松愉悦的笑声中获得教益的寓教于乐式，比如由形象叙写和佳词丽句营造出的文采飞扬式，等等。

议论文的语言完全可以有理性美。

请欣赏 2014 年上海高考获得 69 分的“标杆作文”《为了自由的束缚》(佳作 45)，这是一篇充满思辨色彩的佳作。

作者施展辩证思维的才能，充分论述了“自由”与“束缚”对立而统一、相辅而相成的关系。其间没有议论文中常见的例子，也没有常规的引用，完全依靠绵密而富有逻辑力量的阐述坚实地支撑自己的观点。有时候这种逻辑力量或许就体现在恰到好处的选择与运用的一两个词语，便将认知推向了深处，极富思辨的张力。

议论文的语言完全可以有形象美。

请欣赏 2017 年江苏高考佳作《木车上的人生》。

木车上的人生

现代旅行中，我们常常幻想着车辆能如闪电一般穿越障碍，瞬间直达，我们常为交通的堵塞感到焦躁不安，却从未想过在遥远的几千年前，曾有这样一位思想者，就乘坐在一辆简陋而缓慢的木车上，为了自己的理想往返奔走在苍茫的大地上，不知疲倦，终其一生。

他就是我们熟知的著名思想家、教育家——孔子。

鲍鹏山在《风流去》中曾对孔子有过这样一段描述：在一条浩浩汤汤的河边，孔子师徒又找不到渡口了，子路上前向河边的农夫问路，却只是得到“天下皆乱，举世皆然，何不避世归隐，躬耕陇亩”的劝诫。

难道孔子不明白这些吗？几十年来，他历尽艰辛，学而不厌，“十年磨一剑”，却连“霜刃未曾试”，心中的满腔豪情与伟大抱负无人言说，也无人理解，如何能没有感慨，如何能没有惆怅？但是他却握紧手中的缰绳，坚守着“君子固穷”的决心，立下了“邦有道，如矢，邦无道，如矢”的泣血誓言。君子，安能作穷途之哭？那只是无能者的怯懦表现。他不羡慕避世田园、闲云野鹤的自由隐士，也不向往车来车往、灯红酒绿的俗世生活，他只是孤独地驾着那辆破旧的木车，周游于列国之中，往来于天地之间，渺小又伟岸。

枯叶铺地，北风呼啸。但是这样一位似乎不可理喻的执着者依然在木车上颠沛着，流离着，这在越来越懂得进退有据的现代人眼里是不可思议的。然而，正是这样的倔强，让世界感到了畏惧。我们从那辘辘的木轮声中，听懂了“政治”的真正含义。那是对人生、对土地、对宇宙的求索，他不倦地向各个阶层诉说他的思想，诉说他对这个世界的思考。他将自己满腔的热情注入《春秋》之中。他显示了穷却依然兼济天下的政治胸怀，用燃烧的激情驱逐了整个冬天的寒冷，破除了前进道路上的一切艰难险阻，又化作明灯，照亮了亘古的长夜。

木车虽小，却阻不断万丈激情。无数个孔子般固执的思想者正手持缰绳，驾着颠簸的木车，向我们缓缓驶来，载着满腹思想，驶进茫茫的历史长河之中，驶向我们这个日新月异的时代。我们于车来车往中，独独见他们正向我们招手，那是欲将自己的绝世思想一吐为快的渴望，亦是愿将我们引向光明未来的义不容辞。

有未来虽远，却将不再艰险，唯愿有孔子们驾着木车来“导夫先路”。在车来车往中，唯辘辘车声引领我们走向未来与希望。

这篇高考佳作获得了68分。

从文体看，它是人物评传，也是广义上的议论文。文章对孔子木车上的人生给中国的政治、文化、思想带来的巨大影响做出了高度评价，并且高屋建瓴地指出正是由于一个个“孔子”怀着对正义的追求，人类才不至于永陷无尽的黑暗，历史才能不断前行。

从论证语言的角度看，文章的论证既体现出层次感，也彰显了逻辑性。尤为难得的是，文章既不排斥形象性，更不回避强烈的主观情感。诸如形象化的描绘：“乘坐在一辆简陋而缓慢的木车上，为了自己的理想往返奔走在苍茫的大地上，不知疲倦，终其一生。”“枯叶铺地，北风呼啸。但是这样一位似乎不可理喻的执着者依然在木车上颠沛着，流离着……”生动的比喻：“用燃烧的激情驱逐了整个冬天的寒冷，破除了前进道路上的一切艰难险阻，又化作明灯，照亮了亘古的长夜。”这些文字，让行文具有了激情与美感。因此，在严密的说理之外，极富感染力。

如果我们在语言的形象性方面有点意识，有点追求，我们的文章就可能在铺天盖地的考场议论文中脱颖而出。

议论文的语言还可以有文采美。

请欣赏2009年广东高考关于“常识”的材料作文的一篇满分作文。

知之·行之·思之

古语云：“易有三训，一训简易，二训变易，三训不易”，“易与天地准”。之于常识，不也是如此吗？我们生活在常识中，“春暖花开”“秋高气爽”，我们不假思索地运用它们，是为简易；同一事物不同时刻有不同的表现，变化无穷，是为变易；常识由生活而来，经久适用，是为不易。

故庄子云：“道在便溺。”因常识，于生活，我们泰然。

老子云：“大音希声，大象希形。”正是由于常识之于我们太过习惯了，时常，我们会无所察觉，如同时空之于我们过于静止与绝对，在爱因斯坦之前，我们被蒙骗了千万年。于是我们在恍然后明白，常识虽常，但亦要知之、行之、思之。

所谓的对常识的知之，并非仅仅为热则却衣寒则添衣的自然反射，而是对自然存在的用心观察。没有这用心，何来常识？没有常识，何以行之？不得而行之，必遭祸患。譬如之于人，了解交通拥挤之时间，于约会便不会误时；又譬如拿破仑不知俄国之地广与冬天之寒冷，便因俄国坚壁清野而为滑铁卢之役埋下伏笔。

所以对于常识，要知之。

所谓的对常识的行之，不仅是于知之之后的体证，还是生活的必需，之所以要知且行，系因为知易而行难。行难，故特以行之。常识的知之，是困则眠疲则休息，是诸葛顺势三分天下，是刘邦知楚强汉弱而强赴鸿门。对常识的行之，是顺应自然、顺时而动，故可避害趋利，所以才有一觉醒来的精神，才有汉朝天下。

所以对于常识，要行之。

至于对于常识的思之，那便是在知行合一后更高的要求。正因为常识之常，所以无形中被我们忽略、习惯，然世间万物莫不在变易中永恒，拘泥而行自己不适合，若死守既得，便永无进步可言。故汤之《盘铭》曰：“苟日新、日日新、又日新。”《康诏》曰：“作新民。”诗曰：“周虽旧邦，其命惟新。是故君子无所不用其极。”因为对常识的思之，爱氏提出了相对论，玻尔提出了量子力学；之于历史的，不正是由于对意识形态的思之与变革，再知而行之，才有三十年改革开放而至于今日之中华崛起？

“易与天地准”，也正是凭借常识，凭借与常识同行，我们维系了一个旷古的文明，然而无论是生活还是发展，不知常识无语进步，不行常识无以趋利避患，不思常识却也无以百尺竿头更进一步。

于是，不妨化用子思的“慎思之，明辨之，笃行之”而说，对于常识，我们要知之、行之、思之，由是，则有泰然的生活与不断的前进。

作为议论性文章，却有着充溢的文采，堪为讲究文采的议论性文章的范例。其文采主要体现在三个方面：

一是严谨的逻辑推理和清晰的逻辑层次，使文章同时具备了内容和形式上的双重审美趣味，既给予读者思考空间，也给予读者阅读愉悦。

二是整句与散句的交替运用和关键词的精心提炼，赋予了文章张弛有度的阅读节奏，体现出作者高超的遣词造句能力。

三是典雅的书面语和大量古典文句的巧妙运用，营造出极具古典韵味的语言风格，体现出作者扎实的国学功底。

由此可见，好文采需要讲究词语的运用；需要讲究修辞；需要适当引用；需要营造一种或典雅或华美或诗意的意境氛围。一言以蔽之，需要作者日常丰厚的积淀和考场有意的追求。

最后，让我们以歌德的一句话收尾："并非语言本身有多么正确，有力，或者优美，而在于它所体现出来的思想的力量。"

10．“立”得如何就看“破”
——驳论艺术

读者们一定熟悉“辩论”的语言形式。

春秋战国时期的“百家争鸣”常见。比如庄子与惠子的“濠梁之辩”。

庄子曰：“鯈鱼出游从容，是鱼之乐也。”

惠子曰：“子非鱼，安知鱼之乐？”

庄子曰：“子非吾，安知吾不知鱼之乐？”

惠子曰：“吾非子，固不知子矣；子固非鱼也，子之不知鱼之乐，全矣。”

庄子曰：“请循其本。子曰‘汝安知鱼之乐’云者，既已知吾知之而问吾，吾知之濠上也。”

历史上传颂的东方朔的机智可见。比如“善哉瞿所”。

汉武帝游上林苑时看见一棵好树，问东方朔树名，东方朔说：“此树名叫善哉。”汉武帝暗中让人标记这棵树。

过了数年之后，再次问东方朔此树之名，东方朔回答说：“此树名叫瞿所。”武帝于是说：“东方朔欺骗我很久了啊，此树的名字为何与之前说的不一样呢？”东方朔回答道：“大为马，小为驹，长为鸡、小为雏，大为牛、小为犊，人生为儿、长为老，昨日的善哉今日已长成瞿所。生老病死，万物成败，哪里有定数？”汉武帝于是大笑。

苏东坡与佛印和尚的“斗机锋”可见。比如“八风吹不动”。

一日，苏东坡自觉修持有得，撰诗一首，派遣书童过江送给佛印禅师。诗云：稽首天中天，毫光照大千；八风（指人们生活上所遇到的“称、讥、毁、誉、利、衰、苦、乐”等八种境界，能影响人之情绪，故形容为风）吹不动，端坐紫金莲。

禅师看了，拿笔批了两个字，就叫书童带回去。苏东坡以为禅师一定会赞赏自己修行参禅的境界，急忙打开，一看，只见上面写着“放屁”两个字，不禁无名火起，立时乘船过江找禅师理论。

船快到金山寺时，佛印禅师早站在江边等候。苏东坡一见禅师就气呼呼地说：“禅师！我们是至交道友，我的诗，我的修行，你不赞赏也就罢了，怎可骂人呢？”禅师若无其事地说："骂你什么呀?"苏东坡把诗上批的"放屁"两字拿给禅师看。禅师呵呵大笑说："哦！你不是说'八风吹不动'吗？怎么'一屁就打过江'了呢?"

周恩来总理的外交故事多见，比如派克钢笔的故事。

一位美国记者在采访周总理的过程中，无意中看到总理桌子上有一支美国产的派克钢笔。那记者便以带有几分讥讽的口吻问道："请问总理阁下，你们堂堂的中国人，为什么还要用我们美国产的钢笔呢?"周总理听后，风趣地说："谈起这支钢笔，说来话长，这是一位朝鲜朋友的抗美战利品，作为礼物赠送给我的。我无功受禄，就拒收。朝鲜朋友说，留下做个纪念吧。我觉得有意义，就留下了这支贵国的钢笔。"美国记者一听，顿时哑口无言。

这些，让我们领略了辩论的悠久历史。

还有亚洲大专辩论会、国际大专辩论会之类的广有影响的赛事让我们领略到"辩论"的风采，使得"辩论"更加深入人心。

其实，"辩论"就是为己方立论、对对方驳论、不断地反驳对手的立论和驳论的过程。学生日常训练的一般为立论性的议论文，驳论很少涉及。这很大程度上是因为驳论文是从 1977 年恢复高考至今的 44 年作文命题中的空白，这虽是客观存在的，但是很不应该的存在！

确实，严格意义上的驳论文——之所以如是说，是基于 1991 年的"近墨者黑"和"近墨者未必黑"的逻辑性命题——至今尚是高考作文的未垦地，而它恰恰是议论文中的最高境界，这自然而然地应该引起我们的重视。

驳论文的写作关键在于找准所驳之论的"破绽"。"破绽"无非表现在这样几个方面：或论点本身站不住脚，或论据不足以支持论点，或论证过程不合逻辑，等等。当我们找到了所驳之论的"破绽"后，再对症下药，或驳斥论点，或驳斥论据，或驳斥论证；在"破"中"立"，针锋相对地亮出自己的旗帜。

时师在作文教学中对学生驳论文的训练常备不懈。在这样的过程中，发现有以下几种"常见病"：一是八面出击。古人云："伤其十指，不如断其一指。"谬论的"破绽"可能表现在诸多方面，区区一篇不少于八百字的短文不可能也不应该八面出击，浅尝辄止；应集中笔力攻某一点，"兼"及其余，致力于"断其一指"。二是貌似公允。驳论文提倡旗帜鲜明，对方错在什么地方，"反动"在哪里，你都要明确指出，万万含糊不得！模棱两可的"公允"只会削弱"破"的力度和"立"的信度。三是拙于说理。驳论文也是议论文，议论文总是要说理的，而我们有些同学偏偏不善说理；其实只要请出合适的名言、特例助阵，攻击力就强了，俗话所说的"例不十，理不立"便揭示了其中的奥妙。

本书的《过程比结果重要》(佳作 71）与《结果比过程重要》(佳作 72）就是围绕

“过程重要”还是“结果重要”论辩形成的成果。

因为很多老师基于“考什么就教什么”的认识而罔顾驳论文的训练，所以时师选择几道日常训练题来让读者形成感性认识。

【题目设计一】

下面是《“人生就是一件交易”吗?》的开头两段，请运用驳论的写法，续写下文。不少于600字。

“人生就是一件交易”吗?

“人生就是一件交易”，这是《守财奴》中主人公葛朗台的一句“名言”，也是他人生哲学的高度概括。人生果真是一件交易吗?

【题解】

在“人生”与“交易”之间用“就是”画上了等号，其谬也显，其错亦明，但放到“名言”的“发明者”葛朗台（当然是巴尔扎克的入木三分的创造）身上倒也不让人感到奇怪，这就需要我们具体问题具体分析，看看葛朗台为什么会如是说，这样的说法又为什么错。分析的过程其实就是说理，分析到位了，理也就说明了。

【构思示范一】

“人生就是一件交易”吗?

（前两段从略，后面两篇示范文章同此）

当然不是!

首先，从葛朗台当时所处的社会背景看，当时的法国正是旧的贵族阶层日益衰落，而资产阶级日益兴起的时代，资产阶级要打败旧势力，取而代之成为统治阶级，必须在经济实力上战胜贵族。于是金钱就成了人们竞相追逐的对象，人与人之间仅有的就是赤裸裸的金钱关系，什么亲情、友情，全都变得一文不值。在这样一个理性几乎全部丧失的社会背景之下，葛朗台说出的话如何能成立呢?

再看看这句话本身，问题也不少。既然是交易，也就是以金钱为媒介。如果从这话中提取一些元素，可以组成这样一句话：“生命可用金钱来交换。”可是如果真是这样的话，为什么史可法宁可不要性命也不愿接受满人的高官厚禄呢？方志敏为何不受敌人的利诱却视死如归呢？可见，金钱不能与生命做等价交换。此外，还有许多比生命更重要的，也是我们人生中所不可少的东西，如友谊、爱情等，就更不是金钱所能换得了的。如此看来，人生并不是一场交易呀!

再次，这句话的专利所有者葛朗台，所代表的只是旧世界中的守财奴而已，他已被金钱蒙蔽了双眼，当然无法看到真理。当人类文明进程推进到现在，人们的认识水平已经有了相当的提高，这句话自然就站不住脚跟了。

当今世界，人类最需要的是高科技，简单的金钱交易已不再能满足人类的需求。当然，我们不否认“葛氏哲学”对如今的某些人还起着很大作用，但这毕竟是少数，前瞻人类发展的趋势，“葛氏哲学”终究会被淘汰。

青年朋友们，让我们从“交易人生”的阴影中走出来，去关注比金钱更重要的东西，使我们拥有更缤纷而辉煌的人生。

【综评】

本文理性色彩浓，说服力强。“当然不是”的表态斩钉截铁，三个角度的阐述脉络清晰。对“名言”所诞生的社会背景的分析使作者站在了一个相当高的高度上，“理性几乎完全丧失”的情况下诞生的“名言”自然不能成立，这样的结论不由得你不信服；又以史可法、方志敏等典型材料反推出“葛氏哲学”的荒谬性，从人类文明发展史的角度阐释金钱的作用越来越小等等；这些都有力地支撑了作者的观点。结尾的呼吁大而不空，切合题旨。

【构思示范二】

“人生就是一件交易”吗？

……

人生决不是一件交易。人生应该是一个大舞台，我们每个人都是舞台上的一个角色。葛朗台的“名言”只表明他扮演的是一个奸商的角色。他用自己的一生换来了带不走的金钱。

正因为这样，葛朗台是抓着金子死去的。他临死的瞬间看到的只是一生换来的满屋子金路易，他万万没有想到他交易的一生同时也换来了永远洗不掉的“守财奴”之名。当然，他有自己的生活背景，他在的那个社会，人与人之间除了金钱没有别的关系。所以他的人生哲学是社会的曲折反映。

而现在，在改革开放数十年的时候，仍有人把谬论奉为真理就大大地不应该了。

如果说“人生就是一件交易”，请问，你与什么人做交易，你的筹码是什么，你换来的又是什么？

在每个人诞生之初，上帝就出现了，说：“看，我给你带来了什么？”满满的一个箱子，装着“诚实”“博爱”“良心”……一切美好的东西。上帝来不及吩咐一句就离开了。上帝刚走，魔鬼就笑着跑来了。“我这儿有幸福，要不要？你不是有很多东西可以换吗？”有些人只拿出一样东西，就换来了金钱、美女、洋房，另一些人眼红了。当魔鬼再次出现时，更多的人跑去跟它做交易。像这样，几次之后，上帝给的箱子空了。朋友，你的箱子空了没有？难道，你不怕像王宝森、曹秀康那些人一样丢失了一切吗？与魔鬼做交易的人是没有好下场的。

宋朝的秦桧就是一个与魔鬼做交易的人。他只不过用“爱国之心”换了一个“高官”，就得到了万世的骂名，至今仍跪在岳飞墓前赎罪。相反还有一批像居里夫人、爱因斯坦、钱学森、邓稼先等等许多事业有成的人，魔鬼都不止一次找过他们，只要他们点点头，要什么就有什么。但他们没有被迷惑，所以他们都伟大得须仰视才见。

在人生的舞台上，我们有很多的“道具”来演好戏，如果你敢卖掉你的“道具”，你就会被罚下场。

【综评】

议论文中常常见到的是捉襟见肘式的幼稚，本文文笔之老练，行文之从容就弥足珍贵了。作者借助上帝与魔鬼的故事便把“交易说”之谬演绎殆尽，接下来又以秦桧与居里夫人、钱学森等人作正反对比将说理推进一层，让人感到游刃有余的痛快。首尾的“舞台说”遥相呼应，使全文浑然一体，“用‘爱国之心’换了一个‘高官’，就得到了万世的骂名”等句颇有警策之效。

【构思示范三】

“人生就是一件交易”吗？

……

我看不然。葛朗台之所以说这句话，那是因为金钱是他的一切，而他是金钱的奴隶。一个人总是以自身利益为出发点，且以为别人也跟他一样，他的想法难免偏激。

“就是”实际上把“人生”与“交易”画上了等号，而事实上，人生中不可能都是交易。应看到，还有很多金钱无法买到的东西。“生命诚可贵，爱情价更高”，诗中就点明了两件无价之宝。葛朗台虽有金库，却只能任由死神将他带走。只可惜他到死还未觉悟。放一枚铜钱在他眼前，他不能从钱孔中看到金钱以外的世界，却任由钱上的花纹、文字迷住了眼睛，蒙蔽了心灵。也只有这样的人才会认为人生就是一件交易！

交易不可能充斥着整个人生。人生包含了太多的东西，那些东西像一个个音符，组成了人生交响乐的优美旋律。这众多的音符中，有个小音符叫友谊。友谊是什么？它是由金钱买来的吗？它是用珠宝换得的吗？都不是，它是人与人之间自然而然形成的一种情结。在生活中，友谊太重要了。如此说来，把人生视作交易岂不荒唐！

在历史上，早就有人用自身的行动反驳了葛朗台的这句话。南宋丞相文天祥奋力抗元，不幸被俘时，只要点一点头，他仍可做高官，然而文天祥却挥笔写下了“人生自古谁无死，留取丹心照汗青”。波兰的居里夫人发现镭时，想得到专利的人拿出的筹码还少吗？他们以行动证明了：人生绝不是交易。

葛朗台的“名言”束缚了他的一生，却不能束缚每个人。因为人们不都是“心灵盲人”。让这句见鬼的“名言”去死守“葛朗台”吧，恕我们不能苟同。

【综评】

写作议论文不外乎“摆事实，讲道理”。本文前半段侧重讲道理，“人生中不可能都是交易”和“交易不可能充斥着整个人生”都能言之成理；后半段侧重摆事实，文天祥、居里夫人二例井然有序铺排而出，雄辩有力，作者在文章首尾表明的“我看不然”和“恕我们不能苟同”的明确态度也为驳论文所必须，值得提倡。

【题目设计二】

近年来，假冒伪劣产品屡禁不止，其原因之一是某些地方政府从本地区利益出发，采取地方保护主义；有些地方领导甚至公然为假冒者辩解：“改革开放嘛，就是要敢冒，生产一些假冒的名牌也可以满足人们的生活需要，这有什么不好？”

根据这个“靶子”，写一篇完整的驳论文，题目自拟，不少于600字。

【题解】

“驳论”者，“驳”对方之“论”也，这并非不言自明的结论，而是阅文多多后的特别提醒。明乎此，在“地方保护主义”身上做文章就把驳论文等同于一般性议论文了。“靶子”的“破绽”何在？说“改革开放嘛，就是要敢冒”是其一，“冒”也必须建立在科学论证的基础上，必须受法律、伦理的约束，否则就是蛮干，就是乱来；说“假冒的名牌也可以满足人们的生活需要”是其二，也许它可以满足一部分人的虚荣心，不可能满足人们的生活需要，因为假的毕竟是假的。说“这有什么不好”是其三，假冒名牌当然不好，它扰乱了市场正常的秩序，坑害了广大的消费者，有这许多的“破绽”，又何愁“妙笔”不“生花”呢？

【构思示范一】

假冒伪劣产品何“好”之有？

有的地方领导为生产假冒伪劣产品辩解说，改革开放，就是要敢冒，生产一些假冒的名牌也可以满足人们的需要。这个领导还貌似有理地反问：这有什么不好？

不好，当然不好。如果假冒伪劣产品“好”的话，为什么有关部门不但不提倡，而且一定要查处呢？

再来看看辩解者的诡辩吧。“改革开放嘛，就是要敢冒”，这是在“改革开放”与“敢冒”之间画了等号。诚然，改革需要大胆探索，但大胆地试、大胆地闯必须建立在科学论证的基础上。必须受法律、伦理的约束。众所周知，改革开放的目的是增进我国与外国的交流，增强我国的经济实力。窗子打开了，新鲜空气进来了，但苍蝇蚊子也进来了。一些人的思想受到了腐蚀，干起了“以次充好、以假充真”的勾当。必须看到，改革开放总的形势是好的，只是其间有些不法之人“作梗”。怎么能把“改革开放”说成“就是要敢冒”呢？这样岂不是以偏概全？

其次，某些地方领导说“生产一些假冒的名牌也可以满足人们的生活需要”，这种说法根本站不住脚。什么叫作“满足”？刚买回的鞋穿几天就“张嘴”，是“满足”吗？新买的洗衣机用了几天就“罢工”，是“满足”吗？电冰箱不“制冷”而让人心冷，是“满足”吗？如此种种，屡见不鲜，这些商品绝大多数是假冒者的“杰作”。也许它能满足某些人一时的虚荣，但当人们从虚荣的顶端跌落到现实中时，便会不满足了。如此说来。假冒的名牌又岂能满足人们的生活需要?!

再次，假冒名牌，既侵犯了“名牌”厂家的权益，又欺骗了消费者，因利而害义，图利而违法，又何“好”之有？

总而言之，这样的辩解纯属谬论。说出这样话的领导真让人疑心：这个领导是不是假冒的？

【综评】

本文作者表现出扎实的分析说理的基本功。落笔与收笔都扣住题目中的“何‘好’之有”做文章，有关部门“不提倡”“一定要查处”反诘有力，“因利而害义，图利而违法”的概括一针见血。中间宕开一笔但“不离其宗”，分析了部分地方领导对改革开放的理解偏狭，“满足说”的荒谬，让读者看到作者思虑之周全，说理之严密。“貌似”“诚然”“众所周知”“总而言之”等词语为文章增色不少；结句“说出这样话的领导真让人疑心：这个领导是不是假冒的”颇为精彩，堪称神来之笔。

【构思示范二】

向为造假申辩者进一言

近年来，假冒伪劣产品，大有愈演愈烈之势。对此，有些地方领导不但不制止，还为其诡辩，说什么“改革开放嘛，就是要敢冒，生产一些假冒的名牌也可以满足人们的生活需要，这有什么不好?”真是荒唐!

首先，该领导连改革开放的目的都没有明确。改革开放是为了改变我国落后的生产力，吸收发达国家的先进技术，从而提高我国的综合国力。商家在改革开放的大潮中固然需要“闯”，可这种闯是在法制轨道上的勇于创新、勇于开拓，勇于利用先进的科学技术，而不是该领导所说的去假冒。

其次，该领导说假冒的名牌产品也可以满足人们的生活需要。事实是，假冒的伪劣产品会给消费者带来极大的危害。想必这位领导不会淡忘震惊全国的“山西假酒案”吧，由于一些不法分子以剧毒物质甲醇兑酒冒充名牌产品，使得许多无辜的消费者在春节期间命丧黄泉，造假者自己也落得个锒铛入狱的下场。这些造假者从牟利出发，以害人又害己告终。还有，前几年，猪瘟蔓延成灾，有人用价格便宜的瘟猪肉生产“名牌”香肠、“名牌”肉松，试想，如果听任这种状况泛滥下去，你坐在餐桌前进食猪肉时，是垂涎三尺呢，还是毛骨悚然呢?

综上所述，该领导的观点显然是错误的。在社会主义大家庭中，应该清除这种害人的唯利是图的思想，凭着自己的聪明才智，踏实致富，合法致富。

切记：君子爱财，取之有道!

【综评】

作者向为造假申辩者所进“君子爱财，取之有道”之言合情合理合法，曲终奏雅，水到渠成。此前的分析说理层次分明，一劝地方领导要合法地“闯”(“冒”)，不能乱“冒”一气；二劝地方领导三思假冒的后果——不但不能满足人们的生活需要，反而会给社会造成极大的危害，“山西假酒案”和瘟猪肉是触目惊心的事实。建筑在这样基础上的进言又让人怎么拒绝呢? 既如是，就是达到了说理的最佳境界。

【题目设计三】

有人指出王华同学出钱让别人代自己卫生值日不对，他却说：“我出钱，别人出力，两相情愿，符合市场经济规律。再说，我争取了学习时间，别人得到了劳动锻炼的机会，两全其美。”

依据上述材料，自拟文题，写一篇不少于600字的驳论文。

【题解】

学校里同学出钱让别人代自己值日的现象并不鲜见，王华同学的“理论”也有一定的“市场”。“符合市场经济规律”说的破绽不易把握。落笔时我们不妨欲擒故纵，先承认其合理的一面，然后明确指出：同学之间不应当存在雇佣关系、金钱关系，绝不应该出现商民关系，也绝不能把市场经济中的等价交换关系不适当地迁移到同学之中。生活中有比“市场”更可贵的，有比“规律”更温暖的，为什么要使纯洁的同学关系熏上铜臭气？“两全其美”说比较容易反驳，因为大家都要学习，也都要劳动锻炼，出钱让别人代自己值日的结果是“两”不全，当然不会“美”。想透了其中的道理，就能写好这篇驳论文了。

【构思示范】

出钱请人代劳“两全其美”吗？

王华同学认为出钱请人代自己值日，一符合市场经济规律，不只为自己争取了时间学习，又给别人提供了劳动锻炼的机会，两全其美。这些话听起来似乎冠冕堂皇；但稍作推敲便会发现破绽百出。

首先，作为学生，我们还是消费者，根本没有资格“出钱”雇佣劳动力。我们所用的钱是家长通过劳动换得的。而市场经济的本质是遵循等价交换的原则，即用自己的劳动换取相同价值的别人的劳动。如果说出钱请人代值日符合市场经济规律，那么按等价交换的原则，出钱的只能是我们的家长，而不是学生。

其次，王华同学这样做的目的也有问题。学校安排同学值日的目的是要加强同学们的劳动意识，培养我们爱劳动、保持环境清洁的习惯。这就要求学生亲自参与劳动去切身体会，才能有所得。如果别人代劳了，自己如何能体验呢？再说，我们上学的目的，是要让自己成为德、智、体、美、劳全面发展的人才，从这个角度讲，劳动对我们来说是必不可少的。花钱把自己劳动实践的机会拱手让人，不仅不值得，更是不应该的。

再次，要想节省时间学习，也不必非在劳动值日上打主意。学习要注意劳逸结合，古人就有“一张一弛，文武之道”的说法。周总理日理万机，可还不忘从紧张的工作中挤出一点时间来参加劳动放松放松，正是这么一点不起眼的休息时间，给总理带来了旺盛的精力，支撑着他干了更多有利于国家、人民的大事。同样。劳动对我们学生来说也起着调节作用，可以舒松筋骨，让大脑得到休息，把这么好的休息机会让给别人，而自己用来学习，效率得不到提高，实在是得不偿失。

如此说来，我们何不节省下这笔开支，给自己一次“两全其美”的劳动机会呢？

【综评】

本文视角独特，既具体分析了作为消费者的学生不具备出钱雇人的资格，又阐释了出钱雇人代己值日的目的有问题。还剖析了劳逸结合的重要性。引证例证颇为得宜，语言也很流畅。

【题目设计四】

王宇学习不用功，成绩很差，老师对他进行了批评教育。他却说，蒲松龄科举考试不得志，不是写出了《聊斋志异》？达尔文小时候成绩并不好，不是成了生物进化论的创立者？这就揭示了一个规律：小时成绩差，大时显才华。

研读上述材料，找准角度，写一篇完整的驳论文，题目自拟，不少于600字。

【题解】

王宇同学的狡辩漏洞百出。

且不说蒲松龄的科举考试不得志既不意味着成绩差，也不是他后来能写出《聊斋志异》的原因之所在；也不说达尔文能创立生物进化论也不是小时候成绩差的结果；即使蒲松龄、达尔文能取得那样的成就正是因为小时候成绩差，也得不出王宇所揭示的“规律”，因为“简单枚举法”有其局限性，还因为决定能否有大成就的因素是多方面的。但无论如何，“成绩差”总不是“显才华”的前提，个中绝无这样的因果关系。想到这些层面，何愁一篇区区600字的驳论文呢？

【构思示范】

少壮不努力，何以成大器？

王宇学习不认真。成绩很差，可当老师对他进行批评教育时，他却振振有词，还推出了蒲松龄、达尔文两位名人为自己成绩差的事实开脱。最后脸不红心不跳地总结出一个“规律”：小时成绩差，大时显才华。

读罢这则材料，我的头脑中情不自禁地跳出了四个字：无稽之谈！

首先，王宇所举的蒲松龄一例很难证明他最后总结出的“规律”。科举制度向来是昏暗与腐败的代名词。诚然，确有不少真正的有识之士通过科举考试而成名，但蒲松龄那个时代的科举考场却是建筑在金钱与权势的基础之上的。很多才华横溢的人才因出身低微而被考官一个评语打下了十八层地狱，一些胸无点墨的庸才却因祖上的功德而加官晋爵。由此不难看出，蒲松龄在科举考试中不得志，并非因为他的成绩差。王宇同学用此事例实有强词夺理之嫌。

也许有人要说，蒲松龄成绩好坏先放在一边不谈，来看看达尔文。达尔文小时候成绩差你不能加以否认吧？别急，这就是我想谈的第二点。不错，达尔文小时候成绩的确不太好，而他也确确实实是生物进化论的创立者。可是王宇想过达尔文是怎样才完成《物种起源》这部著作的吗？5年的环球旅行，在各地对动植物进行实地考察和研究，后来又进行了20年的调查研究，还亲自进行了选育良种的科学实验，前后几十年的科学研究才孕育出这部惊世之作。达尔文之所以成为生物进化论的创立者，不是因为小时候成绩不好，而是因为后来的不懈努力。这岂是王宇的“小时成绩差，大时显才华”这个“规律”可以概括的？

古人云：“少壮不努力，老大徒伤悲。”针对王宇同学对待不足之处的这种态度，我想问他一句：少壮不努力，何以成大器？

【综评】

本文思路开阔，行文流畅，驳斥有力，作者对科举考试的分析入情入理，对达尔文的分析细致入微。正因为分析得客观，剖析得深刻，说服力强也就不言而喻了。应该说，这是一篇相当不错的驳论文。

综上可见，驳论文的文题多系问句，有助于引发读者阅读的兴趣，强化作者想表达的观点。

即使不是全篇驳论，行文中也可以局部驳论。

《勤劳为犁，耕耘青春——“热爱劳动”励志演讲》(佳作9）就有这么一段话：

有人说：“学习那么紧张，劳动太占用时间了！”此言何其谬哉！古人早就说过：“一屋不扫，何以扫天下?”一个人如果眼高手低，不屑于劳动，那么他终将成为一个懒惰的精致的利己主义者。

这里，作者以贴切的引用文字驳斥谬论，立中有破。话不在多，道理已明。

所以，对驳论文的重视，也许是高考的准备。即使不为高考，也是很有必要的：它在生活中经常要用到，而且本身也是写作的文体之一。

佳作篇

高考佳作

典题 1 “齐桓公、管仲和鲍叔”（2020 年高考全国卷Ⅰ）

阅读下面的材料，根据要求写作。

春秋时期，齐国的公子纠与公子小白争夺君位，管仲和鲍叔分别辅佐他们。管仲带兵阻击小白，用箭射中他的衣带钩，小白装死逃脱。后来小白即位为君，史称齐桓公。鲍叔对桓公说，要想成就霸王之业，非管仲不可。于是桓公重用管仲，鲍叔甘居其下，终成一代霸业。后人称颂齐桓公九合诸侯、一匡天下，为“春秋五霸”之首。孔子说：“桓公九合诸侯，不以兵车，管仲之力也。”司马迁说：“天下不多（称赞）管仲之贤而多鲍叔能知人也。”

班级计划举行读书会，围绕上述材料展开讨论。齐桓公、管仲和鲍叔三人，你对哪个感触最深？请结合你的感受和思考写一篇发言稿。

要求：结合材料，选好角度，确定立意，明确文体，自拟标题；不要套作，不得抄袭；不得泄露个人信息；不少于 800 字。

【典题解析】

这是典型的任务驱动型材料作文题，与 2015 年新课标卷Ⅱ作文题——大李、老王、小刘“三人中，你认为谁更具风采”——极其相似。所以，我们并不陌生。

材料中三个人物独特的人格魅力和思想价值，在今天仍有现实意义，考生在感受历史的时候自然该观照现实，思考个人与时代发展的关联。如果言说齐桓公，可以从事业为上、志存高远、心胸宽广、知人善任、从善如流等角度展开；如果言说鲍叔，可以从善于识人、唯才是举、谦虚礼让等角度展开；如果言说管仲，可以从以才立世、恪尽职守、家国情怀等角度展开。

特别需要注意的是，在对三个历史人物的特点、作用理解准确的基础上，不能只着墨于一人谈感触，因为这样体现不了比较、权衡、选择，不能突出“最”字。更不能因为对这段历史比较熟悉，而忽略具体的任务限制，大谈“管鲍之交”。

佳作 1

知人善任，心有河山

各位同学：

大家好！

我今天发言的题目是“知人善任，心有河山”。（开篇明旨，有统领全篇的作用。）

鲍叔、管仲、齐桓公合力打造春秋五霸之齐国，是历史上一段美谈。齐桓公即位后，鲍叔向他推荐管仲，自己甘居其下。管仲曾用箭射中齐桓公的衣带钩，齐桓公不计前嫌，重用管仲，终成一代霸业。后人称颂齐桓公九合诸侯、一匡天下，为“春秋五霸”之首。孔子说：“桓公九合诸侯，不以兵车，管仲之力也。”司马迁说：“天下不多管仲之贤而多鲍叔能知人也。”我则认为，成就齐国霸主地位的是齐桓公的“知人善任，心有河山”。（于对比之中，凸显了作者的观点。）

黎明同学认为鲍叔善于知人，我认为齐桓公更善于知人。（假设了一个对比的对象，以对比的方式呈现作者的观点。）

鲍叔以其眼光和胸襟、管仲以其才能共同成就了齐桓公，也成就了齐国，但他们的治国良策却需要一位明辨是非、咨诹善道、察纳雅言的君王采纳执行，所以成就齐国霸主地位的不仅是鲍叔和管仲，更重要的是齐桓公。战国时期，是一个人才辈出的时代，但并不是每一个人才都能人尽其才。任何时代，国与国之间的战争其实都是人才战争，君王的眼光和识见决定了国家的成败。（独具慧眼的识见，统领后文。）秦国用商鞅，国富民强，以区区之地至万乘之势；越王用范蠡，反败为胜，逆袭吴国。而楚怀王放逐屈原，终落得身死人手，为天下笑。（两个正例，一个反例。既是对前句的佐证，又是为后句张本。）“五霸”之首，九合诸侯，一匡天下，不以兵车，管仲之力。而任用管仲，则是齐桓公高瞻远瞩、高屋建瓴之眼光的体现。

王华赞管仲有治国之才，我赞齐桓公有用人之才。（依然是以对比的方式呈现。）

管仲赢在有才，齐桓公赢在用才，用才者乃才上之才。春秋时，郑国兵临城下，烛之武临危受命，竟兵不血刃，化敌为友，此所谓上兵伐谋。战国时期，齐王善用邹忌，而燕赵韩魏来朝，此所谓战胜于朝廷。刘邦说：夫运筹帷幄之中，决胜千里之外，吾不如子房。镇国家，抚百姓，给馈饷而不绝粮道，吾不如萧何。连百万之军，战必胜，攻必取，吾不如韩信。此三人者皆人杰也，吾能用之，此吾所以取天下也。（以郑伯、齐威王、刘邦的知人善任，来强化“用才者乃才上之才”的观点，从而坐实“齐桓公有用人之才”“齐桓公赢在用才”的论点。）**君子生非异也，善假于物也**。（精当的引用，是对上文的归结。）**齐桓公用一管仲，遂霸天下，乃得人尽其才之妙**。

张伟认为鲍叔襟怀宽广，我认为齐桓公有更宽广的胸襟。（继续以对比的方式呈现。）

鲍叔劝桓公重用管仲，自己甘居其下，是襟怀之美；齐桓公唯才是举，不计前嫌，乃胸怀之大。历史上楚庄王绝缨宴群臣，于是晋楚之战，夜绝缨者，常在前，五合五奋，首却敌，遂败晋军，楚得以强。唐太宗不计前嫌，重用魏征，垂拱而治，遂有开元盛世。人说宰相肚里能撑船，齐桓公作为国君，更是心有河山，无有私怨。（以楚庄王、唐太宗的襟怀宽广赢得楚强唐盛，来强化齐桓公的襟怀宽广，突出齐“九合诸侯，一匡天下”的勋绩与襟怀宽广之间的内在联系。）

同学们，小到一个企业的发展，大到一个国家的繁荣、“一带一路”的构建、人类命运共同体的打造，（都是热词，很有时代色彩，也看得出作者对时事的关注。）**固然都需要管仲、鲍叔这样的贤者，但更需要知人善任、心有河山的领导人，如此才能谱写盛世佳音**。（曲终奏雅：“固然……但……”先让步再转折，回应文题，强化了文章的中心论点。）

我的发言完毕，谢谢大家！（发言稿的格式中规合矩。）

【综评】

这是一篇颇多可圈可点之处的佳作。

它的观点鲜明，而且独到。作者在和预设的黎明、王华、张伟三位同学所持的观点的比照之下，让鲍叔、管仲和齐桓公在不同的维度进行观照，从而凸显了齐桓公的知人善任，胸襟宽广。

它的内容丰厚，而且恰当。作者对中国历史非常熟谙，商鞅、范蠡、屈原，郑伯、齐威王、刘邦，楚庄王、唐太宗等典例铺排而出，既让文章变得厚重，更使观点得到有力的支撑。

它的结构完整，而且明晰。文章开篇对材料进行了概述，言简而意明；主体部分从三个维度对齐桓公进行观照，让作者的观点得以充分展开并得到有力支撑；结尾拓展开去，使文章的中心更具普适性，从而提升了文章的境界。

佳作2

鲍叔牙：君子之风

（以“君子之风”盛赞鲍叔牙，旗帜鲜明！）

尊敬的老师，亲爱的同学们：

大家好！

我知道，可能有人会觉得，一个流亡的公子，最终登上了权力的巅峰，春秋最抢眼的霸主，非齐桓公莫属；我也知道，可能有人会认为，兵强马壮、百姓富足、君王有作为——管仲实力诠释了何为“治大国若烹小鲜”，他是齐桓公九合诸侯、一匡天下的底气；不过我想说，我最叹服的，是隐身在这两位身后的鲍叔牙。（深谙作文之道的文字！为凸显对鲍叔牙的“叹服”，先充分理解他人推崇齐桓公、管仲的可能性，显得理性、智慧。“可能有人会觉得……可能有人会认为……不过我想说……”可以成为一种典范的句式。）

没有他，历史上不会有公子小白逆袭的神话，不会有管仲青史留名的佳话——可能管仲会为自己先前的选择付出生命的代价，而没了管仲，无人筑基，公子小白恐怕也成不了齐桓公，更别奢望在春秋称霸。（“神话”“佳话”很有表现力。是鲍叔牙成就了管仲的勋绩，成就了齐桓公的霸业。）

我们似乎会有一个错觉，误以为鲍叔牙只是一枚小小的棋子，偶然之间盘活了一个棋局，棋子本身并不值一提。果真如此吗？恐怕不尽然。（设问句，引发读者对下文的关注。）

你看，管仲虽有天纵之才，但他毕竟是戴罪之身，被擒获后保命都成了一种奢望。此时鲍叔牙卖他一个好，让他得以活命，做自己的门客，似乎也未尝不可——这似乎对他更有利。然而鲍叔牙没有那样做，他选择将管仲推到了历史的舞台前——他深知，龙困浅滩，很难施展身手——坦荡的胸襟，让他在历史的节点上为管仲搭建了一个实现自我的平台。（一个“然而”，把鲍叔牙的高格分析得明明白白。）

你看，公子小白在流亡之时，虽有坚韧不拔之志，也有随机应变的急智，但他毕竟是人不是神，面对差一点结束了自己性命的仇家，刚渡过生死劫的他恨不能手刃管仲，生啖其肉。（把霸主齐桓公还原为“人”，真实，可信！）是鲍叔牙的一番话让他冷静了下来：先前，管仲在敌方阵营，臣子各为其主；当下，局面掌控在自己手中——那么，放下自己不能控制的，控制自己所能控制的，这是一个有胆识的君主该做的选择。（关键时刻，又是鲍叔牙发挥了重要作用。）

然而，倘若鲍叔牙不曾洞察公子小白志在天下，他凭什么说服他？倘若鲍叔牙不曾了解公子小白是一个懂得取舍的人，他又如何敢去游说他？（两个“倘若”，彰显了鲍叔牙确有过人之处。）是鲍叔牙洞明的眼光，让他能戳中公子小白的心坎，最终让未来的齐桓公与一代贤相管仲碰撞出了历史的火花。

毋庸置疑，鲍叔牙是一个心怀天下的人，一个知己知彼的人。这样的人，在人生的战局中，百战不殆，不但成就他人，也最终成就了自己——独木难成林，渴望一匡天下的公子小白自然不会只依仗他一人，便是没有管仲，日后也会有他人会取代了自己的位置。他早早就认清了这一点，甘居管仲之下，看似退让，实则彰显出气度来。（分析深入，鞭辟入里！这是认识水平高的表现。）于是“天下不多管仲之贤，而多鲍叔能知人也”。（有了前文的分析，这个结论就很容易理解了。）

历史是无法假设的，这个我们都知道。不过，索伦·祁克果也说过：“能理解人生只能追溯过去，但要度过人生则应向前展望。”对最终站了人生C位（时尚语汇，很好！）的齐桓公和管仲，我们可能会赞叹其机遇与才华，但成全了齐桓公，成全了管仲，成全了齐国的百姓，最终也成就了自己的鲍叔牙，这给了我们一个启示：如果不能做时代的掌舵人，那么不要吝于给掌舵人助力，让他带领一船人驶向成功的彼岸！（拓展了文章的境界，让文章具有了现实意义。）

我的发言完毕，谢谢大家！

【综评】

这是一篇力挺鲍叔牙的佳作。

在齐桓公、管仲和鲍叔牙三者中，鲍叔牙似乎是最不起眼的，但是作者偏偏慧眼独具，从鲍叔牙身上发掘出了好多亮点，而且是决定性的亮点。这是特别有新意的选择。

最出彩的是作者的分析功夫。对齐桓公的心理，对其主政后管仲的人生走向的可能性，对鲍叔牙所作所为的深层次的剖析，都很到位，因而令人信服。

典题2 “携手同一世界，青年共创未来”（2020年高考全国卷Ⅱ）

阅读下面的材料，根据要求写作。

墨子说：“视人之国，若视其国；视人之家，若视其家；视人之身，若视其身。”英国诗人约翰·多恩说：“没有人是自成一体、与世隔绝的孤岛，每一个人都是广袤大陆的一部分。”

“青山一道同云雨，明月何曾是两乡。”“同气连枝，共盼春来。”……2020年的春天，这些寄言印在国际社会援助中国的物资上，表达了世界人民对中国的支持。

“山和山不相遇，人和人要相逢。”“消失吧，黑夜！黎明时我们将获胜！”……这些话语印在中国援助其他国家的物资上，寄托着中国人民对世界的祝福。

“世界青年与社会发展论坛”邀请你作为中国青年代表参会，发表以“携手同一世界，青年共创未来”为主题的中文演讲。请完成一篇演讲稿。

要求：结合材料内容及含意完成写作任务；选好角度，确定立意，明确文体，自拟标题；不要套作，不得抄袭；不得泄露个人信息；不少于800字。

【典题解析】

这是一道多则材料的任务驱动型作文，材料分三段，第一段材料较为陌生，第二、三段材料内容紧扣时代脉搏，与今春的新冠肺炎疫情有关。第一段材料引用中外名言，墨子这段话的意思是：对待别人的国家，要像对待自己的国家一样；对待别人的家庭，要像对待自己的家庭一样；对待他人，也要像对待自己一样。体现了墨家“兼爱”的思想主张。英国诗人约翰·多恩的名言从个人与集体、国家与世界的角度谈“地球村”的现实、人与人之间是息息相关的存在。这两段话连在一起，启发我们团结互助、相亲相爱是世界人民的共同期盼，此段也为下面两段做了铺垫。

但应注意，不能因为第二、三段材料过于熟悉而忽略第一段材料对“团结互助”的价值情境的限制，泛泛而谈不同国家文化特色或仅针对国内疫情的思考，又或者忽略任务中对写作主题的限制而自说自话，则容易产生偏题或跑题的问题。

从文体上来看，演讲稿是应用文的一种，写作时要明确4点：① 我是谁；② 写给谁；③ 什么场景；④ 为什么写。就此则材料而言，“我”是中国青年代表，写给世界各国青年，演讲场景是“世界青年与社会发展论坛”，写作目的是表达“携手同一世界，青年共创未来”的主题。面对国际论坛，写作不能仅限于疫情，要扩展到人类面临的危机或困境上，呼吁世界青年携手同行；演讲的场景是世界论坛，所以写作内容要有国际视野，不能只写国内状况；演讲主题要体现“青年共创未来”这一点，即必须明确突出青年身份及对未来的期待。语言表达方面应符合演讲稿的特点，语言要富有感染力和激情，能打动在座的国际青年，使青年听众信服。

基于上述分析，“与你一起，共创世界未来”“青年共筑‘地球村’”“青年携手，引领世界未来”“聚团结之火，燃未来之灯”“构建命运共同体，实现人类共赢”“世界青年携手，共创一片蓝天”“国家守望相助，青年携手行动”等当是切题立意。

佳作3

携手同一世界　青年共创未来

时光的刻度聚焦2020，万物互联已然成为这个时代最明亮的坐标，团结友爱，互助分享，成为世界文明向前的光明愿望。（以凝练的语言，提炼出作者眼中的时代特征。）每个时代的年轻人，都承载着每个时代的责任和荣光，这是一个充满信心的时代，当然更需要充满情怀的年轻人。（明确时代的质性——充满信心，凸显“年轻人”的“充满情怀”地存在的意义。）

墨子说：“视人之国，若视其国；视人之家，若视其家；视人之身，若视其身。”不是要求生活为谁而改变，而是在生活里去发挥自我的期待和担当。（“不是……而是……”，是作者对墨子话语的解读。）能够寻找到更多的力量去团结，能够寻找更多的力量去包容、去分享，这才是生命信念的薪火相传，也是生命动力的源源不断，也是一个内心人格光辉的熠熠生辉。（“才是……也是……也是……”，整饬的句式，揭示了墨子话语的价值所在。）

英国诗人约翰·多恩说：“没有人是自成一体、与世隔绝的孤岛，每一个人都是广袤大陆的一部分。”行走生命时光，需要去学会合作、团结、分享，让合作的理念践行于生命的时光，有情怀，有深度，有深刻，有宽广。（对约翰·多恩名诗的解读。）

这是一个更好的生命状态的体现，是和别人能结成合作共赢的命运共同体。与时代为伴，心怀虔诚，彼此尊重，相互依存，休戚与共，顺势而为，它是一个内心情怀的生命场景化。（连续运用四字短语，很有表现力的表达！）

一个个体融入群体的状态，一个个体融入群体的信心，一个个体融入群体的价值，呈现了自我是否愿意、是否能够从内心世界去启动新的动力，拓展新的空间，向新的方向去迈进的生命选择。（连续运用整饬的句式，看得出作者遣词造句的精心。）

一个个体的命运形成不了太多的力量，他更应该共同分享，共同把握，共同负责，共同去承担面对时光中出现的挑战，更应该共同秉持诚恳、信心、美好和愿望。（连用五个“共同”，强化了表达效果。）

“山和山不相遇，人和人要相逢”，为了迎接，总是要去呈现更好的、更适合大众的、更适合时代的共同话语、共同价值、共同选择、共同祝愿。（解读“人和人要相逢”的基础。）崇尚和合，崇尚理解，崇尚文明，崇尚分享，用更好的生命状态汇聚于时代的洪流，用一种融会贯通的生命方式陪伴世间万物的美美与共。

一个人对于命运来说，力量显得很渺小，他只有寻找到更多的合作、更多的创造、更多的崭新认识，融合于世间百态，重新打开一个崭新的视野，融入生命改造的生命智慧，才能迎接自我光明的生命未来。（阐释“合作”的重要价值。）

向前出发，乘风破浪，凝聚力量，还要跋涉。再小的力量也是改变，再小的付出也是链接，再小的融合也是一种信心，你中有我，我中有你，众生海海，彼此相连。共同去迎接着成长，共同迎接着未来，共同迎接着岁月命运的休戚与共，兴衰相关。（一连串整饬的表达：四字短语 + 排比句 + 四字短语 + 排比句。看得出作者的刻意，也看得出作者的文字功夫。）

世界青年承担着世界思考，链接着世界未来，终将获得胜利，终将无限精彩。（放眼世界，展望未来。让人们对前景充满期冀。）

【综评】

本文紧扣“携手同一世界　青年共创未来”的主旨展开，在对给定的材料的解读中分享自己的认知，这种认知很有见地。

在文字的驾驭上，作者彰显了异乎寻常的功力。层现错出的四字短语、排比句，“共同”等核心词汇的反复出现，都很好地表达了作者的思考，同时也给读者留下了深刻的印象。

典题 3 “每一颗都有自己的功用”（2020 年高考北京卷作文 1）

按要求作答。不少于 700 字。将题目抄在答题卡上。

2020 年 6 月 23 日，北斗三号的最后一颗卫星成功发射，标志着我国自主建设、独立运行的北斗卫星导航系统完成全球组网部署。整个系统由 55 颗卫星构成，每一颗都有自己的功用，它们共同织成一张“天网”，可服务全球。

材料中“每一颗都有自己的功用”，引发了你怎样的联想和思考？请联系现实生活，自选角度，自拟题目，写一篇议论文。

要求：论点明确，论据充实，论证合理；语言流畅，书写清晰。

【典题解析】

这个作文题所选择的素材是 6 月 23 日的时事，此时离高考只有两周时间，材料之新出乎意料，所以特别值得一提。试题重在启发考生思考个人如何与国家同呼吸、共命运、同发展，体现了“立德树人”的命题原则。这种小切口、大主题的命题思路，有利于考查考生的发散性思维，引导作文教学注重对学生思辨式思维的培养。以下立意，都很切题：以“小我”成长助推“大我”发展；做五彩斑斓里的那一抹亮色；灿烂星空，我是耀眼的那一颗；做一颗严丝合缝的“螺丝钉”；青春之我，无愧时代……

佳作 4

缺一？不可！

（运用“析词”的修辞手法，好标题！）

从 2007 年 2 月 3 日第一颗北斗导航卫星成功发射，到 2020 年 6 月 23 日北斗三号的最后一颗卫星成功发射，十几年的艰苦研发，航天人用他们的青春与热血谱写了航天领域的丰功伟绩。（对材料做补充，让结论更可靠。）这 55 颗卫星每一颗都不一样，每一颗都有自己的功用。我想缺少一颗或许缺的不单单只是一颗卫星，缺的更是一个系统的完整性。（从“系统的完整性”角度审视，颇有新意，也有高度。）

茫茫人海中，个人只是其中很小的一个点。而地球并不会因为少了谁而停止转动。因此在生活中，特别是团队合作中，我们常常会自我否定，感觉自己的位置无足轻重，好像缺少了自己也没有多大关系。（选择“团队合作”的视角，审视个体的作用，用一个“好像”，是欲擒故纵的写法。）但是你见过手表里面的构造吗？我想大多数人的回答应该是没有吧。因为我们平常都只是通过秒针、分针、时针来知晓时间，而里面的螺丝钉等复杂的结构并不需要我们熟知。正如“牵一发而动全身”，只要缺少手表里的一个螺丝钉，它就会影响到整个手表的运转。其实在团队合作中有些位置看起来并不光鲜、惹人注目，但我们不能就此肤浅地判断其不应该存在。缺一，往往是行不通的，并且存在就有其意义。如果想要实现自身的价值，你首先就得肯定自己是不可或缺的一部分，做一颗螺丝钉也未尝不可。（言说手表，是类比论证的方法。）

社会是一个整体，它不能离开个体而单独存在。同样每个人也都不是一座孤岛，他不能独立于世界之外而存在。缺一，不可；但有些方面，增一，也不可。社会中不可或缺的是那些兢兢业业、恪尽职守的工匠，不可增添的却是那些毒害社会的“乌烟瘴气”。因此我们不会去否定环卫工人、农民伯伯等那些默默无闻的人，他们懂得有一分光就发一分热。我们却会抨击那些道德败坏、破坏规则的不善者，他们错误的行为危害着整个社会。雪崩时，没有一片雪花是无辜的。社会的秩序要靠每一个人来维护。规范自身行为，从点滴小事做起，这个社会会比我们想象的还要美好。（从“缺一，不可”到“增一，也不可”，而且言之成理，拓展了文章的内容，提升了文章的境界。）

各司其职，各尽其能，积聚起来的力量才更为强大。新年的钟声响彻九州。灾难总是突如其来，生命终究短暂而脆弱。但我们这个民族就是这样，每到危急关头，总有人挺身而出，重现大地生机。（满满的正能量！）无论是奋战一线的医务工作者，还是连夜赶工生产医疗用具的工人们；无论是忙碌奔波的货车司机，还是到家家排查的社区工作人员……举国上下齐心协力，全力打好抗疫战。这世上可能确实没有超级英雄，不过是无数人都在发一分光，然后萤火汇成星河。（诗化的语言，很好地诠释了个体与群体的关系。）国之强盛，全在于民。（阐释个体的作用。）我们每个人都是国家的建设者，缺一不可。当每个人在自己的岗位做出成绩的时候，国家才会真正地走向富强。

小到个人，大到国家，每一个存在都有其功用，缺一不可。别总急着否定自己的价值，等风来，不如追风去！追逐才是人生的意义。（金句！予人以启迪。）努力提高职业技能，提升道德素养，成为那个不可或缺的人。（强化了中心论点。）

【综评】

本文主倡“缺一不可”，观点鲜明。

为了让“缺一不可”的中心论点得到有力支撑，作者先后从团队合作的角度、社会正常运行的角度、新春抗击新冠肺炎疫情的角度展开论证，于反复申说中，让中心论点得到认同、强化。

文章的语言很有文采，诸如“每个人也都不是一座孤岛”“雪崩时，没有一片雪花是无辜的”“这世上可能确实没有超级英雄，不过是无数人都在发一分光，然后萤火汇成星河”“等风来，不如追风去！追逐才是人生的意义”等，让文章变得更加好看。

典题4 “人对事物发展进程无能为力？”（2020年高考上海卷）

世上许多重要的转折是在意想不到时发生的，这是否意味着人对事物发展进程无能为力？

请写一篇文章，谈谈你对这个问题的认识和思考。

要求：（1）自拟题目；（2）不少于800字。

【典题解析】

本题属于思辨类题目，材料提供了一个具有思辨色彩的问题，引导考生去思考与回答。面对生活中那些意想不到的突发事件，比如挫折、失败，比如疾病、车祸，比如旱灾、蝗灾、森林火灾，比如地震、海啸，再比如2020年发生的新冠疫情，等等。我们是听之任之，还是积极应对、有所作为？显然，我们不能坐以待毙，必须勇敢面对，积极发挥主观能动性，有所作为。

命题意在引导考生思考如何面对生活中的不幸与磨难，如何掌握好生活之舵，让它朝着我们期望的方向前行。小到一个人、一个家庭，大到一个企业、一个国家，无一不是这样。命题引导考生由关注自我、完善小我展开思考，进而拓展到关注社会、关注国家，积极担当社会责任，具有极强的认知意义和实践意义。

以下立意都是切题的：积极行动，追求美好未来；直面惨淡人生，改变不幸命运；人生不能因挫折而甘于平凡；刚健有为，用个人奋斗撬动时代发展；面对磨难，勇敢作为；积极有为才能迎来转机；因势利导，定有转机；等等。

佳作5

归属若何？唯志所谋！

（设问，表明作者“人对事物发展进程‘有’能为力”的认知。）

尝闻一说曰：鹰鹫之属，本为同族，其名曰隼，日猎于苍野之间。岁逢大旱，草木尽枯，獐兔竞死，群隼枵腹。或搏苍穹，徙鸿蒙，求索于重峦之巅；或敛翅羽，扑尘埃，偏安于腐尸殍肉。则前者傲而化鹰，后者鄙而称鹫也。（从飞禽落笔，叙写隼族因所谋者异，形成了鹰鹫之分。就全篇观照，有如《诗经》里习见的比兴手法。）

余闻此而有言曰：大旱之岁，乃隼族转折之秋也。逢此时，志不同则前途殊也。（点明“志”的决定性作用。乃议例文字。）归属若何？唯志所谋！（亮出帅旗，表明观点。）

夫天地万物，转折之奥非仅此一案，广袤乾坤，何处不有。（从飞禽说开去。）君曾见清泉流塞于大石者乎？此泉之转也。（言说清泉之转。）择退者，蔽于石阴，遁于林洼，而不名于世，久之腐臭；择进者，遇阻无畏，旋而复击百万遭，竟成深谷疾流而遏舟舸。君亦见清风之阻于绝壁者乎？此风之转也。（言说清风之转。）择趋避者，散于群峦外，须臾而无形，顷刻而泯灭；择挺进者，继往削磨千亿载，乃得赤漠飞沙之掩白日。（以整饬的句式，对比的行文，把“转折之奥”阐释得清晰、明了。）然则物之形貌，每决于何择于转折也。（对上文所言说的大自然的收束文字。点睛之笔。）

而青史之上，举大业者亦莫不有择于转折也。百里奚之举，孙叔敖之仕，皆自其不辍于逆境之苦。而史迁之心，笃大志而不易，遭酷刑而不馁，于大辱之重折下毅然择生，终有绝唱之史、无韵之骚，令后世文客抚卷喟叹。亦有武侯之志，承先帝之德，尽报国之忠，剑指中原，不胜不休。虽天大计于街亭，义不择退，再四出师，终塑尽瘁之名，而得千古慨叹。（着眼人类社会，典例铺排而出：百里奚、孙叔敖、史迁、武侯，有雄辩滔滔之感。就比兴手法的角度观照，“先言”的飞禽、大自然之类的文字都是“他物”，人类社会才是“所咏之词”。）

由此观之，转折者，多为困阻也。唯怀大志不言败者，可转而为人杰。（“人杰”之所以为“人杰”，概因“怀大志不言败”。一个“唯”字，让观点得到强化。）其逢小挫辄逡巡而返者，茫茫千载之间不可计数，而留其名者，未之有也！（仍然是对比着行文，观点于比照之中得到凸显。）

乃知骅骝骋于浩野，必有跌扑尘泥者，择偃志者死，择奋起者得利足；猿猱攀于绝壁，必有失手折臂者，择灰心者亡，择拼搏者得神技。人必有蹶踣于疾风骤雨者，择苟安者寻一穴而居，闭塞而昧昧一生；择傲立者跋淖而行，待霁虹如画，而后登坦途，沐清风。（继续运用比兴手法，从骅骝、猿猱说到人。）不为斗米折腰，陶潜择归隐，弃荣华，于是《归去来兮》传诵千古；临刀戟而不屈，文相择死国，弃官爵，乃有灼目丹心永耀汗青。（以陶潜、文相的彪炳史册，进一步言说“择”的重要性。）

余由是叹曰：适转折之地，择何方而往，人各有愿，未可强加；然播义于四海，流芳于后世，则非不畏困险、笃志愤发者莫属也！（以“叹”归结全篇，再次强调“择”的意义，凸显选择“不畏困险、笃志愤发”方能“播义于四海，流芳于后世”的主旨。）

【综评】

这是一篇骈体文样式的议论文。虽然是文言文，但是颇有“文不甚深，言不甚俗”的况味，好读，易解。

因为是文言文，文字的古雅自不待言。

因为是骈体文，文字的整饬一目了然。

因为多用比兴手法，穿行于飞禽走兽、大自然、人类社会之间，把想表达的道理言说得清晰，而且毋庸置辩。于是，选择了“志所谋”，“人对事物发展进程‘有’能为力”的中心得以坐实。

每个人都有自己的人生坐标，也有对未来的美好期望。

家庭可能对我们有不同的预期，社会也可能会赋予我们别样的角色。

在不断变化的现实生活中，个人与家庭、社会之间的落差或错位难免会产生。

对此，你有怎样的体验与思考？写一篇文章，谈谈自己的看法。

【注意】① 角度自选，立意自定，题目自拟。② 明确文体，不得写成诗歌。③ 不得少于800字。④ 不得抄袭、套作。

【典题解析】

本题属于材料作文，同时又带有任务驱动性质。材料先从个人角度入手，阐述每个人都有自己的人生坐标，有自己的期望，这是引子；接着从家庭、社会角度入手，阐述它们对个人成长的影响，更多的是从限制这个角度来设定，与前一句之间有转折关系；紧接着从个人与家庭、社会的关系角度入手，阐述两者之间在现实生活中产生落差或错位是难免的；最后从作文的写作任务指向角度，明确考生要写出自己的体验和思考。在这四个层次中，第一、二两个层次只是为了引出第三层次的内容；第三层次是本次作文的重点内容，不仅要关注个人的人生成长，更要关注家庭责任感和社会责任感，关键词要体现出“落差”或“错位”；第四层次则指明了写作方向，包括文体的选择。因此，在不断变化的现实生活中，考生可以分析个人的成长与家庭对个人的预期、社会赋予个人的角色之间产生“落差或错位”的原因，也可以阐述寻找解决“落差或错位”的办法，还可以合二为一。

以下立意都是切题的：应该合理处理人与家庭、社会之间的落差或错位；正视落差，肩负责任，展示自己的风采；无惧人生变化，笑对错位落差；等等。

佳作6

适应落差，勇敢前行

（文题即作者的观点。）

无论我们处在哪一个阶段，总会经历大大小小的落差，这些落差如同一把利刃，不断磨炼我们的身躯和意志。（言说“落差”不可避免，而且对人的成长不无裨益。入题快捷！）在此。请允许我谈一谈：适应落差，勇敢前行。（表明作者对“落差”的态度。）

为何会产生落差？我想最主要的还是期待值很高。（分析“落差”之所以产生的原因。）我们处在一个竞争激烈的社会，父母望子成龙的期待，让我们对自己的期待值也越来越高。父母总希望自己的儿女可以成为别人口中“别人家的孩子”。我想，这种想法每位同学都有过亲身体验。可事与愿违，我们达到的成就总是满足不了自己的期待值。然而就是这种期待值产生一种很大的落差，让我们不知如何解决。这时有人就会自艾自怨：为何世界待我如此不公？

我想这种体验很正常，但最重要的还是如何去面对这一落差。（如何面对“落差”？引发读者阅读兴趣。）对此，我想有以下两种方法。

第一，我们要正视自己的现状。（方法之一，也是分论点之一。）我想我们每个人都有自己的人生目标，也有对未来的美好期望，这固然没错。但正视自己的现状，或许对自己的美好愿望的实现才更好。这让我不由想起左太冲，西晋最杰出的诗人。《晋书》中曾描述左太冲：貌寝，口讷。他的父亲也因太冲太愚笨，曾经对友人说：“思晓所解，不及我少时。”但太冲适应了这一落差，正视了自己的现状。终《三都赋》出，洛阳纸贵。若他不经历这一落差，又如何能让这人生之沙成为西晋这片滩涂之上最璀璨夺目的珍珠呢？（以左思的典例佐证分论点。）

第二，我们要坚定信念，奋斗不止。（方法之二，也是分论点之二。）“文王拘而演《周易》；仲尼厄而作《春秋》；屈原放逐，乃赋《离骚》；左丘失明，厥有《国语》；孙子膑脚，《兵法》修列；不韦迁蜀，世传《吕览》；韩非囚秦，《说难》《孤愤》；《诗》三百篇，大抵圣贤发愤之所为作也。”（引用名言，支撑分论点。）生无所息，奋斗不止。钱锺书先生给我们立下了典范。在“文革”时期，他多次遇到困境，但他从未蹉跎岁月。正是“一本本看下来”的不倦精神造就了钱锺书先生“文化昆仑”的基础。他的每一部著作都是这座坚固基石的向上延伸。他自身不懈的努力，终造就一生熠熠生辉的勋绩。（以钱锺书先生的典例佐证分论点。）若是他不适应那一落差并勇敢前行，而是蹉跎岁月，或许到现在也无人知晓他的光辉。（“若是……”是假设论证。）生无所息，奋斗不止，是一种我们应该拥有的生活态度。（强化分论点。）

汪国真曾有言：“既然选择了远方，便只顾风雨兼程。”在这里，“远方”便是我们人生中起起伏伏的落差，“风雨兼程”代表的正是勇敢前行的不懈精神。（对汪国真诗句的个性化解读，似乎不无道理。）作为新时代的我们，适应落差是我们坚定不移追逐我们复兴之梦的一剂良药，让我们坚信，我们必定实现自己的美好愿望。（重申文章的中心论点。）

【综评】

这是一篇规范的议论文，也是一篇出色的议论文。

它观点鲜明，而且深刻。因为“落差”是客观存在，而且是普遍存在的，所有问题的关键在如何面对。作者主张“适应落差，勇敢前行”，态度是积极的，对世人也有启迪意义。

它结构严谨，而且清晰。文章开门见山，切入论题后，迅速亮明观点；随后分析“为何会产生落差”；接着从两个层面言说“如何去面对这一落差”；最后以著名诗句艺术地收束全文，再度强调中心论点。

它分析到位，论证有力。作者从社会心理角度阐释了“为什么”，言之有理。从“正视自己的现状”和“坚定信念，奋斗不止”两个层面展开论证时，举例论证、引用论证、假设论证等多种论证方法并举，很好地支撑了分论点。

典题6 “你未来的样子”（2020年高考江苏卷）

根据以下材料，选取角度，自拟题目，写一篇不少于800字的文章；除诗歌外，文体自选。

同声相应，同气相求。人们总是关注自己喜爱的人和事，久而久之，就会被同类信息所环绕、所塑造。智能互联网时代，这种环绕更加紧密，这种塑造更加可感。你未来的样子，也许就开始于当下一次从心所欲的浏览，一串惺惺相惜的点赞，一回情不自禁的分享，一场突如其来的感动。

【典题解析】

这是典型的材料作文题。“同声相应，同气相求”，语出《易·乾》：“同声相应，同气相求。水流湿，火就燥。”是指同样的声音能产生共鸣，同样的气味会相互融合，即同类的事物相互感应。指志趣、意见相同的人互相响应，自然地结合在一起。这是自然规律，也是人事活动的常态。“人们总是关注自己喜爱的人和事，久而久之，就会被同类信息所环绕、所塑造。”对这句话应该辩证地解读：“关注自己喜爱的人和事”是正常的，但是它带来的“被同类信息所环绕、所塑造”未必就是正向的，你可能因为热爱产生了动力，引发了创造，贡献了社会；也可能因为偏狭局限了视野，遮蔽了认知，影响了成就。“智能互联网时代，这种环绕更加紧密，这种塑造更加可感。”这句话是说前面概括的情形由来已久，于今为甚。“你未来的样子……”这句话表面上说的是网络世界的交流对人的影响，实际上是说“未来”与“当下”或“过去”（也就是相对于“未来”的“历史”）之间的因果关系。世界是普遍联系的，一切皆有因果。因此，我们要重视过程！当你重视了过程，结果就是水到渠成的事情。既然“过程”如此重要，那么我们就要设计过程、掌控过程、优化过程。

综而言之，这道题是说当下通向未来、决定未来。因而人们应该超越“同声相应，同气相求”的局限，跳出“关注自己喜爱的人和事”的框架，设计、把控好人生的每一步，以美好的过程赢得美好的未来。

你可以写记叙类的文章，来传达这个主题；也可以写议论类文章，来阐释这个观点。当然，还可以用小小说、抒情散文、书信等文体来承载这个中心。

佳作 7

票选的未来

四年前美国大选，阶级固化加深的底层美国人，将特朗普票选上总统之位。（从国际视野落笔，大气磅礴的开篇。）

面对新冠疫情，特朗普频出“可以注射消毒水、用紫外线直接照射人体来消灭病毒”等反智言论。（“反智”很有表现力。）也许令人难以相信，美国的年轻人里面有三成不相信地球是圆的，而这批受教育程度低下的年轻人往往也同时是反对注射疫苗、相信 5G 信号会传播新冠病毒的主力军。（骇人听闻的状况。）

处于社会底层的美国人票选了他们喜欢的、言谈举止上看起来是“同类”的特朗普，因此，反智主义、民粹主义，甚至是近期越发激进的种族主义，持续地侵蚀了这个国家。

大到国家命运走向，小到推送到眼前的广告，“喜欢”是每个人做出选择的原动力。除了选举这种有实际投票行为的活动，日渐发达的网络技术给了我们越来越多“票选”的机会。（化大为小，有效的行文技法！）

大数据时代，网络似乎比我们本人更能准确洞察内心的喜好，淘宝首页出现的“猜你喜欢”、短视频网站精准推送的视频题材，无一不令人产生点进去一探究竟的冲动。浏览、点赞、分享，这些简单的动作本身就代表了一个人认可的态度。（贴近所供材料展开。）

作为输出中华田园文化的“网红”李子柒最近总在舆论的风口浪尖，某地小学考卷的阅读理解中，将李子柒与袁隆平相提并论，而被家长抗议，认为网红“不登大雅之堂”。但我恰恰觉得，传递正能量不应该有鄙视链，正如袁隆平培育出的杂交水稻最终变成米饭，送入千千万万的人的口中咀嚼甘香四溢一样；李子柒在海外视频网站的作品，每一个都能获得上千万的点击，观众们通过观看这个动作认可了李子柒，于是她也带着中国的山水田园、诗和远方走进了上千万海外网民的心里。（于比照之中，把“传递正能量不应该有鄙视链”的观点夯实了。高手！）

在这样全民都有选择文化的权利的时代，总有人在担心劣币驱逐良币，证据便是快手、抖音等平台上土味视频的盛行。我小时候读到“少年强则国强”这句话，时常会疑惑，少年是要怎样强大、在哪个方面强大才行呢？社会资源分明是掌握在那些更年长的人手里的，少年们究竟可以做些什么？（是作者的思考，旨在引发读者的思考。）

现在我渐渐明白，少年们拥有的是日渐响亮的话语权，是更长更远充满着无限可能的未来。（对上文的回答，体现了行文的严谨。）一代代接受了良好教育的年轻人从他们的喜好、审美出发，他们的每一次浏览、点赞、分享都是一次票选，肯定好的内容，激励创作，最终将市场、资本、资源引导到这个环境中来，而其他的不必过于担忧，静候春来便好。（展示对未来的期许，有言已尽而意无穷的况味！）

【综评】

本文抓住材料中的“喜欢”，从票选美国总统说到大数据时代网络对人的喜好的准确洞察，从输出中华田园文化的“网红”李子柒说到日渐拥有响亮话语权的少年们，作者的视野是开阔的，所引的材料是丰富的。在坐而论道的侃侃而谈中，将“同类信息”对国家对个人的正反面效应客观地展示了出来，虽然不置可否，却能引人深思。

佳作 8

爱我所爱，遂成大成

（整饬的文题，揭示了“爱”与“成”之间的因果关系。）

江苏高考自主命题收官之年的这道关于“你未来的样子”的作文题到底想传递什么呢？（以概括所给材料内容的设问开篇，引人入胜。）

也许有人说：不就是重申“同声相应，同气相求”的自然规律与人事常态嘛！也许有人说：是说智能互联网对人生或正向或负向的影响吧？也许有人说：应该是谈过程决定结果因而重于结果吧……（连用三个“也许有人说……”，是排比式呈现，实际上是对材料的种种思考。）殊不知，（“殊不知”是一个很高大上的语汇，一下子就把自己摆在了一个异乎寻常的位置上。）爱我所爱，遂成大成，这才是材料的精髓之所在。（和前文三个“也许有人说……”构成对比，亮出作者对材料的解读，是中心论点的表达。）

纵观古今，放眼中外，多少成功人士演绎了“爱我所爱，遂成大成”真义。因为热爱产生动力，引发创造，从而贡献社会，推动发展。（统摄句。）

孔子在列国之间东奔西走，就是为了向各国君主推销他的“仁政”精义，其“知其不可而为之”的执着令人高山仰止。屈原为楚国的内政外交而殚精竭虑，在“黄钟毁弃，瓦釜雷鸣”的艰难中以死明志。（春秋、战国时期的孔子、屈子。）

霍金瘫守在轮椅上，却心系大千世界，证明了广义相对论的奇性定理和黑洞面积定理，提出了黑洞蒸发理论和无边界的霍金宇宙模型，在统一 20 世纪物理学的两大基础理论——相对论和量子力学方面走出了重要一步。贝聿铭致力于现代主义建筑，善用钢材、混凝土、玻璃与石材，以巴黎卢浮宫扩建工程、香港中国银行大厦、苏州博物馆新馆等赢得“现代建筑的最后大师”的殊荣。（当代，国外的霍金、贝聿铭。）

“糖丸爷爷”顾方舟对脊髓灰质炎的预防及控制的研究长达42年，被称为“中国脊髓灰质炎疫苗”之父，成为“载着新中国的孩子，渡过病毒的劫难”的方舟，获得共和国“最美奋斗者”等荣誉。袁隆平一辈子和水稻打交道，被誉为“世界杂交水稻之父”，获得改革先锋称号，被授予“共和国勋章”。“敦煌女儿”樊锦诗一生致力敦煌石窟考古、石窟科学保护和管理，获得“文物保护杰出贡献者”国家荣誉称号。中国中医研究院终身兼首席研究员屠呦呦全身心投入青蒿素研究，成为诺贝尔生理学或医学奖获得者，“共和国勋章”获得者。（寿登耄耋的顾方舟、袁隆平、樊锦诗、屠呦呦。）

未到30岁即成为“清华最年轻的教授和博导”的美女科学家颜宁率领平均年龄不满30岁的团队用6个月的时间攻克了膜蛋白研究领域50年不得其解的科学难题。“最像棋士的棋士”、黑白世界的英雄柯洁在2011年到2015年4年间下了4033局围棋，以一天近6局的劬劳奠基，在2015年击败邱峻拿到第一个世界冠军，继而在4年内拿了6个世界冠军，成为史上最年轻的七冠王……（年少成名的颜宁、柯洁。）

行文至此，陶行知先生的“人生为一大事来”袭上心头。（总括上文。）

是的，这些或年高德劭或风华正茂的成功人士心无旁骛，沉浸在他们的世界里，“投入地爱一次”，而且，“一次”就是一生。（议论性文字，是对上述成功人士之所以成功的本质揭示。）所有的功名都是实至名归。

试想一下，如果他们也像有些人那样，或浅尝辄止，或畏难而退，或小富即安，“大成”就是镜中花，水中月。（假想性论证，与前段构成对比。）

爱我所爱，遂成大成。（重申文章中心论点。）信哉！

【综评】

这是一篇有点“另类”的议论文，却是很有说服力的。

从结构的角度考量，本文具有借鉴价值：以设问的方式概述材料起笔；用对比的句式亮出中心论点；然后是古今中外的典例铺排而出——“例不十，理不立”；接着是对典例的解剖——文字不在多，但是不可少；随后是假想性对比论证；最后再重申中心论点。

当然，要让典例铺排而出，必须以海量的阅读、有心的积累为前提，还要有考场的急智。

典题 7 “热爱劳动，从我做起”（2019 年高考全国卷Ⅰ）

阅读下面的材料，根据要求写作。

“民生在勤，勤则不匮”，劳动是财富的源泉，也是幸福的源泉。“夙兴夜寐，洒扫庭内”，热爱劳动是中华民族的优秀传统，绵延至今。可是现实生活中，也有一些同学不理解劳动，不愿意劳动。有的说：“我们学习这么忙，劳动太占时间了！”有的说：“科技进步这么快，劳动的事，以后可以交给人工智能啊！”也有的说：“劳动这么苦，这么累，干吗非得自己干？花点钱让别人去做好了！”此外，我们身边也还有着一些不尊重劳动的现象。这引起了人们的深思。

请结合材料内容，面向本校（统称“复兴中学”）同学写一篇演讲稿，倡议大家“热爱劳动，从我做起”，体现你的认识与思考，并提出希望与建议。

要求：自拟标题，自选角度，确定立意；不要套作，不得抄袭；不得泄露个人信息；不少于 800 字。

【典题解析】

这道题是任务驱动型作文题，属于“社会现象材料类”的，旨在考查考生对新时代的“劳动”的理解及理性思考的能力。材料既着眼于劳动思想和劳动文化的传承，又立足现实生活，突出情境设计，贴近考生生活。党和国家领导人在全国教育大会上都强调过“教育引导学生崇尚劳动、尊重劳动，懂得劳动最光荣、劳动最崇高、劳动最伟大、劳动最美丽的道理，长大后能够辛勤劳动、诚实劳动、创造性劳动”，而且明确这对“培养德智体美劳全面发展的社会主义建设者和接班人”具有重大意义。

这道题具有现实意义，也具有正向的价值导向，因为当下不少学生对“劳动”不尊重、不热爱是个毋庸置疑的客观存在。所以，热爱劳动，弘扬民族传统；热爱劳动，从我做起；理解劳动，尊重劳动；学习书本知识，也学习劳动精神；劳动是幸福的，也是快乐的；新时代需要劳动，需要更智慧的劳动……这些，都是恰当的立意。

还需要说到的是，文题中对“劳动”的理解似有偏颇，因为“学习”也是“劳动”的范畴，“劳动”涵盖了脑力与智力范畴。

佳作9

勤劳为犁，耕耘青春

——“热爱劳动”励志演讲

（正标题以比喻呈现，新颖，形象，有味；副标题明确写作内容。）

亲爱的同学们：

大家好！

作为复兴中学学生的我们，即将告别高中校园，踏入高校大门。在此青春变奏曲转换之际，一如既往地培养你我热爱劳动的品德至关重要。（以“青春变奏曲转换”说从高中到高校的转变，妙语！）我以为，以勤劳为犁，耕耘人生，方可收获成功，走向未来。（“我以为……”点题文字，必不可少。）

君不见，远古时期我们的祖先钻木取火、摘果狩猎，他们额前的汗水折射着劳动的光辉。在那时，唯有劳动能使他们生存、充实、繁衍。随着时代的发展，人们用劳动创造财富，用劳动建造华屋，追求更高境界、更高层次的生活。通过劳动，人们获得了物质、精神的享受。（一个“君不见”，拉开历史的帷幕，从历史的角度，说劳动的价值。）可时至今日，有些人在享用劳动成果时却妄想推脱劳动，殊不知这却是无稽之谈。（一个“可”，笔锋一转，与前文形成比照，于中可见不热爱劳动之虚妄。“殊不知”是表现力很强的用语，有一下子让你秀出于众人之上的感觉；建议同学们在合适的地方也尝试着用一用。）

劳动对于个人，无疑是生存发展之道，是立德树人之本；劳动对于集体及他人的意义更加重大，不言而喻。（概述劳动的意义，为下文的展开张本。）试想，若无袁隆平头顶烈日、面朝黄土背朝天，日复一日地劳动实践与潜心研究，全球多少人还处于饥饿中？若无邓稼先的舍身为国、潜心钻研，何来“两弹一星”的辉煌成就？若屠呦呦面对烦琐的实验望而却步，将这份辛劳推给他人，不知有多少人将忍受病痛的折磨而无药可治。（三则典例，紧扣主旨，是对主旨有力的支持；两个“若无”一个“若”，笔法在整齐中有变化，出人意料，效果却很好！）生而为人，唯有劳动可以塑造成才；生而为人，唯有劳动可以顶天立地。（两个“唯有”，强调了劳动的意义非凡。）（以上说的是为什么要“热爱劳动”。）

热爱劳动，需从点滴做起。（说怎么样才能“热爱劳动”。）李耳云：“合抱之木，生于毫末；九层之台，起于累土；千里之行，始于足下。”（引用贴切，有助于论证的力度，还有论证的文化味。）诚哉斯言！（“诚哉斯言”，又是一个表现力很强的语汇。）从身边小事做起，一如古人的“夙兴夜寐，洒扫庭内”。学习上勤奋刻苦，生活上勤劳能干，身边事举手劳之，做一个敢于担当、勤于动手、乐于劳动的好青年。有人说：“学习那么紧张，劳动太占用时间了！”此言何其谬哉！古人早就说过：“一屋不扫，何以扫天下？”一个人如果眼高手低，不屑于劳动，那么他终将成为一个懒惰的精致的利己主义者。（以贴切的引用文字驳斥谬论，立中有破。）

热爱劳动，需亲力亲为。（还是说怎么样才能“热爱劳动”。）科技发展迅速，有人认为可将烦琐的劳动交付给人工智能或者推给他人，这万万不可。诚然，人工智能可以帮助我们减轻负担，但千万不可让它成为我们依赖的对象。（一个“诚然”，让议论在理性的轨道上进行，使得持论更加辩证，也更加容易为读者接受。好词语！）“民生在勤，勤则不匮”，只有亲力亲为，我们方能享受到劳动的甘甜、生活的乐趣。

同学们，请懂得劳动的意义，认清自我价值，明确奋斗方向。（呼吁式收束。）路，就在脚下；诗，就在远方。劳动就是铺路的石子，劳动就是平仄的诗行。（整饬的句式，华美的文字。）衷心希望我们复兴中学的同学们，热爱劳动，从我做起，勤劳为犁，耕耘青春，赢得人生！（结尾再点题。“耕耘青春”可以“赢得人生”，足见“热爱劳动”的价值。）

【综评】

运用主副标题，这是作者的一种智慧：主标题统领全篇，纲举目张；副标题点明对象，切合要求。开篇观点鲜明，过渡自然；主体部分内容丰厚，回溯与展望齐飞，传承与建议并举；结尾尤其难能可贵，回眸一笑，振聋发聩，文采飞扬，呼吁听众（读者）奋然前行，热爱劳动，从而成就人生。

全篇引用贴切，例证典型。语言也很有追求，整句错出，成语迭现（如一如既往、无稽之谈、不言而喻、日复一日、望而却步、顶天立地、千里之行始于足下、夙兴夜寐、眼高手低，等等），佳词屡见（如殊不知、举手劳之、诚哉斯言、诚然、懒惰的精致的利己主义者，等等），这些都加强了文章的表现力。

典题8 “五个标志性历史节点”的任务写作（2019年高考全国卷Ⅱ）

阅读下面的材料，根据要求写作。

1919年，民族危亡之际，中国青年学生掀起了一场彻底反帝反封建的伟大爱国革命运动。1949年，中国人从此站立起来了！新中国青年投身于祖国建设的新征程。1979年，“科学的春天”生机勃勃，莘莘学子胸怀报国之志，汇入改革开放的时代洪流。2019年，青春中国凯歌前行，新时代青年奋勇接棒，宣誓“强国有我”。2049年，中华民族实现伟大复兴，中国青年接续奋斗……

请从下列任务中任选一个，以青年学生当事人的身份完成写作。

① 1919年5月4日，在学生集会上的演讲稿。

② 1949年10月1日，参加开国大典庆祝游行后写给家人的信。

③ 1979年9月15日，参加新生开学典礼后写给同学的信。

④ 2019年4月30日，收看“纪念五四运动100周年大会”后的观后感。

⑤ 2049年9月30日，写给某位“百年中国功勋人物”的国庆节慰问信。

要求：结合材料，自选角度，确定立意；切合身份，贴合背景；符合文体特征；不要套作，不得抄袭；不得泄露个人信息；不少于800字。

【典题解析】

这是一道给定背景材料的任务驱动型作文，作文的情境性很强，试题从1919年到2049年的一百多年历史时空中，精心选择五个标志性历史节点——五四运动、新中国成立、改革开放、五四运动100年、新中国成立100年，突出各自的时代主题，启示考生深刻领悟中华民族站起来、富起来、强起来，实现伟大复兴的历史进程，激励考生在创造青春中国、实现民族复兴的伟业中实现自身的价值。考生需要将自己代入到所选择事件的具体背景中进行写作。这提醒考生一定要注意每则任务前的具体时间，选择自己熟识的背景、情境，如此才能有话可说，也才可能成佳作。

就每个写作任务来说，各有写作时须要注意的东西。

① 1919年5月4日，在学生集会上的演讲稿。

首先，需回溯五四运动的历史背景。熟悉的“五四”知识是写作的核心要素，如果熟谙那段历史，能还原一百年前那段激情燃烧的岁月，通过巴黎和会外交失败、“二十一条”不平等条约等具体历史事件，阐发爱国情怀，张扬“五四”激情，则易得高分。其次，要熟悉演讲稿的文体特点。这种实用类文体一般要求有明确的主题和鲜明的目的。作文试题还要求结合材料，而材料中明确提到“1919年，民族危亡之际，中国青年学生掀起了一场彻底反帝反封建的伟大爱国革命运动”。这就意味着演讲的目的只能是号召人们“反帝反封建”，号召人们在“民族危亡之际”为国家、为民族进行革命斗争。

② 1949 年 10 月 1 日，参加开国大典庆祝游行后写给家人的信。

首先，要展开想象，还原开国大典场景。需要注意的是，描绘开国大典的宏大场景、欢庆气氛可以作为这封信的出发点，但绝不能是终点。最重要的点是材料中的“新中国青年投身于祖国建设的新征程”。因此乘风破浪的志向与投身祖国建设的热情才是这封信的重点。其次，要熟悉与掌握书信的基本格式与基本要求。如开头要有称呼，顶格写；结尾要署名、写明日期等。

③ 1979 年 9 月 15 日，参加新生开学典礼后写给同学的信。

这个写作任务也要求写信，形式相同，不同的是写作内容。如果说“开国大典庆祝游行后的书信”着重于考查对恢宏场景的想象，那么“开学典礼后的书信”则偏向于考查对踌躇壮志的表达与理想的诗意抒发。特别要注意材料中提到了“科学的春天”“莘莘学子胸怀报国之志，汇入改革开放的时代洪流”。因此如能结合改革开放的背景，又能重点写立志“科学报国”，肯定更符合题意。

④ 2019 年 4 月 30 日，收看“纪念五四运动 100 周年大会”后的观后感。

观后感看似好写，实则不易，因为必须体现“观”和“感”。也就是说不仅要在文中体现自己从大会上观看到的，还要写观后的感悟。这种感悟应该带有鲜明的个人色彩，而不仅仅体现作为青年中的一员的“大我”。

⑤ 2049 年 9 月 30 日，写给某位“百年中国功勋人物”的国庆节慰问信。

首先，要注意格式。标题可写成“致 ××× 的慰问信”等。其次，内容要具体真实。可聚焦“百年中国功勋人物”的精神，表达敬佩之情，如“爱国精神”“艰苦奋斗的优良传统”“过硬的专业本领”“追求科学真理的品质”等，并结合自身实际，表明向“百年中国功勋人物”学习的态度及做法。

国土沦丧，责任在肩，吾辈当自强；国之新生，吾之大幸，迎接新时代；科技兴国，拥抱世界，汇时代潮流；百年征程，接力奋斗，奔向辉煌；功在当代，利在千秋，英雄莫忘——这是五道题对应的切题立意。

佳作 10

愿得此身长报国，何须生入玉门关

（借用戴叔伦的边塞诗句为题，艺术地表达了主题。）

同学们：

今天我们在这里集会，就是要告诉大家，腐败、奴颜婢膝的军阀政府要把我们的祖国出卖给列强，我们都要做亡国奴了。（开门见山的写法，值得提倡。）这个丧权辱国的“二十一条”必须推翻！中国是中国人民的，不是洋奴政府的；人民是自由的，不是军阀的玩偶。（两个“是……不是……”，对举着说，表意明确。这体现了议论文语言的特色之一：鲜明性。）为此，我们要担起时代责任。

同学们，睁开眼睛看看吧！（体现行文层次的标志性语句，不失为一种行文技巧！）鸦片战争以来，清政府闭关锁国。从自高自大的天朝大国，变成割地赔款的孬种，把列强奉为祖宗，把人民的血汗拱手相送，才换来一夕之安宁。想想胶东半岛，差点被拱手相送；对人民的合理要求，则是残酷镇压，制造流血事件。已是国将不国了。你们看看，军阀都干了些什么？占山为王，互相攻伐，你方唱罢我登场，盘剥百姓，中饱私囊。（连用四字短语，语言很有特色。）

同学们，拍拍脑袋清醒吧！（与前后文体现行文层次的标志性语句构成排比，醒目！）现在是军阀混战、豺狼当道、国家风雨飘摇时，人民处于水深火热之中，我们的国家变成列强争夺利益的屠宰场，人民生活暗无天日，想做奴隶都不成。我们读书是为了什么？是为了祖国繁荣富强，为了生活得更加民主和自由。如果现在不奋起反抗，我们就会做任人宰割的羔羊！羔羊还有生存的权利吗，还有做人的尊严吗？

同学们，挺起脊梁做人吧！（与前文体现行文层次的标志性语句构成排比，语意上不无递进意味。）青年是国家的未来，民族的希望。李大钊在《新青年》发表文章说：“俄国的革命，不过是使天下惊秋的一片桐叶罢了。”他告诉我们，十月革命必将给中国革命带来新的希望。同学们，勇敢地承担未来之责任，行动起来，做未来中国之主人，做未来事业之主人，只有我们才能不负重任。因为我们是敢想敢说敢做的青年，不墨守成规，拥有进步思想。（具体阐述“挺起脊梁做人”的内涵。）国家民族独立，需要你我青年人奋起反抗，这是国家之幸，民族之希望。希望就寄托在你我身上。

同学们，行动起来，争取民主自由吧！（仍然是体现行文层次的标志性语句。）民主自由从来不会送上门来，要靠奋斗争取，哪怕流血牺牲也在所不辞！陈独秀先生说：“青年人应该是自主的而非奴隶的，是进步的而非保守的，进取的而非退隐的，世界的而非锁国的，实利的而非虚文的，科学的而非想象的。”（陈独秀先生的文字本身用“……而非……”表述，表意显豁。作者引用来对“青年人”的质性做阐释，恰当，而且明确。）让我们用行动来证明自己的时代价值。

同学们，愿得此身长报国，何须生入玉门关。（点题。）让我们一起行动，走上街头，大声呼喊：“誓死力争，还我青岛！废除二十一条，抵制日货！宁为玉碎，勿为瓦全！外争主权，内除国贼！”（连续引用时代色彩很浓烈的口号，让读者有如穿越回那个非常的时代。）

【综评】

这是一篇元素齐备的演讲稿：有演讲对象——“同学们”；有会议的情境——“今天我们在这里集会”；还有历史背景和呼吁所求。文章注重演讲场合和氛围的营造，使用呼告方式，便于调动和引领听众的情绪。“睁开眼睛看看吧”“拍拍脑袋清醒吧”“挺起脊梁做人吧”“行动起来，争取民主自由吧”等句子，具有明显的鼓动性和感染力，表现了青年人的担当和家国情怀，也清晰地显示了行文的层次。

作者在语言上很有追求。不少语言体现出议论文语言的鲜明性，还有很引人注目的四字短语。

佳作 11

给施一公院士的慰问信

尊敬的施一公院士：

您好！（施一公院士是个很合适的致信人选；“尊敬的”和“您”，用语都很得体。）

在新中国100周年华诞来临之际，从媒体上得知您被评选为“百年中国功勋人物”，身为青年学生的我，为您感到高兴，同时也向您致以崇高的敬意。（“身为青年学生的我”，亮出自己的身份。连用三个“您”，敬意满满。）

高兴的是您在生命科学领域开辟了一片新天地。回忆往事，您不忘初心，砥砺前行。您出生于郑州，因成绩优秀，被保送到清华大学；您又以优异的成绩留学美国，以优异成绩获得约翰·霍普金斯大学博士学位。（对施一公院士的历史了然于胸，这是选择的前提。）

您在生命科学领域孜孜以求，锐意进取。当功成名就之际，可以享受优越的待遇时，就在2008年，您婉拒美国霍华德休斯医学中心的邀请，毅然回母校清华大学工作，任清华大学生命科学学院院长，为国家培养了一批又一批人才。后来，您的头衔不断增多，中国科学院院士、结构生物学家、“生命科学奖”获得者……当然，您不是为奖项而工作，您是科技报国的榜样。（把施一公的“功成名就”提升到“科技报国”的高度，高明！）

我敬仰您不断创新，锐意进取，为国培养尖端人才。您不仅在科技上创新，在管理体制上也坚持优化，不断释放正能量。展望未来，您又豪情满怀。2018年，您，成为民办研究型大学——西湖大学首任校长，为国家专门培养高端博士，向生命科学更深领域探求。（如此划时代的创举，正是施一公院士入选的重要原因。）

不满足现状，您不断地为生命注入不竭的动力。我想，您一切动力的源泉，都来自对科学事业的热爱，对民族复兴的坚定信念，对祖国母亲的眷恋。（三个“对……”，充分揭示了作者对施一公院士“动力的源泉”的认识。）关于信念，我不得不说，虽然说科学无国界，但科学家心中有祖国。您学成后，像中国老一代科学家那样，毅然回国效力，这是爱国精神的传承，更是华夏民族生生不息的精神源泉。

峻青先生在《雄关赋》中说，“古往今来的大量史实证明：那所谓‘固若金汤’的雄关，是从来就不存在的；而真正坚固的雄关，只存在于人们的心中。这，就是信念！对社会主义，对革命事业，对我们伟大的祖国的坚贞不渝的信念”。（精当的引用文字！有升华主题的功效。）是啊，相比您崇高的信念，我们自愧不如。您为我们树立了光辉榜样——高山仰止，景行行止。（引用，典雅的文字！）

施院士，祖国需要您这样有信仰、埋头苦干、成绩卓越的知识分子。巴金先生在《灯》中说：“我们不是单靠吃米活着的。”吃米是为活着，但活着绝不仅仅是为吃米。（富有哲理的文字！为文章增色。）人生应有更高追求，中国正因有您这样的英雄豪杰，才能实现民族的伟大复兴。我等向您学习致敬，为国家、为民族繁荣富强而努力奋斗！（因为敬仰施一公院士，从而慰问施一公院士，进而归结到自身，境界异乎寻常。）

最后，祝您：身体健康，国庆节快乐！（相当扣题的文字。）

【综评】

本文笔墨集中：施一公院士在生命科学领域贡献卓越，想象他获得“百年中国功勋人物”称号，以此表现青年学生对前辈科学家的敬仰，表达了向先进人物学习，为祖国、为人民做贡献的决心。

选材精当，想象合理；慰问信的称呼、落款和说话语气都很得体，合乎人物设定身份，文体特征鲜明。

这些，都显示出作者不俗的写作基本功。

典题 9 “三位名人说爱国情怀”（2019 年高考天津卷）

阅读下面的材料，根据要求写作。

不错，目前的中国，固然是江山破碎，国弊民穷，但谁能断言，中国没有一个光明的前途呢？不，决不会的，我们相信，中国一定有个可赞美的光明前途。

——方志敏

国家是大家的。爱国是个个人的本分。

——陶行知

若能作一朵小小的浪花奔腾，呼啸加入献身者的滚滚洪流中推动人类历史向前发展，我觉得这才是一生中最值得骄傲和自豪的事情。

——黄大年

以上材料触发了你怎样的思考和感悟？请据此写一篇文章。

要求：① 自选角度，自拟标题；② 文体不限（诗歌除外），文体特征明显；③ 不少于 800 字；④ 不得抄袭，不得套作。

【典题解析】

这是一道任务驱动型作文题，是“名人言论型”多材料综合立意的，主要考查考生对时代精神的理解及理性思考的能力。三则材料各有侧重，分别表达了对祖国光明前途的坚定信念，个人对国家、民族的责任，献身时代洪流、推动人类历史发展的人生观、价值观，但是可以用“爱国情怀”的主题来统摄。三位不同时期的名人的英浩正气流芳千古，碧血丹心铮铮铁骨，启迪着考生理解爱国情怀的精神内涵，深入思考个人与国家、民族、人类的关系，坚定新时代青年接续奋斗、振兴中华的理想信念。审题时要注意理清材料间的逻辑关系。这是相互补充的三则材料，在辩证思考的同时还要形成纵深的历史维度，从革命先烈到当下知识群体，其间，体现了传承和担当的责任与使命意识，无私奉献和奋斗不息的民族精神。

以下立意是切题的：一寸赤心唯报国；奋斗以许国，奉献以报国；燃我青春，铸吾国魂；我以我血荐轩辕；奋斗薪火继往开来，爱国情怀泽被万代；擎起信念之灯，献身时代洪流；丹心忠魂，赤子情怀……

以下立意有偏颇，值得我们认真想一想，引起注意：做人应有更高追求——这是没审清材料主旨，过分强调个人的追求；不忘过去，珍惜当下——这是抓错了关键词，虽然看到了三则材料历史维度的纵向延展，但没紧扣爱国、奉献；不同时代，不同的追求——这里虽然审到了时代变迁和追求变化，强调了变化，但变化的中心含义“报国”没凸显出来；追求使人生厚重——这里没审清材料主旨，强调了追求对个体的意义价值，忽略了国家这个强大的后盾。

佳作 12

“你是我的一切我的全部”

（以新“红歌”《不忘初心》歌词为题，有揭旨之效。）

参加过无数次的升国旗仪式，高唱过无数遍的《义勇军进行曲》，但却很少深入思考：先辈们为什么会义无反顾、前赴后继地投身于事关国家前途命运的惊涛巨浪？英模们为什么会数年如一、永不疲倦地献身于关乎国家发展社会繁荣的滚滚洪流？（从升国旗仪式落笔，容易赢得读者的认同，当然也包括阅卷老师这样的特殊读者。）（“参加过……”与“高唱过……”是整句；“先辈们为什么……”与“英模们为什么……”也是整句，还是设问句，表达效果好！当然，如果能把两组整句各写到三句以上，效果会更好！）

这是一个很好回答的问题，却又是一个很难回答好的问题。（“很好回答”+“很难回答好”，很艺术的句式，很具有表现力的句式！）

想到了方志敏。（与下面的两个“想到了……”构成排比性语段，使得结构清晰。）

“我们相信，中国一定有个可赞美的光明前途。”因为这种坚信，他和他的战友们于艰难中尽管迭历踬踣，但始终斗志昂扬，愈挫愈奋；（“迭历踬踣”“愈挫愈奋”，文言色彩的语汇，很有味道的文字！）也正是因为这种坚信，他和他的战友们恪守职责，严于律己，在条件极端艰苦的环境下，渡过一个个难关。就如方志敏在《清贫》中所说：“清贫，洁白朴素的生活，正是我们革命者能够战胜许多困难的地方！”（借助方志敏的名句，艺术地概述方志敏的勋绩，文字简省，可取！）

坚定的信念，是不竭的力量之源。今天的中国，绝对是“可赞美的”，而且有着更灿烂的“光明前途”。怀着这样的信念，我们会走得坚实，走得潇洒。（提取出核心概念“坚定的信念”，为方志敏的名句找到一个合适的主题。联系“我们”，强调了名人言行对今人的现实针对性。）

想到了陶行知。

最早知道陶行知，是因为“捧着一颗心来，不带半根草去”这句话。他为什么能做到这一点？“爱国是个个人的本分”，这就是答案。（在两个名句之间巧妙地进行了链接，很好！）在陶行知看来，爱国是每个人应尽的义务，是无条件的，不能打折扣，更不能讨价还价。他从国外学成归来后，开始他富于创意而又充满艰辛的教育生涯，将近三十年风雨无阻、风雨兼程。“生活即教育”“社会即学校”“教学做合一”，这样的主张历久弥新，今天仍光彩熠熠。（对陶行知先生的重要教育思想进行高度概括，看得出作者的积淀之丰厚。）

出于“本分”，所以执着；因为“义务”，所以痴迷。今天的你我，敢于直视陶行知镜片后的眼神吗？（从陶行知的名言中提取出核心概念“尽本分”。联系“你我”，很好！）

想到了黄大年。

科学无国界，知识分子有国籍。（一“无”一“有”，对举着说，虽有所本，也很出彩。）黄大年放弃国外优厚的待遇，投身祖国的现代化建设，他的科学研究能量，他的专业衍生值，在汹涌澎湃的发展大潮中都达到了最大化。用他自己的话说，他这朵“小小的浪花”，在汇入时代的“滚滚洪流”后推动了历史的发展。

如何实现人生价值，如何实现人生价值的最大化，黄大年选择了最恰当的方向。（加上“那就是投身时代的滚滚洪流”“那就是献身祖国建设”之类的文字，是不是更好一些？）今天，渴望建功立业的人们，是不是应该从中得到启发呢？（联系“渴望建功立业的人们”，很好！）

“你是我的一切我的全部。”（扣题。）这个“你”就是祖国。（点题。）中华民族的伟大复兴，是我们共同的梦想；让我们坚定信念，从我做起，为这个伟大的梦想尽情地奔跑吧！（呼吁式收束全文，让人振奋。）

【综评】

本文算得上巧妙，而且多有体现。

开篇从日常生活中升国旗、唱国歌这一人人都参与过的仪式落笔，提出了很多人可能忽略的问题，能吸引读者；引用朱海作词、舒楠作曲的《不忘初心》的歌词为标题，结尾对题目中的“你”做出自己的解释，发出倡议，明确题旨，收束全篇，有一定的感染力。

主体部分虽然只是常见的排比式展开，却有很多的行文智慧。

作者对材料中三句话的主题做了准确提取，在“爱国情怀”这一主题的统摄下，从坚定信念、尽本分、献身国家三个方面展开，对三位名人的相关事迹进行丰富再现，较好地彰显了自己的素材储备优势。作者注意挖掘三位名人行事背后的精神信念支撑，同时分别将笔触对准现实生活中的人们，启发人们思考，凸显了文章的现实针对性。

典题 10 “中国味”（2019 年高考上海卷）

阅读下面的文字，根据要求作文。

倾听了不同国家的音乐，接触了不同风格的异域音调，我由此对音乐的“中国味”有了更深刻的感受，从而更有意识地去寻找“中国味”。

这段话可以启发人们如何去认识事物。

请写一篇文章，谈谈你对上述材料的思考和感悟。

要求：① 自拟题目；② 不少于 800 字。

【典题解析】

此题大气磅礴！因为它站在时代的最前列，把握时代脉搏，引领人们走向新时代。因为在倾听了不同国家的音乐，接触了不同风格的异域音调之后，“我”由此对音乐的“中国味”有了更深刻的感受，这种以“我”的经历和感受生发出来的东西最具说服力，来自生活的感受最接地气，有宏大深厚的根基，所以底气十足。因为上海不再只为自己有海派，是最具国际化的城市而自我满足、孤芳自赏，上海要将自己作为时代的先锋，要代表中国，要具有代表中华民族的“中国味”，所以霸气冲天。

面对这道大气、底气、霸气的作文题，写议论文较为合适。只要在立意深刻和论证有力方面下些功夫，尤其注意联系当今国际形势，把握好主题方向，就一定会写出文质兼美、思想深刻的优秀作文来。

在“品尝音乐”等生活实践中体验个性之美，弘扬中国特色；创造“中国味”，彰显民族自信精神；比较中西文化特色，正确认识“中国味”等都是切题的立意。

佳作 13

采菊瓦尔登湖

（标题很别致：中国的陶潜 + 美国的梭罗，事情 + 地点。好题目！）

当你听到巴赫的《G 弦上咏叹调》时思索幻想、沉醉落泪，然后你结束浪漫的交响乐之夜。（从感受西洋音乐落墨。）回到家中，你沏上茶，点上禅香，一人坐在那回想一天的所为，这时你可能想要的是一首《浔阳曲》，一首大珠小珠落玉盘，惊起江滩宿雁的如水一般的曲子。（到回归传统音乐。）我们往往在阅历了各种异域文化后才感悟到中国文化的独特，它们有那么多共同，也有那么多不同。（既说“共同”，也说“不同”，行文辩证！）

1854年，美国作家梭罗的《瓦尔登湖》面世，为世人展现了他居于霍尔威尔的两年，也展露了他通过这样一种“隐”的方式思考自己内心的冲突与痛苦。寻求一种真正和谐和平静的境界。（概说梭罗的《瓦尔登湖》所表达的生活理念。）而在中国，在梭罗出现的一千多年前，有一位“性本爱丘山”的陶渊明每日“晨兴理荒秽，带月荷锄归”。陶潜的文化性在于他的隐士性，他和一千年后的梭罗遥相呼应，在对世俗、自然、人性等方面的重合越过了东方与西方的边界。陶潜的隐士性不仅在于其“守拙归园田”，更在于他朴素隐喻的文学风格。他的哲学不是高谈阔论，却也是一种恬淡的藏匿。把想法藏于表面的淡然中，这就是中国人的哲学。（先叙写陶潜，错杂地引用了陶潜的一些诗句，有艺术！再把陶潜和梭罗之间的共性归纳出来，最后落脚到“中国人的哲学”上。夹叙夹议，叙得简洁，议得到位。）

如果你只懂中国文化，那你一定不懂中国文化。（看似费解，实则耐人寻味。）文化需要对比。中国的文化是一种月亮的文化，它没有西方的热烈、浓郁，却有一种含蓄沉寂的忧伤。从古至今，或思乡或壮志难酬，我们做的都只是金樽对月，只有月亮才能打开中国人的忍与默，只有月亮才能同销万古愁。（“月亮的文化”，很精当的说法。）而在西方，我们会努力去做个伊卡洛斯，即使是消亡也选择这样一种悲壮的结局。（“伊卡洛斯之翼”是古希腊一个经典且家喻户晓的神话故事。故事是说建筑师代达罗斯与其子伊卡洛斯同盖迷楼。而迷楼盖好后父子二人不得出。伊卡洛斯非常聪明勇敢。对父亲说只能飞出。于是找鹰的羽毛以蜡合成附身，试飞成功，终于出。父亲嘱咐他勿飞高，为太阳光熔。勿飞低，为海水所淹没。儿子不听，见太阳之美，直飞太阳，日光熔蜡，翅脱，伊卡洛斯落海而死。）西方文化带有一种浓烈的个人英雄主义，它的来和去都很大声。就是在这样的对比下，中国文化的不同才更为彰显，才会更加展现其迷人之处。文化是串在一根线上的珠子，共情是那根线，而线上的珠子彼此有自己的光泽，我们的光泽不会因为其他珠子的完美而黯淡，保持光泽的唯一秘诀就是相信它会发光。（这就是文化自信吧。）

不知从什么时候起，社会上掀起了追捧外来文化的风潮。在对外来文化的追捧背后是我们对自己文化的丢失。外来文化的侵入让有些人恐慌，于是他们去抵制，因为他们害怕被奴役。（这是文化不自信的表现。）如果中国文化不想被奴役，那13亿人就要拿出不被奴役的创意。限制其他文化从来不可能达到提高自己文化的目的，这更可引申至为人上。（从“文化”说到“为人”，拓展了文章的宽度。）比较从来不会是一种打压，因为比较而挫败只会有一个答案，就是挫败的一方更弱。比较不会注定带来失落，只要你有自己的闪光点，他人的亮点只会反射出我们自己的不同，低能的人最大的特色是埋怨他人的优长而恣睢自己的无能。（观点鲜明，而且深刻。）

无论是对待文化还是对待自己的人生，我们要坚信黑夜是一个舞台，一颗星星的光芒从来不会遮盖另一颗星星的闪烁，因为它们的明亮都来自自身的能量。每一颗星星缺一不可地出现在黑夜，才有一种美丽叫星空。（非常唯美的文字！）

唯有如此，暗夜的星光下，生命才得以尽情地舞蹈。

【综评】

考生凭借着其丰富的描写和深刻的议论，展示了他对于文化的理解。从西方巴赫的《咏叹调》到中国的《浔阳曲》，从西方文化的浪漫写到中华文化的独特。但随后作者并未直接阐述其不同，而是以一种对比的独特视角，以梭罗和陶渊明的人生、作品中所体现的异同，来揭示出中国文化的含蓄和隐秘。随后又进一步点出，想要读懂文化，就需要在对比中看到其光泽和迷人处。紧接着，作者又抨击了盲目推崇追捧外来文化的狭隘处。号召文化的保留与升华，需要的是独有的创意而不是一味地打压。最后还从文化引申到为人，再拓展至人生，思维连贯，立意深远，令人回味。

典题11 “作家如何对待读者”（2019年高考浙江卷）

阅读下面的文字，根据要求作文。

有一种观点认为：作家写作时心里要装着读者，多倾听读者的呼声。

另一种看法是：作家写作时应该坚持自己的想法，不为读者所左右。

假如你是创造生活的“作家”，你的生活就成了一部“作品”，那么你将如何对待你的“读者”？

根据材料写一篇文章，谈谈你的看法。

注意：① 立意自定，角度自选，题目自拟；② 明确文体，不得写成诗歌；③ 不得少于800字；④ 不得抄袭、套作。

【典题解析】

材料是看似对立的两种观点：第一种观点侧重于作家写作时要多倾听读者的呼声，也就是说倾听他人的看法或时代的呼声；第二种观点侧重于作家写作时要敢于坚持自己的想法，不被外物左右。其实，两者还是可以调和的，在认同“倾听”说或者赞同“坚持”之外，还可以综合两者的看法，辩证思考，那样立意更深远，格局更阔大。

需要强调的是，这道作文题强调写作的具体论题是如何对待“生活”，这是立意的导向语，也是审题是否切合题意的关键。具体地说，文章不能就写作说写作，应该从写作说开去。本乎此，如下立意都是切题的：倾听时代呼声，积极投身改革实践；冷静倾听不同意见，审视前行方向；坚持梦想，砥砺前行；心有笃守，与时俱进，争做有为青年；学会倾听，坚守自我……

佳作14

俯身倾听，创有我之作

（文题里融合了两种观点，新颖而且深刻！）

我是用“生活”写作的作家，虽然完稿部分不长，但已收获不少读者。读者中有关爱呵护之人，亦有批评指摘之士。身为作家，不应独处象牙之塔，而应俯身倾听读者，却仍坚持书写“有我”之书。两种方式并不矛盾，均是对读者的尊重。（糅合了两种观点，落脚于“对读者的尊重”，很好的归结。）

作家一定要俯身倾听读者呼声。（此其一也。）

我不是看透世事的仙人道者，不是文学写作规则的制定者，只是一位初出茅庐的青年作家。（自我定位“初出茅庐的青年作家”，使得下面的展开显得自然。）年轻，因而缺少生活的经验。而身边的读者中不乏年长于我之人。正如韩愈所言：“生乎吾前，其闻道也固先乎吾，吾从而师之。”“生活”这部大作的走向存在无限可能，也许是成功，也许是失败。只有善于听取年长者的建议，才更有可能少走弯路，避开荆棘。我也不能忽视同辈乃至年轻于我，甚至批评我的读者，他们思维灵活、另辟蹊径，常能予我启发。（说清了其中道理。）

但我的“作品”最重要的是坚持“有我”。（此其二也。）

“有我”才不至于平淡无奇，而能别具一格。一部优秀的作品，内容不能千篇一律索然无味，更不能东拼西凑抄袭成风。威廉·福克纳早年为谋生而创作了大量平淡无奇的悬疑小说，人们看完皆忘，一笑了之。直至其写出《喧哗与骚动》这一发自于“我”的意识流代表名作，文学才华才被发现。（很有说服力的典例。）由此可见，我的生活需要我的观点、我的追求。只有坚定了内心追逐的方向，才不致被牵着鼻子走，从而沦为碌碌无为之人。正值青春，我的作品需要激情洋溢的勇气，而非假装少年老成的通达。（也说清了其中的道理。）

“有我”才能为读者提供有厚度而并非空有长度的作品。试看豆瓣高分、知乎好评的一切作品，没有一部是纯粹娱乐之作。真正优秀的作品，带给读者的是永恒留存的意义与哲思。（说他人的作品。）我的人生之作也应当学习之，实践之。只有在生活中坚持自己的正确想法，不盲听盲从，才有可能诞生一些闪光点，为他人提供借鉴价值。我并非圣贤，写不出什么传世名篇。但是平凡之人也可以学习那圣贤般的精神，或知其不可而为之，为自由民主而奋扬踔厉，如同星辰，照亮身边几个人的去路，送去一些精神滋润。（再联系自己说。）“帝王一代帝王，圣贤百代帝王。”（相当出彩的引语！）有一颗向往写出名著的心，才有可能写出更好的生活之作。

对待生活的读者，正如与他们在森林中结伴而行，不必完全由他们指路，也不必掏出心脏当火把照亮森林。（比喻着说，形象生动，也更加明白。）只需倾听他们的意见，也要坚定正确的自我认知。俯身倾听，创有我之作，方可成就自己的生活大作，亦为他人的作品送去思索与亮点。（结尾处，重申自己的观点，也是点题。）

【综评】

本文融“倾听”与“坚持”二说于一体，倡导“俯身倾听，创有我之作”，立意可谓新颖深刻。

行文时紧扣“作家”“读者”“作品”的比喻，来引入人生、生活之于自我、他者的分析，扣题紧密，分析到位，丝丝入扣，不枝不蔓。

对于“我”的生活“作品”，先分析为何要倾听读者的意见，再重锤敲打为何要坚持“有我”，还以作家福克纳为例佐之。思辨论述精准到位，一剑封喉，切中肯綮。

佳作 15

夜莺的逊与傲

（引人入胜的文题。）

克尔凯郭尔曾言：“夜莺不要求任何人听她歌唱，这是她的谦逊；她也不在乎是否有人听她歌唱，又是她的骄傲。”（引述名言入题，好招法！也是对文题的解析。）夜莺许是知晓听众口味殊异，不强求听众也是一种倾听听众呼声的表现；而不在乎听众听之与否，背后又是一种可贵的自许与坚守。从作家写作到众人生活，我们都应有一点夜莺的逊与傲。（“从作家写作到众人生活”，看得出作者审题精准。）

作家往往要听读者的意见，倾听同胞们的心声呼告，才能把握一个社会、一个时代的脉搏。（先说作家写作。）而我们的生活也总离不开亲友师长的关切建议，离不开左右前后的呼求提醒。（再说“我们的生活”。）另外，每个作家都不是仅为自己写作，每个个体都不是仅为自我营生。为时代写生、为社风擎旗的人总离不开对人群的深刻洞察，而我们每一个夜以继日在自身岗位上挥洒汗水或泪水的人，都背负着梦想与梦魇的重量，其源于对家国的责任。倾听，让我们在书写生活篇章时更有底气，一笔一画都充盈着坚定与力量，带着夜莺的谦逊。（说“倾听”的道理，扣“夜莺的谦逊”。）

但是，生活是如此珍贵，每个人的生活终究要对自己负责，所以，我们必须有一点骄傲——夜莺式的骄傲，才能坚守住属于自己幸福的清泉，听见从内心传出的寂静而动人的夜莺歌声。曾经，福楼拜呕心沥血的《圣安东尼的诱惑》被建议销毁，纳博科夫的《洛丽塔》屡遭查封。后来，博尔赫斯深感《圣安东尼的诱惑》之伟大而为之提笔作序，《洛丽塔》成为纳博科夫及无数少年少女案头的“一派明媚阳光”。读者的呼声有时过于喧嚣，而自己的内心隐隐缭绕的夜莺之歌，才能化内心的骄傲为现实生活的丰盈之骄傲。（福楼拜、纳博科夫两例非常典型，因而具有说服力。）这份骄傲，不是孤高，不是狂傲，而是以真心为火把，踏在人类良知与关怀的漫漫荆棘路上的坚决与大勇、骄傲与英豪。（分析透辟！）敢问卢梭，是什么让你拒绝了路易十五丰厚的年金？敢问卢梭，是什么使你背上千夫指的骂名，向收税的政府说“不”的勇气？（两个“敢问”，问得好！）我听得见，你也听得见，那是对自己良知与关怀的确信与坚守，化作歌唱的夜莺，骄傲高歌，予人以无限生活的勇气。而这不仅丰盈了歌者本身的内心，也哺育了人们与此世间温柔相抚的精神大树。（说“坚持”的道理，扣“夜莺式的骄傲”。）

生活需要倾听的谦虚，永远不需要乞讨；生活不需要目中无人的高傲，但永远需要征途上的骄傲。让夜莺高歌吧，在精神茂盛的大树上，既逊且傲，既安且乐，既此时且永远。（整句收束，曲终奏雅！）

【综评】

本文构思新巧、别致。作者将克尔凯郭尔笔下的夜莺作为文章的主要意象，用夜莺的谦逊来类比作家倾听读者心声、众人倾听亲友建议、个人倾听时代号召的状态，用夜莺的骄傲来类比作家基于良知和坚守的勇敢表达，既生动形象又说理明确。福楼拜、纳博科夫、卢梭数例，既新鲜又适切，同时还体现出了考生深厚的文学积累。

文章主旨突出，脉络清晰，文笔优美，读来仿佛耳边也萦绕着夜莺之歌。

典题 12 “水与盐的哲学”（2019年高考江苏卷）

根据以下材料，选取角度，自拟题目，写一篇不少于800字的文章；除诗歌外，文体自选。

物各有性，水至淡，盐得味。水加水还是水，盐加盐还是盐。酸甜苦辣咸，五味调和，共存相生，百味纷呈。物如此，事犹是，人亦然。

【典题解析】

材料有四句话，从三个层面展开。第一句话选取生活中最常见的两种事物，至淡之“水”和得味之“盐”，说水和盐的个性不一样，旨在强调“物各有性”的常识。中间两句话将水、盐的同物简单叠加和异物的“五味”之间“调和”而“共存相生”以至“百味纷呈”两种生活现象进行比照，意在提示材料的核心内涵：既肯定“物各有性”，更强调事物之间的“共存相生”，从而臻于儒家所倡导的“和而不同”境界。最后一句话由“物”及“事”再及“人”，强调了前面所说的道理既是客观事物发展的基本规律，也是人类社会普遍适用的原则，从而在选材广度和立意方向上为考生拓展了思维空间，提示考生下笔时可以体物，可以叙事，可以写人；当然也可以把人、事、物融合到一起写。

综观材料，“共存相生”当是材料核心，而由此衍生出的“和而不同”也可作为立意点。“共存相生”是事物存在的基本常识，是为人处事的智慧之举，是文明、文化得以赓续的精神之基，更是人类社会交流互鉴的融合之道。“和而不同”追求的终极价值是美美与共，互利共赢。考生不妨联系费孝通先生论述处理不同文化关系的十六字箴言“各美其美，美人之美，美美与共，天下大同”展开，也可以从强化“人类命运共同体”意识、建设“人类命运共同体”生发，再现“多元并举、和而不同”的人际交往愿景，探讨“兼容并包、创新发展”的社会伦理底线，在交流中求同存异，在共建中创新共赢。

佳作 16

百花齐放才是春

（引用名句入题，这也是文章的中心论点。）

作家芥川龙之介在日记中写道：“你不是我，我不是你，所以才想聊聊。”（妙语佳句开头，文章技法之一。值得借鉴。）彼时日本新思潮正盛，文艺界百花齐放，一派繁荣。可好景不长，军国主义蔓延，或为自保，或为避世，多数作家闭口不言，言则大同。百花谢了，文艺的春天就此消失。（一个“可”字，引出了日本状况的变化，而且是变糟了。）

与此同时，大洋彼岸，德先生、赛先生却叩开了中国紧闭多年的大门。当北大“独立之精神，自由之思想”深入人心；当梅贻琦一句“吾从众”敞开思想碰撞的大门；当“五四”精神发扬光大，星星之火燎尽瘴气。（整饬的句式，极具表现力！值得借鉴！）独立、自由、革新，春天也就降临了。（与东瀛的状况形成比照，强化了人们的印象。）

现如今，我们更应当怀有独立与自由之精神，方可不惶惶度日，活成他人的模样。须知，春天只有一种花，那是不好看的。（以比喻强化作者的观点。）

五四运动一百年，百家争鸣过千年。二者时间跨度虽大，做的事却大同小异。两个时代的进步人士如何进步？如何推动了时代的发展？首要是独立。（设问，警人耳目！）你可曾见过哪个学派主动投诚认输的？儒雅承认对方的先进，再友好点出对方不足，也有直接跳脚骂的，可有哪一个甘于拜倒、俯首称臣的？（反问，强化观点。）独立精神，才有思维碰撞的价值，不至于在碰撞中立即消失，双方费时费力，到头来一场空。（强调“思维碰撞的价值”。）而思维碰撞的一大方式就是辩。芥川龙之介同谷崎润一郎的私小说论辩，口舌之战虽烟火四起，却让二者及之外的人更深地认识了私小说。（典型例证，极具说服力！）如同植物扎根一般，一种新思想的完全形成离不开辩。首先必须有独立的思想，这是种子。既是思想，必然有传播的欲望，这同植物扎根一样。当两方及以上一同传播时，就如植物争抢养分，根越扎越深，思想也越来越完备。就连被称为正统的儒家学说，也在后世不断吸取他家思想，从而完备充实，也诞生了陆王心学，有了程朱理学的革新。（以植物喻思想，运用了一连串的比喻，说得形象、清晰。比喻论证的技法。）

然当今目力所及之处，人云亦云者比比皆是，我所见的人，所见的事，犹如重播，千篇一律。如此，何来“百味纷呈”之态？究其本质还是内心的失守，未能守住那颗独立的种子。（现状，不容乐观！）那为何失守？（追问，发人深省。）我想每个人也不愿放弃自己本来的追求。大概是人云亦云比有独立思想的回报更高吧。总说真理掌握在少数人手中，可少数人不能出头，真理就等于不存在。（剖析了原因，不无道理。）而当少数人出了头，必然也会变为多数，此时又有新的少数人诞生。往复循环，百花齐放，春去春又来。（点题文字。这，对考场作文而言，尤其重要！）

我们新时代的青年，更当有独立与自由之精神。不要总以时代为借口，说些什么“随大流”之类的丧气话。有一花独放，方能有百花齐放，春天的花园里，樱花的轻盈才能映衬出茶花的绚烂，桃花的妩媚不同于迎春的俏皮，这许多的色彩和风格调和在一起，才成就最和谐的美。（卒章显志。）

【综评】

文章以芥川龙之介的名言“你不是我，我不是你，所以才想聊聊”开头，实际上揭示了这篇文章的中心——保持个性是“百花齐放”的前提。文章通过正反对比论证，通过“独立精神，才有思维碰撞的价值，不至于在碰撞中立即消失”的原因剖析，依托于“芥川龙之介同谷崎润一郎的私小说论辩”等典型例证，夯实了这个观点。

文章还有一大亮点，通过对当今社会现象的抨击，使文章有针对性，有力透纸背之效。

佳作 17

有“融”乃大

——写给我挚爱的孩子们

（正标题自“有容乃大”化用而来，亮出了观点；副标题指明读者对象。）

我挚爱的孩子们：

你们好！

当你们读到这封书信的时候，2019 年的高考已经尘埃落定了。

莎士比亚说：“凡是过往，皆为序章。”（很贴切的引用！）高考只是为你们的基础教育画上一个句号，高等教育的大门正在等着你们去开启。至于你们将敲开哪家高校的大门，高考的分数是最大的筹码。而高考所有题目中分值最大的一道题——语文的作文——肯定是你们最关心的，也许还是最没底的。（从考生切身利益开聊，拉近彼此的心理距离。）

最大的困惑莫过于审题立意吧？（引出话题，非常自如。）

说水就说水，说盐就说盐，哪怕你说盐水。说“水加水还是水，盐加盐还是盐”，这在哲学上站得住脚吗？因为“水”和“水”未必一样，“盐”和“盐”也未必一样，各自加到一起还是那个“水”和“盐”吗？本来好好地说“物”，又说到“事”，还说到“人”。真是好烧脑啊！（用轻松的语气，让读者对作文材料的思绪纷飞。）殊不知，一言以蔽之，作文材料所营造的语义倾向是有“融”乃大。（一个“殊不知”，凸显了作者对材料的深度认知。）

你们可以从国家、民族的层面来观照。（“宏大叙事”的角度。）都知道“胡服骑射”的故事吧？战国时期的赵武灵王把赵国打造成“战国七雄”之一，很大程度上就得益于他的能“融”。都知道唐朝的长安城是当时世界上有名的都城，东夷西戎南蛮北狄纷纷来朝自不必说，就是阿倍仲麻吕这样的国际友人在当时的长安城里也大有人在。都知道元朝是中国的疆土最阔大的一个朝代，这固然和马上征战的剽悍传统有关，与大国的开放的心态也息息相关，著名的意大利人马可·波罗就是在元世祖忽必烈任上来到中国，并且和忽必烈建立了深厚的友谊的。（三个历史时期的典例，很有说服力的论据。）“三人”都可以“成虎”，（“析词”的修辞格。）何况我们这货真价实的史实！

你们也可以从个人层面来考察。（从切己的角度展开。）韩愈在《师说》里说“孔子师郯子、苌弘、师襄、老聃”，而且明说“郯子之徒，其贤不及孔子”，孔子愣是以“三人行，则必有我师”的心态“融”成一代宗师、万世师表。经年累月、积金琢玉而成的大型学术札记《日知录》是顾炎武“稽古有得，随时札记，久而类次成书”的，确实当得起顾炎武“平生之志与业皆在其中”的自负，人与书都当得起潘耒“先生非一世之人，此书非一世之书”的誉评。钱锺书先生在古今中外浩如烟海的书林中畅游，皇皇130万字的《管锥编》引述了四千位著作家上万种著作中的数万条书证，考论词章及义理，打通时间、空间、语言、文化和学科壁障，新说创见频现，遂成一代大家、“学术昆仑”。（又是三个典例！）他们的大成都在于“融”。（扣紧中心论点阐释所举典例的内蕴。）

如果你们愿意从哲学的角度谈谈“扬弃”，从政治的角度说说“人类命运共同体”，我想也是题中应有之义。（详写了“国家、民族的层面”“个人层面”后，又提供了两个角度，为考生拓宽行文思路。）

如果你们想起了鲁迅先生的“无尽的远方，无数的人们，都与我有关”，或者想起了约翰·多恩的《没有人是一座孤岛》，想引用到文章中，这自然是极好的，既为论证助力，更为文本增色，只是要从“融”的角度去剖析一下。（巧妙地提供了两处适合引用的文字，艺术地秀出自己的积淀。）

说得不少了，就此打住。

祝你们得高分，上金榜！

你们的老师 ×××

2019 年 6 月 7 日

【综评】

本文选用了书信体，便于自由地发挥，这是一种智慧的选择。作者从材料中提炼出有“融”乃大的中心论点，然后围绕中心论点，从多个角度有序地展开，用一则则典例有力地支撑起中心论点。多处引用文字为文章增添了书卷气与文化味。行文大气、从容，殊为难得。

典题13 文明的韧性（2019年高考北京卷）

阅读下面的材料，根据要求写一篇不少于700字的作文。

“韧性”是指物体柔软坚实、不易折断的性质。中华文明历经风雨，绵延至今，体现出“韧”的精神。回顾漫长的中国历史，每逢关键时刻，这种文明的韧性体现得尤其明显。中华民族的伟大复兴，更需要激发出这种文明的韧性。

请以“文明的韧性”为题，写一篇议论文。可以从中国的历史变迁、思想文化、语言文字、文学艺术、社会生活及中国人的品格等角度，谈谈你的思考。

要求：观点明确，论据充分，论证合理。

【典题解析】

这道作文命题通过对中国历史关键时刻的回顾、对中华民族伟大复兴现实需求的思考，激发考生深刻领悟中华民族的品格与精神，加深对中华文化的理解与认同，增强文化自信。从而引导考生深入领悟中华文明“韧”的精神内核。中华五千年文明，靠什么维系下来？在世界所有古代文明消失、断裂而不复存在的今天，为什么唯有中华文明能源远流长、生生不息？在中华复兴的伟大征程上，作为接班人的莘莘学子更应该思量。

文明，是有韧性的，当如蒲苇韧性如丝，又如磐石无转移。在战乱岁月，中华文明表现出了坚固柔软、刚柔相济、不折不崩、包容融合的超凡气度。正是这种韧性，每每在波诡云谲之下、黑云压城之时、劫波危厄之中、大厦将倾之际，赋予中国人民忍耐、笃定、奋进、不屈的罕见内力和恒心，每每迎来斗转星移、天开云淡的时刻。这种韧性来源于儒家的修身养性、成仁守义，来源于道家的道法自然、刚柔并济，来源于先贤的公而忘私、先忧后乐，来源于夸父的不舍、精卫的不弃、刑天的不屈、愚公的不止、屈原的不生、苏武的不忘、太史公的不拔；也来源于有鲜明独特、奋发向上的革命文化，承前启后、继往开来的社会主义先进文化。这些最基本的文化基因，是中华民族和中国人民在修齐治平、尊时守位、知常达变、开物成务、建功立业过程中逐渐形成的有别于其他民族的独特标识。

下笔为文时，可以联系历史，从文学、文化、文字、品格、生活等多角度进行思考，确定立意，诸如中华文明的韧性，助力民族复兴；文明的韧性，让华夏文化源远流长；让文明的韧性，照亮中国新时代；文明的韧性，造就华夏品格；韧性，让中华文明更有生机；等等。

佳作 18

文明的韧性

近年来，每当负面新闻爆出的时候，都有网友感叹世风日下、人心不古。那么，中华民族向来引以为豪的文明，真的在经济大潮中渐行渐远了吗？（从负面新闻落笔，很有现实感，让文章的针对性得到凸显。）

事实告诉人们，答案是否定的。（这是议论文语言鲜明性的体现。）就拿每年都让无数国人心灵震撼的“感动中国”人物颁奖典礼来说，每一个入选者身上都传承着中华文明，都是中华文明韧性的明证。（“感动中国”人物颁奖典礼，非常富有说服力的明证。对下文从三个维度展开的文字具有统摄作用。）

“医者仁心。”（说“仁”。）白衣天使当是最能体现“仁”的韧性的人了。2016 年“感动中国”入选者——成都市第三人民医院的骨科医生梁益建，作为国内首屈一指的极重度脊柱畸形矫正专家，多年来，他亲自主刀，挽救了上千个极重度脊柱畸形患者的生命。（典例，很有表现力。）“自谦小医生，却站上医学的巅峰，四处奔走募集善良，打开那些被折叠的人生，你用两根支架，矫正患者的脊柱，一根是妙手，一根是仁心。”如此颁奖词，便是对“仁”的韧性的最高赞许。

“无信不立。”（道“信”。）这句话道出了“信”的意义。2010 年 2 月 9 日，腊月廿六，湖北黄陂籍建筑老板孙水林带着 26 万元现金，驾车从天津赶往武汉，准备给工程队的家乡民工发工钱。次日凌晨，在河南开封不幸发生车祸，孙水林一家五口遇难。事发后，他的弟弟孙东林忍住巨大悲痛，决定替哥哥完成遗愿。“新年不欠旧年薪，今生不欠来生债——这是我们兄弟俩一生的信念。”孙东林如是说。（孙氏昆仲的事迹非常感人，也是一则典例。）“他们为尊严承诺，为良心奔波，大地上一场悲情接力。雪夜里的好兄弟，只剩下孤独一个。雪落无声，但情义打在地上铿锵有力。”这便是对“信”的韧性的最高赞许。

“舍生取义。”（言“义”。）这是“义”的最高境界。2006 年，兰州空军某部飞行员李剑英完成训练任务驾机返航途中，遭遇鸽群撞击。此时，飞机高度 194 米，跳伞就能保住生命。从鸽群撞击点到飞机坠毁点 2300 米跑道延长线的两侧 680 米范围内，分布着 7 个自然村。如果跳伞后飞机失去控制，坠入村庄，后果不堪设想。16 秒的时间内，他毫不犹豫地选择了迫降，壮烈牺牲。（一连串的数字，勾勒出一个英雄的生命最后的精彩。）“他是一名军人，自然把生命的天平向人民倾斜。飞机无法转弯，他只能让自己的生命改变航向。”如此颁奖词，便是对“义”的韧性的最高赞许。

无须将时间再往前翻，无须再列举文明的其他类型，仅仅通过上面的几个人物，人们就已经见识了中华文明强大的韧性。（管中窥豹，以点见面，也是行文常用的技法。）为什么我们的民族伟大而充满活力？依我看，拥有充满韧性的文明，便是答案！

【综评】

本文从负面新闻爆出时有网友感叹“世风日下、人心不古”入手，切入“文明的韧性”这一话题，继而以鲜活的事实证明中华文明强大的韧性，审题到位，论述有力。

特别值得称道的是，作者在材料的性质及材料使用顺序上是煞费苦心的。从材料的性质看，几个人物分别展示的是文明中的“仁”“信”“义”，也让文章的主体部分厚重而有序；从材料的顺序看，有时间上的先后顺序，意在暗暗扣合文明“韧性”传承中的时间延续性。对于这一点，考生在文末又用“无须将时间再往前翻，无须再列举文明的其他类型”加以点明，以免自己的一片苦心被阅卷老师忽略。

典题 14 “生活中的‘器’”（2018 年高考天津卷）

阅读下面材料，根据自己的体验和感悟，写一篇文章。

生活中有不同的“器”。器能盛纳万物，美的形制与好的内容相得益彰；器能助人成事，有利器方成匠心之作；有一种“器”叫器量，兼容并包，彰显才识气度；有一种“器”叫国之重器，肩负荣光，成就梦想……

要求：① 自选角度，自拟标题；② 文体不限（诗歌除外），文体特征明显；③ 不少于 800 字；④ 不得抄袭，不得套作。

【典题解析】

作文研究专家王浴海先生有言：“想透，是写好的前提！”这道材料作文题尤其如此，因为“器”内蕴丰厚。材料本身涉及“器”的形制和内容、物质与精神、功能及象征诸多层面。可以是实物的“器”，如礼器、装饰类器、实用类器等，既写“器”身，也写“器”神；可以是器量、才识、气度维度的，说说如何“成器”；可以写写热词“大国重器”，写写担当大任、造福民生、保家卫国、提升大国形象的国之栋梁们，挖掘他们身上的担当意识、奋斗精神、家国情怀，指出他们对国家、民族发展的重大意义；还可以思索“器”与“道”的关系（《易经》：“形而上者谓之道，形而下者谓之器。”），挖掘其中的文化、历史、哲学意蕴……构思行文时，诸如“玉不琢，不成器”“工欲善其事，必先利其器”“君子不器”（有君子当心怀天下，不应该像某个器具一样只作用于某个方面的意思）之类的名句可以催生你的智慧，帮助你拓宽思路。

佳作 19

“国之重器”赞

“国之重器”是什么？支撑一个国家存在和崛起的物或人，就是“国之重器”。（开篇设问，诠释核心概念，引人瞩目！）前两天在报纸上读到题为“国之重器，人才为要”的评论，不由沉思：看我煌煌中华，可称“国之重器”者谁？（再设问，引起下文。有结构意识的表现。）

想到了小个子巨人。（“小个子”是客观事实，“巨人”是主观认识：对邓小平同志的特色化表述。典例一个。）“贫穷不是社会主义！”振聋发聩的吼声过后，改革开放的大幕訇然中开，古老的中国开始了走进新时代的匀加速接力。你看，科学发展，和谐发展，那双手紧紧握住的是江山锦绣；你看，“两个一百年”的构想，正谱写着中华民族伟大复兴的序曲。（两个“你看……”，对四十多年领导人的治国理政理念的高度概括。）胸怀使命，热血担当，高瞻远瞩，东方巨轮在领航人的挥手中不断破浪乘风。

想到了那一张张智慧的面庞。（领起句。行文层次清晰的技巧！）为寻找最合适的安放地，“天眼之父”南仁东带着300多幅卫星遥感图，跋涉在中国西南的大山里；为提取青蒿素，屠呦呦40年如一日，历经近200次的失败，最终取得成功；黄大年以超负荷的付出，填补了我国在深部探测关键领域的技术空白。（三则典例，很具代表性，很有说服力！）超凡的智慧，辅以执着的努力，才成就了这让人敬仰的国之重器。

想到了那一个个正直的名字。（还是“领起句技巧”！）在身缚各种各样“绳索”的大环境下，顾准保持着清醒的头脑；在举国上下皆疯狂的时代，张志新坚持真理，发出泣血的质疑与呐喊；在经济利益高于一切的大潮下，有固守良知正义、敢于向一切不合理挥刀的坚强女性王选，有媒体人白岩松、柴静……他们是这个民族的脊梁。（又是组合论据，而且都是典例。）

又想到了那一双双舞动的手。（仍然是“领起句技巧”！）地动山摇过后，洪水肆虐之时，绿色的方阵瞬时现身，他们用血肉之躯撑起倾斜的天柱，以紧紧握住的手为百姓搭起安全的环岛；炎热的烈日下，凛冽的寒风中，有身着各色工装的身影，他们手中的铁钳、瓦刀、方向盘，像极了舞台上的各种形制的乐器；还有润物无声的教师、加班加点的医生、走街串巷的快递员、扮美城市的清洁工……（一组泛例，拓宽了文章的范畴。）每个人用各有所长的双手，推动着社会的优雅徐行。

领袖、智者、思想者、士兵、普通劳动者，每个人以自己特有的方式诠释着“国之重器”的具体内涵，这一词汇的色彩与蕴涵也得以丰富起来。（总括上文，揭示“国之重器”的丰富内蕴。）

“为什么我的眼里常含泪水，因为我对这土地爱得深沉！”（引用著名诗人艾青的名诗句，从“爱”的角度谈成就“国之重器”的实质。）爱得深沉，所以竭力；爱得深沉，所以尽心。竭力尽心，方成“国之重器”。

【综评】

开篇设问解题，明确国之重器就是“支撑一个国家存在和崛起的物或人”，然后借时评标题，表明自己会从“人”的角度切入。主体部分从四个方面对可称“国之重器”者做了具体的描写与礼赞：领袖的高瞻远瞩、智者的创新、思想者的敢言、普通人的奉献。这些人各自以自己的方式诠释着“国之重器”的具体内涵。最后点明“竭力尽心”乃是成为“国之重器”的基本条件，启发读者。全篇思路清晰，结构严谨，语言流畅大气，是一篇很有特色的考场佳作。

典题 15 “浙江精神、浙江故事与浙江传奇”（2018年高考浙江卷）

阅读下面文字，根据要求作文。

浙江大地，历史上孕育过务实、知行合一、经世致用等思想，今天又形成了“干在实处、走在前列、勇立潮头”的浙江精神。

在与时俱进的浙江文化滋养下，代代浙江人书写了一个又一个浙江故事，创造了一个又一个浙江传奇。

作为浙江学子，站在人生新起点，你有怎样的体验和思考？结合上述材料，写一篇文章。

注意：① 角度自选，立意自定，题目自拟；② 明确文体，不得写成诗歌；③ 不得少于800字；④ 不得抄袭、套作。

【典题解析】

材料分三段呈现：第一段明确了浙江精神的内涵，既有历史渊源，也有现实表达；第二段说在浙江精神（文化）滋养下叙写的浙江故事与传奇；第三段的“体验和思考”主要是对文体的要求，“思考”指向议论文，“体验”指向记叙文，而对未满20岁的学子而言，对这宏大主旨背景下的“体验”其实难以措手，所以，此题还是以写议论文为宜。

细读材料，它的核心立意是：作为浙江学子，应如何传承和践行浙江精神，如何发扬浙江文化。考生可以以材料第一段所列举的“务实、知行合一、经世致用”和“干在实处、走在前列、勇立潮头”语汇选择几个或者抓住一个做文章；也可以立足于自己对“浙江精神”的理解，选择创新、担当、开放等行文。

落笔时要注意化大为小，化虚为实，化抽象为具体。

佳作20

沐浴浙江精神的荣光

社会映照时代，时代又是社会的反映。在如今这个高速发展的时代，浙江作为经济强省，如何能在高速发展的社会中紧跟时代的步伐？（设问，容易引起读者的关注。）以吾之拙见，应以浙江文化为先，以浙江精神为领，书写浙江故事，创造浙江传奇。（从社会、时代的关系入手，兼及浙江文化、浙江精神、浙江传奇等关键语汇。）

何为浙江精神？（设问句，既吸引读者的注意力，也体现清晰的行文层次。这是说

“是什么”。）今天的浙江精神即“干在实处，走在前列，勇立潮头”的思想观念。电商航母——阿里巴巴的创始人马云毕业于杭州师范大学，他学到的、领悟到的便是浙江精神。阿里巴巴为什么能一船独大，在电商洪流中砥砺前行？在“电商不当道，线下零售是王道”的时代，马云为什么敢走在前列，开启电商之路？因为他身上所具备的“浙江精神”，让他敢于走他人不敢走之路，让他以“干”“创”“冲”为核心，开启新时代的大门。（以成功人士马云为例，说浙江精神的神通，很具说服力。）

浙江精神从何而来？（还是设问句。说“从哪里来”。）提到浙江，许多人想到的便是有“人间天堂”之称的杭州，脑海中浮现的便是西湖十景之风光，然而，却鲜有人知晓浙江文化之深厚。浙江是个人文圣地，曾孕育出了务实、知行合一、经世致用等人文思想，也曾孕育出王阳明等思想伟人。也正是这样深厚的文化底蕴，孕育了“浙江精神”。（在与自然风光的比照中，引出对浙江文化的重视。）

如今，随着G20峰会的召开，（G20峰会，很有时代感。）浙江这样一个人文大省、经济大省逐渐被大众所关注。（“逐渐”一词似乎不很妥当，好像浙江刚刚进入人们视野似的；其实，浙江一直引人注目！可以改为“更加”。）G20峰会召开期间，外国宾客无不为浙江、杭州惊叹——浙江的美景令其惊艳，浙江的文化令其陶醉，浙江的精神令其敬佩。（整饬的排比句，紧扣浙江的文化、精神行文。）

而在这高速发展的时代，我们能做的就是弘扬浙江精神，传承和发展浙江文化，以浙江精神为领，以浙江文化为先，书写浙江故事，创造浙江传奇。未来的日子里，我们要肩负起富强浙江的伟大责任。让浙江在时代洪流中大放异彩，让浙江勇立潮头。（落到自身，强调担当，不同寻常的思想境界！）

迷途漫漫，终有一归。（很有味道的语言。）浙江精神源于深邃的浙江思想，浙江思想源于深厚的浙江文化。梁启超说：“前途似海，来日方长。”未来的路很长，因此，我们更应传承和发展浙江文化，弘扬浙江精神，保其不朽于世。

以浙江精神的光芒照耀浙江，以浙江文化的魅力引领发展，让浙江勇立于发展之潮流，是身为浙江学子的我们不可抗拒的责任。（再度申述“责任”，算得上曲终奏雅。）

【综评】

这是一篇典型的论述文。文章开篇从社会和时代的关系入手，迅速亮出自己的观点。观点囊括了材料中的浙江文化、浙江精神、浙江传奇等关键词，充实且精准。而在观点之后，考生就“是什么”“从哪里来”“怎么做”三个方面探讨了浙江精神，层层深入，逻辑严谨。结尾处提出希冀，卒章显志。

今天，众多2000年出生的考生走进高考考场。18年过去了，祖国在不断发展，大家也成长为青年。

请以“新时代新青年——谈在祖国发展中成长”为题，写一篇议论文。

要求：观点明确，论据恰当充实，论证合理；不少于700字；将题目抄在答题卡上。

【典题解析】

不难看出，这个命题的关键点在“新”，主体内容是“成长”。行文之先，必须弄清楚“新”的内涵：时代有哪些新特征？青年人有哪些新特点？新时代是“互联网+”，新时代是“地球村”，新时代是快节奏，新时代是高科技，新时代强调“创新”……新青年是志存高远的，新青年是朝气蓬勃的，新青年是锐意创新的，新青年是敬业奉献的……新青年身处新时代，自当与时俱进，自我成长，进而以己所长来助推时代发展，为中华民族伟大复兴的“中国梦”，为世界和平发展做出自己的贡献。行文之时，要注意锁定观点，围绕锁定的观点展开；要有恰当充实的论据来支撑观点，比如“佛系青年”“斜杠青年”“十杰青年”等；要安排恰当的论证结构，诸如层进式结构、对照式结构。

佳作21

新时代新青年
——谈在祖国发展中成长

“节物风光不相待，桑田碧海须臾改。”（引“初唐四杰”之一的卢照邻《长安古意》句，说世迁时移。古雅，诗意！）如今，青年人已经走到了一个重要的历史坐标点——“新时代”。新时代里，新青年们要摆出怎样的姿态？（设问，引人注目。）未来国家的中坚力量，此时无须挥斥方遒，也不必指点江山，在我看来，只需脚踏实地，心向远方。（先否定，后肯定，鲜明地亮出文章中心论点。）

放眼当下，令人遗憾和忧虑的是，“佛系”与“丧文化”正在不知不觉中侵蚀着某些青年人的心灵，使他们采取一种“什么都行，不大走心，看淡一切”的活法。（反例，也是范例，足见问题之普遍性，之严重性。）其原因固然是多元的，但是“高不成低不就”的工作和沉溺于眼前苟且的低俗趣味无疑占极大比重。（分析原因，直抒己见。）此时，他们应当有脚踏实地、心向远方的精神。（落脚到文章的中心论点上来。）

“苔花如米小，也学牡丹开。”（引述袁枚诗句，非常切合情境。）技校生看似平庸，而聂凤却能在世界技能大赛上因剪发展现出“大国工匠”的气概，怎能不使“群聚而笑之”之徒黯然失色！职业无贵贱之分，只要脚踏实地，在平凡的岗位上也能够创造不平凡。（典例，议论风生，暗用《师说》的文句意旨，又有“大国工匠”这样的时代语汇，有融通古今之妙。）

将个人素养与国家复兴的“中国梦”相结合，应成为新时代青年的人生信条。在北大数学系被奉为“天才”的付云皓，注意到我国在数学基础教育方面的短板，便放弃高端研究转而成为一名大学数学教师，（还是典例。）他与为“中国制造”而奋斗的工人们一样，都具有超越小我的气度。肩挑家国重任，他们都值得点赞。（找到聂凤、付云皓们的共同点“肩挑家国重任”，盛赞之。）

伊斯兰教创始人穆罕默德曾言：“如果你有两块面包，你得拿出一块来换一朵水仙花。”（再度引用，为下文的典例张本。）作为新时代的青年，我们要学习雷海为，像他一样在平凡的生活中不抛弃、不放弃对“诗和远方”的追求。（看到了“许三多精神”，也看到了高晓松广为流传的警句。结合前文的多处引用和举例来看，作者的知识面够广！）他用中华诗词滋养精神家园，收获的是姹紫嫣红的美景。

雷海为自食其力，谁能说他不是脚踏实地呢？他以一己之身观照中华民族文化命运，目光如炬照亮文化自信之路。天地之道，尽在胸臆。在他身上，我们看到的是心向远方的灵魂。（扣住中心论点来议论，揭示雷海为大有作为的实质。）

“中国梦是过去的，当下的，也是未来的，它终将在青年们的奋斗中变为现实。”从聂凤、付云皓、雷海为这三位青年身上，我们看到了他们在追求自我与国家担当两方面的奋斗。（综论，落在中心论点上。）脚踏实地，心向远方——这是我们青年人交给时代的满分答卷，是响应时代号召的最美姿态。

新时代，是国家全面转型的时代，是每个人全面发展的时代。造次必于是，颠沛必于是。（征引《论语》金句，强调对“脚踏实地，心向远方”的坚守，可谓曲终奏雅。）而我们青年，心向远方，砥砺前行。

【综评】

文章开篇用诗句引题，提出新时代新青年应该采取的正确做法，总领全文。行文中作者注重对比。先分析揭示“佛系”与“丧文化”的侵蚀，由此亮出正确的做法。文章注重引用和理论相结合，尤其是对职业学校的学生也大有发展的举例很准确，分析职业无贵贱，突出个人素养提升的重要性。行文注意重点议论，特别是对付云皓的分析、对快递小哥雷海为的议论，可谓理据充分，论证有力。结尾语言精练，并能适当发出号召，照应全篇。层现错出的恰当的引用文字，三个典型例证，都展示了作者日常阅读的积淀之丰厚。

当然，如果在运用典例的同时，辅之以组合论据，会让文章的说服力更强。

佳作 22

新时代新青年

——谈在祖国发展中成长

文天祥曾言：“慨然有神州陆沉之志，发而为中流击楫之歌。”（从文天祥名句起笔，格局为之一大！）新时代青年也当有巨龙腾飞之志，为中流击楫之歌。（扣住新时代青年来说，切题快捷！）今日新时代的我们已十八岁，成年的同时见证了祖国的发展，我们应深感巨龙腾飞之责任重大，与时俱进，用青春点亮中国梦。（明确文章观点。）

回首过往，我们的青春伴祖国成长。（体现文脉的关键句。）

我们见证了中国入世成功时举国欢庆的盛况；我们目睹了汶川地震发生后全员救援的壮举；我们听到了“一带一路”提出时亚欧各国的欢呼；我们嗅到了塞罕坝人耕耘后千里青林的清香。（组合论据。有大家熟知的，如前三例；也有相对新鲜的，如第四例——2017 年，联合国环境规划署将“地球卫士奖”授予塞罕坝林场建设者，以表彰他们变莽莽荒漠为郁郁林海的勋业。）从私人电脑寥寥可数，到今日神威·太湖之光超级计算机震惊全球；从铁路、航空仅为都市专利，到今日“村村通”连接乡镇。（举例中有对比，让读者直观地感受到祖国的发展，颇具说服力。）世纪交织，岁月激荡，时代与青年碰撞，溅出了烁目的火花。（整饬的句式！很有美感的表达。）然而，回首望去，成就终是上一辈人以血汗铸就，对于迈向成人的我们，舞台的帷幕才刚刚拉开。（过渡句，勾连着上下文。看得出作者强烈的结构意识。）

把握当下，我们此刻与祖国同在。（还是体现文脉的关键句。）

十八岁的我们，成熟而青涩，沉稳而活泼，在迷茫中清醒，在动摇中坚定。纵然挑灯夜战疲惫了双眼，即便题海无涯磨炼着意志，我们的心中仍装着不变的愿望——为 2020 年全面建成小康社会贡献自己的力量！（“纵然……”“即使……”用词富于变化，所议文字传递的是正能量。）李大钊曾言：“青年之字典，无‘困难’之字，青年之口头，无‘障碍’之语；惟知跃进，惟知雄飞，惟知本其自由之精神，奇僻之思想，敏锐之直觉，活泼之生命，以创造环境，征服历史。”（精准引用，佐助论证说理的展开。）愿十八岁的我们与蓬勃发展中的祖国共勉。

为时代之青年，须胸怀天下，关注四海。今日天下，随着信息网络突破时空局限，经济全球化令天下人休戚与共，世界已不再是重重阻隔下的分散文明，而是阡陌交通的地球村。青年亦不仅关乎一国之兴亡，更应致力于万民太平。（说世界之变，谈青年也应该随之而化，“致力于万民太平”。）你是否看见瘟疫肆虐的异国村巷中，无国界医生用生命守护的平安之墙？你是否看见战火蔓延的北非，蓝盔部队以血肉之躯捍卫一方安宁？虽然中国已然富强，但需知新时代仍需四海安宁，为时代青年，应担天下之责。（强调“时代青年，应担天下之责”。）

青年生于时代，而时代更应由青年造就。正如习总书记说：“青年是标志时代的最灵敏的晴雨表，时代的责任赋予青年，时代的光荣属于青年。”（引用总书记金句，强调新青年在新时代的责任。）新的时代，属于刚成年的我们，接下时代的接力棒，担国家重任，胸怀天下，新时代中国的崛起，仍待你我，携手共创。（发出号召，因为融入自我而不觉虚空。）

【综评】

本文选材精当，精心选取了中国变革与发展中的事件，巧妙组合，铺陈排比，句式凝练，颇具抒情表意之功效，语言风格独特。从文天祥名句入手，以“回首过往……”“把握当下……”连缀全篇，有文气贯通、逐层深入之妙。文章扣住“新时代新青年”展开，既有时局现状之分析，也有奋斗前行之榜样，更有努力创造之号召，内蕴深厚。

非比寻常的是，本文站得高，看得远，格局大。

典题 17 “被需要”（2018 年高考上海卷）

生活中，人们不仅关注自身的需要，也时常渴望被他人需要，以体现自己的价值。这种“被需要”的心态普遍存在，对此你有怎样的认识？请写一篇文章，谈谈你的思考。

要求：① 自拟题目；② 不少于 800 字。

【典题解析】

材料中说“人们不仅关注自身的需要，也时常渴望被他人需要”，看似说及“需要”和“被需要”两个关键词，其实，“被需要”也在“需要”范畴，只不过“被需要”指向精神层面。所以，这是一道题旨非常明确的作文题：围绕“被需要”和“价值”两个核心概念表达自己的认识、思考。从文体角度看，显然是议论文路数。

考究“被需要”的内核，实际上有“利他”和“利己”两个维度。真正着手为文，可以从几个层面入手：第一层，“被需要”体现的是人生价值，人们通过自身的努力，让自己成为对他人、对社会有用之人；第二层，“被需要”是一种责任与担当，要有一种舍我其谁的气度与胸怀，利家利国利天下；第三层，“被需要”是一种幸福，一种使命，它能成就自我崇高的精神境界，当个体接纳这种“被需要”的使命并不断强化时，人类文明进程也能被不断推进。

当然，对于“被需要”的价值也要理性分析，不可一概而论。因为一个人的价值并不全在“被需要”，尤其是对于那些无偿之物，或者不求回报者。

佳作 23

做自己的主人！

生活中，人们不仅关注自身的需要，也时常渴望被他人需要，这种“被需要”的心态普遍存在。（说“被需要”的心态之普遍性。）

有这样的心态，是因为它根植于人性深处对价值感的需求。（分析“被需要”的心态之普遍性的原因。）**它与马斯洛需求层次理论中的金字塔尖“自我实现”的需求息息相关。**（寻找“被需要”的心态的理论依据。虽然是广为人知的理论，还是有一种“高大上”的感觉。看来，理论武装对议论文的写作是有必要的。）**这一需求即使在历史的宏大叙事里也显而易见，四百多年前，机器被发明出来，人们惧怕工作被取代从而不再被需要，放火去焚烧机器，这就是英国历史上著名的“卢德运动”。**（在历史事实中观照“被需要”的心态。）**在今天，人工智能引起的质疑也与对人的价值的磨灭的担忧**

密不可分。（说当今社会人们还是受着“被需要”的心态的支配。）

但是，从更大的角度来看，其原因还在于人的社会性。从客观上看，国家和社会出于稳定政治秩序的目的，宣扬人们作为一个集体的意义，而弱化人的个体性。而主观上，由于处于这种民族家国的意识形态中，人们不自觉地渴望被他人需要，不断通过在集体中找寻自己的位置、为集体做出贡献来实现自己存在的意义，构建安全感与认同感。（从“客观上”与“主观上”两个方面分析“被需要”的心态源于“人的社会性”。）

然而，本性与本心常常相互违背。一个人过于渴望被他人需要，那么他就有把自己异化为“物”之嫌。（指出“被需要”的心态之弊，这是本文见识高人一筹之所在。）由于他人或好或坏的评价都将增添或削弱我们的尊严，我们的一举一动都被他人的需要所控制，那我们就失去了对自己生活的掌控。（分析“被需要”的心态何以为“弊”。）正如萨特在《禁闭》中所写的，几个人的灵魂死后堕入地狱，地狱中没有烈火，只有一间封闭的密室，人们的一举一动都只能在他人在场的情况下进行，令人痛苦不堪，于是主角感叹：“要什么刑架，他人就是地狱！”（以萨特的《禁闭》为佐证，强化“他人就是地狱”的认识，是从反面强调“做自己的主人”的价值。）生活中，我们因渴望“被需要”，或追名逐利，焦虑不已；或违背本心，做别人认为对的事情。这种在别人的影响下失去自由意志的行为，不就是萨特所说的“地狱般的痛苦”吗？

人，应当发现自己的价值所在，而不是通过“被需要”来实现自己的价值。（对比行文，强化自己的认知。）

因为，人是自己的目的，不是别人的手段。（哲理性的语言，而且单独成段，给予读者深刻的印象。）

只有了解自己的真正价值所在，不被他人需要时，也不会有损我们一丝一毫的价值，而被需要时，我们的价值反而有所增益。从而，我们将生活真正掌控于自己的手中，不被他人的喜恶所影响，我们所做出的每一个举动都是独立选择的结果。（申说“做自己的主人”的好处。）只有这样，我们才算得上是真正自由的。

当斯特里克兰德背弃妻子、逃离社会，来到孤岛上追逐梦想时，尽管他的画无人鉴赏，但他就是自己的王；（出自英国作家毛姆的《月亮与六便士》。该书情节告诉我们，斯特里克兰德去世后，画作价值连城。）当桑提亚哥载着月光下泛白的鱼骨返航，能养活人们一个冬天的大马林鱼没有了，他不再被需要，但他战胜了鲨鱼，更战胜了自己。（出自美国作家海明威的《老人与海》。主人公桑提亚哥的“人可以被毁灭，却不可以被打败”成为世世代代相传的不朽精神。）

人，应当做自己的主人。（重申全文的中心论点。）

【综评】

这是一篇满分作文。

文章主要有两大特点：一是论证分析的深刻严密。在分析“被需要”的心态普遍存在的原因时，先用马斯洛的需求层次理论揭示了“人性深处对价值感的需求”，又从社会学原理分析国家民族的存在客观上要求人们“在集体中找寻自己的位置”“实现自己存在的意义”。基于如此分析，“本性与本心常常相互违背”的“自我异化”的情形凸显，“做自己的主人”的中心论点就顺理成章了。其“引用材料—反思材料提出的问题或现象—多角度分析原因—给出解决问题的办法”被视为上海作文的“深刻思辨的经典思路”。二是论据运用的灵活多样。无论是萨特的存在主义哲学，还是中外文学、历史等，作者信手拈来，足见日常阅读之功。

典题18 “语言”（2018年高考江苏卷）

根据以下材料，选取角度，自拟题目，写一篇不少于800字的文章；文体不限，诗歌除外。

花解语，鸟自鸣，生活中处处有语言。

不同的语言打开不同的世界，音乐、雕塑、程序、基因……莫不如此。

语言丰富生活，语言演绎生命，语言传承文明。

【典题解析】

这则作文材料共三句话：第一句话从“花解语，鸟自鸣”立足，涉及植物、动物（飞禽）界，遑论人类；足见“生活中处处有语言”。第二句话列举了“音乐、雕塑、程序、基因……”诸多领域，说明不同的世界有不同的语言，“不同的语言打开不同的世界”，从艺术与科技等维度，展示了人类文明所构建的语言体系。考生可以从中或受其启发另外选取某种“语言”落笔。第三句话“语言丰富生活，语言演绎生命，语言传承文明”从三个方面表述了语言的功用、意义和价值，其实是从三个层面引导考生展开联想，打开思路。

如此说来，面对此题，考生的写作空间还是很大的，可以缩结关于语言的故事，以叙事写人取胜；可以审视语言的前世今生，比如方言的渐次消解等现象，阐述自己的见解；还可以选择其他的能够施展自己写作才华的文体去完成写作任务。

我们可以联系日常积累的与语言有关的名句、熟语来拓展思维，从而找到写作的切入点。比如:《论语》中的“君子不以言举人，不以人废言”;《左传》中的“言之无文，行而不远”;《庄子》中的“狗不以善吠为良，人不以善言为贤”;《荀子》中的“与人善言，暖于布帛；伤人之言，深于矛戟”；杜甫的“为人性僻耽佳句，语不惊人死不休”；冯梦龙的“真人面前说不得假话”；席勒的“思考是我无限的国度，言语是我有翅的道具”；马卡连柯的“只有学会在脸色、姿态和声音的运用上能作出二十种风格韵调的时候，我就变成一个真正有技巧的人了”；俗谓的“沉默是金，雄辩是银”；“酒逢知己千杯少，话不投机半句多”“见人说人话，见鬼说鬼话”……由此，我们可谈语言的艺术，语言的技巧，语言的魅力，说与做，说中的真与非真，话中窥人……

特别要说清的是，虽然“语言”内涵非常丰富，诸如有声无声，有形无形，人类非人类，等等，但是，语言与“说话”不是同一概念，语言与“声音”也不是同一概念，搦管为文时要有必要的诠释、交代。

特别要强调的是，文章的展开必须围绕“语言”这个对象。立意在新颖度和深刻度方面有所追求。

佳作 24

做个“知言之人”

（拟制标题用动宾结构，亮明中心论点。）

韩愈有言：“不知言之人，乌可与言；知言之人，默焉而其意已传。”（以引用入题，很好的路数。）

“知言”，孤立地看，可以是能言善道，也可以是善解人意（包括非人之意），就韩愈对举着的行文看，当是后者。这也是本文所神往的“默焉而其意已传”的境界。（因为引用文字本身相对冷僻，作者对核心概念“知言”进行了诠释，旨在帮助读者统一认识。这是必需的步骤。）

然而，谈何容易！（笔锋一转，引出下文。）

波兰作家雅-伊瓦什凯维奇说“谁若真想探究肖邦音乐的精神，理解肖邦音乐跟波兰有着何等密切的联系，谁就应悉心体会欧根·德拉克洛瓦所谓的蔚蓝的色调，它是波兰景色和在这大平原上诞生的艺术家的音乐的共同色调”，有几人能真正领会？王熙凤的“天下真有这样标致的人物，我今儿才算见了！况且这通身的气派，竟不像老祖宗的外孙女儿，竟是个嫡亲的孙女”的八面玲珑又有几人做得到？舒婷表述了“我必须是你近旁的一株木棉，作为树的形象和你站在一起”的爱情观，同时她又明白“但没有人听懂我们的言语”。（说难以“知言”。）

帕特里克·亨利的主题为“不自由，毋宁死”的演讲之所以取得“拿起武器！拿起武器！”的呼喊声响彻议会大厅的效果，魏征之所以能够让唐太宗一再纳谏而迎来“贞观之治”的盛世，烛之武之所以能够“退秦师”保全了岌岌可危的郑国，与他们三寸不烂之舌绽放的语言之花固然有关，实是和弗吉尼亚州议会彼时在场的听众、唐太宗、秦伯的“知言”大有关系！（说成于“知言”。）

这些音乐语言、文学语言、政治语言、外交语言，还都在人类语言的范畴，即使不能一目了然，反复揣摩总能得之。（小结上文。）

面对非人类的语言，你能否做个“知言之人”呢？（从“人类语言”转入“非人类的语言”，过渡自然。）

竺可桢的《大自然的语言》熟悉吗？（以设问引起下文，句式灵活。）“几千年来，劳动人民注意了草木荣枯、候鸟去来等自然现象同气候的关系，据以安排农事。杏花开了，就好像大自然在传语要赶快耕地；桃花开了，又好像在暗示要赶快种谷子。布谷鸟开始唱歌，劳动人民懂得它在唱什么……花香鸟语，草长莺飞，都是大自然的语言。”你若“知言”，可以未雨绸缪。

劳伦斯《鸟啼》熟悉吗？（继续问。）“当大地还散落着厚厚的一层鸟的尸体的时候”，鸽子、斑鸠、画眉纷纷开始了它们的啼叫。作者明白：“无论人们情愿与否，月桂树总要飘出花香，绵羊总要站立舞蹈，白屈菜总要遍地闪烁，那就是新的天堂和新的大地。”这些鸟儿都是“向死而生”的主儿。你若“知言”，你对生活的感悟力就会不同寻常。

周晓枫的《斑纹》熟悉吗？（连续问。）蛇因为诱惑夏娃偷食禁果而被上帝惩罚，没有声带，没有听力，没有好的视力，没有四肢而只能用肚子行走。当他们的鳞环叠合在一起时，振动起来就像响板——这是一种罪恶的音乐，因为常常是发出攻击的前奏。如果你不“知言”，会有性命之忧。

其实，只要有心、有识，你就可以由“不知言”而“知言”。（揭示“知言”的路径。）

做个“知言之人”，真好！（点题。有结构上的考虑。）

【综评】

这是时师的一篇下水作文。素材基本取自苏教版高中语文教材必修本，诸如《肖邦故园》《林黛玉进贾府》《致橡树》《不自由，毋宁死》《谏太宗十思疏》《烛之武退秦师》《鸟啼》《斑纹》，竺可桢的《大自然的语言》出自初中语文教材。

这，会让学子们心头一宽：原来，我也是写作素材的“富裕户”！

本文素材的呈现方式是“铺排式”的，理论依据是钱鐘书先生的“例不十，理不立”。众多的指向集中的论据共同托住了做个“知言之人”的中心论点。

典题 19 “中国关键词”（2017 年高考全国卷 I）

阅读下面的材料，根据要求写作。

据近期一项对来华留学生的调查，他们较为关注的“中国关键词”有：一带一路、大熊猫、广场舞、中华美食、长城、共享单车、京剧、空气污染、美丽乡村、食品安全、高铁、移动支付。

请从中选择两三个关键词来呈现你所认识的中国，写一篇文章帮助外国青年读懂中国。要求选好关键词，使之形成有机的关联；选好角度，明确文体，自拟标题；不要套作，不得抄袭；不少于 800 字。

【典题解析】

这是一道隐含型的任务驱动型作文命题，意味着考生必须围绕着这些“中国关键词”来做文章。

下笔之前，不妨对十二个关键词的内涵做一番归类梳理：一带一路，代表中国承担的历史使命和积极进取的大国风采；高铁，代表中国的发展成就和日新月异的变化；长城、京剧，代表中国的传统和过去；共享单车、移动支付，代表中国的现在；大熊猫，是国宝，象征着友谊；广场舞、中华美食、美丽乡村，展现了中国世俗人情的一面；空气污染、食品安全，代表了中国在发展的进程中出现的问题……当然，这些内涵还可以有其他的解读。

成文之时，要让你笔下的两三个关键词之间“形成有机的关联”，指向你着意让外国青年读懂的重点，诸如温情、美丽、多彩的中国，可以写“广场舞、中华美食、美丽乡村”；朝气蓬勃、创新发展的中国，可以写“一带一路、高铁、共享单车”；等等。

佳作 25

一横长城长，一点茉莉香

看惯了哥特式建筑，你或许会对壮阔的万里长城感兴趣；听遍了普契尼的歌剧，你或许会欣赏那黑脸的张飞；吃腻了海鲜大餐，你是否会钟情于广味小吃？（一组排比句，着墨于万里长城、京剧与中华美食。内容切合，形式优美。开篇不凡！殊为可取！）

这里是中国。（五个字，一个独立的段落。联系全文的多次出现来看，作者的结构意识非常强。）

毛泽东说："不到长城非好汉。"此言足以证明长城在中国人心中的地位。昔日秦皇，倾天下之力，北筑长城，以御外敌入侵。长城长，与海相邻；长城陡，万阶上天际；长城久，千年风霜仍屹立。（整散结合的句式，错综的修辞格。表现力强！）它不像吴哥窟，神秘绮丽；它不像巴黎圣母院，闪耀人性光辉；它不像加利福尼亚漫长的海岸线，蜿蜒动人。（在多维比照中，彰显摹写对象的特质。常见的行文技法，效果上佳！）但它激励一代代中国人奋勇抗敌，这才有抗战十四年的奇迹；它让中国人充满精气神，这才有今日中华复兴的壮丽征程；它让中国人有永不服输的斗志，这才有那千年未曾断绝的灿烂中华文明！（好句式！在否定的基础上再肯定，使得肯定的内容得以凸显。）

这里是中国。

中国电影史上的一大巅峰便是获戛纳大奖的《霸王别姬》，它让世人看到京剧的魅力。那眉心一点朱砂痣，是你放不下的眷恋；那拿起刀枪剑棍的英勇，是你为国杀敌的豪情；那一张张花白的小丑脸，是讥讽贪官污吏的无声独白。（还是整饬的句式，看得出作者对电影名片的了解之深。）一场戏，一座台，唱尽了天下苍生，却道不尽千年的艺术传统。它不像流行音乐，韵律十足；它不像西方歌剧，夸张十足；它不像古典音乐，醇香浓厚。但它像一面照见现实的镜子，里面有血有肉，有故事还有酒。（还是先否定后肯定的句式，表达效果上佳。）正所谓"不疯魔不成活"，程蝶衣便是这样的因戏而"疯魔"。这便是中国极具代表性的文化符号，时至今日它仍在创新，它接受时代的熏陶，放出既古老又现代的光芒。

这里是中国。

或许你没到过中国，但相信你听说过誉满全球的中华美食。中国人爱吃，并且吃出了文化。我不会忘记汪曾祺文章里的"舌尖感受"，玉林米线、黄焖鸡、金华火腿、高邮鸭蛋，以及最普通的黄油烙饼。中国人讲究吃，一道菜的背后，可能有着几百年甚至上千年的历史积淀。你吃油焖大虾，我可能和三五知己边吃小龙虾边畅谈人生；你吃法式鹅肝，我能用最平常的食材做出一道足令你永生难忘的蛋炒饭；你吃昂贵的鱼子酱，我却能尝到秘制的雷山鱼酱。（三组对比展开的句子，可以窥见中华美食的独特魅力。）一部《舌尖上的中国》，或许能让你更深入地理解中国烹饪的核心，它不只关乎食材、手法，更是我想起最近生病而你少放一点盐的关怀。让你欲罢不能的不是厨艺技巧，而是生活的点滴感悟。中国人吃的是菜，更是人生。（中华美食的魅力在于个中的文化含量。）

这里是中国。（反复咏叹，给读者以深刻印象。）

有你想不到的惊喜，有你未曾见过的奇观，有你放不下的关怀与牵绊。

一横长城长，一唱字铿锵，一点茉莉香。（对上文有归结作用。）

这里是中国，我们欢迎你。

【综评】

本文有三个鲜明特色。

一是选材精当。文章抓住“长城”“京剧”“中华美食”三个关键词展开，开篇从中外对比引入对中国特色的介绍。三部分内容都抓住了它们与中国文化的关联，很好地完成了介绍“所认识的中国”这一写作任务。

二是结构清晰。“这里是中国”的反复出现，有强调（扣题）的作用，虽有突兀感，但也标清了眉目，使文章主体段落分布严整。

三是笔触细腻。本文内容铺排细腻有致，行文语言整散结合。从对比中写长城，对京剧细节的描摹，对美食场景的概写，可见考生丰厚的积累与不俗的铺排功夫。

典题 20 “恢复高考 40 周年”（2017 年高考全国卷Ⅲ）

阅读下面的材料，根据要求写作。

今年是我国恢复高考 40 周年。40 年来，高考为国选材，推动了教育改革与社会进步，取得了举世瞩目的成就。40 年来，高考激扬梦想，凝聚着几代青年的集体记忆与个人情感，饱含着无数家庭的泪珠汗水与笑语欢声。想当年，1977 的高考标志着一个时代的拐点；看今天，你正与全国千万考生一起，奋战在 2017 的高考考场上……

请以“我看高考”或“我的高考”为副标题，写一篇文章。要求自选角度，明确文体，自拟标题；不要套作，不得抄袭；不少于 800 字。

【典题解析】

很明显，这个命题有两个走向。

“我看高考”指向议论类文章，可以谈高考的前世今生，谈高考的利弊得失；主要立意方向可以是高考与教育（高考推动了教育改革，促进了教育发展，也催生了教育乱象），高考与国家、社会（“为国选材”的高考对国家的长远发展、社会的进步有着重大意义），高考与时代（高考的轨迹有着鲜明的时代印记，其内容与形式都在不断地变化着，体现出与时俱进的特色），等等。

“我的高考”指向记叙类文章，可以写自己备考的岁岁年年、酸甜苦辣；立意方向可以是高考经历（可以着力于考生自身，也可以写老师、亲人，还可以批判“唯高考论”），对高考的回顾与憧憬（既可以写过往，也可以写期许），等等。

无论选择哪个走向行文，都应该紧扣“高考”说发展、成就、集体记忆、个人情感、欢声笑语、汗水泪珠及其他与高考有关的现象、思考。能否巧妙地确定“主标题”，能否联系个人、社会、国家，有无自己的认识、思考、分析及判断、辨别，观点是否鲜明，表达是否有特色，特征是否了然，结构是否完整，选材是否新颖等都是落笔时要注意的方面。

佳作 26

从独木桥到阳光道

——我看高考

四十载岁月流逝，高考仍然是每一代人心中难以忘却的青春记忆。（“青春记忆”，多好的定位！）从千军万马争过的“独木桥”（“独木桥”，形象地描摹出曾经的考大学之难。）

到如今千万寒门子弟“跃龙门”的“阳光道”，高考已演变为我国特有的一种社会现象。

四十年前，高考是一座通往理想彼岸，却随时有跌落深谷之危险的独木桥。（诱惑与风险同在，也是对高考的魅力的揭示。）我的祖辈、父辈都是农民，却也懂得考大学之难。曾经，大学生是知识与文化的象征，也是高贵与财富的象征。那时的教育远未有如今这样普及与发达，考大学的影响因素也远不止努力与勤奋，“千军万马争过独木桥”的贴切形容，反映了当时考大学之困难与艰辛。

四十年后，高考是一条宽阔稳固的阳光大道，是付出便会有收获的寒门子弟的成功之道。随着我国国力与日俱增，教育的现状已得到了极大的改善，考上一个大学早已不再是难事，越来越多的人拥有了接受高等教育的机会。（与前段形成鲜明对照，凸显了我国高教事业的发展之快。）

从独木桥到如今的阳光大道，这标志着一个国家的兴盛，一个民族的崛起。“少年强则国强”，高考的转变为教育的发展提供导向。德国总理默克尔认为，一个国家的教育水平决定了一个国家的未来国力。（从“国力”角度来观照高考的价值，站得高！）当越来越多的人不再恐惧于高考的淘汰率而转向期待高考带来的人生改变时，高考就真正达到了它培育人才、挑选人才的最终目的。

高考仍然需要改革，需要从“阳关道”向不定方向的“自由原野”转变。（别开生面！让思考向深层推进。）尽管我国的高考在对人才的选拔、培育上已获得举世瞩目的成绩，但“唯分数论”依然束缚着考生的自由发展。浙江等地推行的高考改革新政有望改变这一现状。（关注浙江高考改革热点。）当文理不再分科，学生可以根据自己的兴趣选择自己的学科，不再一考定终身，不再为专业选择文还是选择理而忧愁时，高考才真正地成了一个“自由原野”，考生则是原野上驰骋的骏马，自由而奔放，挣脱缰绳，以自己喜爱的方式肆意奔跑。（“原野”—“骏马”—“奔跑”，多么形象的语言！这，很值得我们考生学习。）

高考，这个中国特有的文化现象，这个凝聚了几代人理想与回忆的“独木桥”，正完成了向“阳光道”的蜕变，正声势浩大地开辟成一片“自由的原野”，为下一代人提供更加完善的腾飞之地、理想之港。（点题，也是对全文的归结。）

【综评】

本文是一篇紧扣题旨、立意高远的考场佳作。文章从“四十年高考”的作文材料中引出“青春记忆”，进而归结到“社会现象”的立足点，开篇就显得大气磅礴，非同凡响；接着回顾四十年前“考大学之困难与艰辛”，再分析四十年后“高考是一条宽阔稳固的阳光大道”，娓娓道来，有理有据。然后再水到渠成地分析高考的目的，又巧妙地引出纵深方向的论述；最后展望高考前景，既点明题旨，又给人启发和希望。全文思路清晰、畅达，比喻形象生动，无不彰显了满分作文特有的气质。

典题 21 “人生要读三本大书”（2017年高考浙江卷）

阅读下列文字，根据材料作文。

有位作家说，人要读三本大书：一本是“有字之书”，一本是“无字之书”，一本是“心灵之书”。

对此你有什么思考？写一篇文章，对作家的看法加以评说。

注意：题目自拟。不得少于800字。不得抄袭、套作。

【典题解析】

这道题没有作文命题中常见的“明确文体”“除诗歌外，文体不限”之类的要求，但是从“对此你有什么思考？写一篇文章，对作家的看法加以评说”看，无疑是要求考生写“论述类”文章，考查考生“如何写好（表达具体）”“如何写实（内容实在）”“如何写清（思路清晰）”文章的能力。

下笔之初，要弄清楚“三本大书”的内涵（“有字之书”就是通常意义上的纸质图书，“无字之书”指生活、阅历、社会、实践等，“心灵之书”则强调对自我的反省、灵魂的升华等），“三本大书”内在的联系（“有字之书”是“无字之书”的基础，“无字之书”是“有字之书”的源泉，“有字之书”和“无字之书”有助于我们更好地理解“心灵之书”），为什么要读这“三本大书”？如何读好“三本大书”？行文时，你可以认同作家的说法，对他的说法进行“阐释”和“生发”；当然也可以对作家的说法提出异议，畅言只要读其中的一本书。你还可以表达不同的人会读不同的书，人生的不同阶段会侧重读不同的书等认识。

佳作 27

人生能读唯有心灵之书

（一个“唯有”，突出了作者的持论。）

是的，有字、无字之书对人生的作用远不如心灵之书，或者说归根到底，人能读的只有心灵之书。（观点显豁，颇有点引人入胜的良效。）而不仅仅是你“要不要读”的问题。

众所周知，所有外在知识的获得、人生经验的养成，只有经过心灵的沉淀，化为心灵的一部分，成为人身心的内容，你才真正算是“读到”了。（对自己独特观点的诠释。）“动人心者，莫外乎情”，文学上的所谓熏陶、浸染，无不以心灵改变为目标和成功标志。（从文学的角度阐述。）教育孩子，千说万说，如果走不进他的内心，一切都是白搭。（从教育的角度阐述。）子曰：“天何言哉？”就是强调内心的感悟、学习主体的自我修为，于是像他这样的教育家都要“欲无言”。换句话说，只有打动心灵的阅读，才是建筑人生大厦的材料。（妙语连珠！）

而所谓有字之书、无字之书，却是我们人生过程中，教育者反复强调的阅读内容。“读万卷书”再“行万里路”，庄子老早就敏锐地觉察到“知无涯而吾生有涯”的道理，指出“读书不止”之“殆”，不能不令人警醒。黑塞在《获得教养的途径》中明确提出：没有心的敬重，读书反倒可能是“戕害性灵”的凶手，并指出读书不在数量多少。（精当的引用，有力地佐证了自己的观点。）无字之书自然指有字之书之外的所有内容，生活、社会、自然……但每天万千内容过眼过手，你能读到什么？留住什么？“行万里路”的人千千万万，两手空空、大脑空空的人却比比皆是。

甚至，从根本上说，人生就是由心灵之书累积而成。（将论证又推进了一层。）“比大海更广阔的……比天空更广阔的……”只能是“心灵”，而让人肃然起敬的，除了“头顶的天空”，唯有“内心的法则”。也就是说，人生命的意义不是外在的财富、权势，而是内心的丰盈，而是用心阅读人生后能在心灵上留下印迹的那些内容，正是这些心灵之书的累积，我们的人生才有了不读书所不能达到的高度、厚度，我们才逐渐明白人生的意义。“赢得天下输了她”，这个“她”不就是“心灵皈依”吗？

当然，这并不是否定有字之书、无字之书的积极作用，孔子的“欲无言”也没有否定教育的意义，庄子的“学习之殆”是建立在一定的学习认知之后的，这两本书，在人生受启蒙阶段，在积累阶段，还是不可或缺的，它们中间的一部分或会成为心灵之书而化为生命内容。（对有字之书、无字之书的肯定，让作者的持论更加辩证。）只是说，它们唯有成为心灵之书才能成为“人生能读”，对人生有用。

作为“我时代”（时尚词汇，很好！）的青年人，我们更加崇尚内心感受，网络世界为我们打开了无比宽阔的天地，这也使得我们的心灵之书阅读显得更为珍贵，让万千世界“倒映”在我心，让天地通过阅读最终“在我心中”！

人要读三本大书，人能读的却唯有心灵之书，而且只有它能成为丰富人生的精彩内容。（再次强调心灵之书的重要性。）

【综评】

文章开门见山亮出独特的观点。诚如标题所言，作者一落笔，就直接表明“人能读的只有心灵之书”，在众多文章中，立场如此鲜明的并不太多。

而且，文章思维严谨。前两种书如何内化为自己的东西？作者经过严密的论述后告诉我们：“只有打动心灵的阅读，才是建筑人生大厦的材料。”此话与中心一脉相承。尤其在第三、四两段，时时可见作者闪耀的思维之光，如“‘赢得天下输了她’，这个‘她’不就是‘心灵皈依’吗？”

按要求作答。不少于700字。将题目抄在答题卡上。

纽带是能够起联系作用的人或事物。人心需要纽带凝聚，力量需要纽带汇集。当今时代，经济全球化的发展、文化的交流、历史的传承、社会的安宁、校园的和谐都需要纽带。

请以“说纽带”为题，写一篇议论文。

要求：观点明确，论据充分，论证合理。

【典题解析】

材料说“经济全球化的发展、文化的交流、历史的传承”需要纽带，很容易让人想起“一带一路”，考生可以由此从历史的深度、现实的广度去生发，去说国家之间、民族之间、异质的文化之间等各方面的联系。材料还说“社会的安宁、校园的和谐”需要纽带，让考生得以从更广泛的范围如社会环境、校园环境去展开对纽带的思考，如人与社会、人与群体、人与人等方面的关系。

具体写作时，可以对“纽带”这一概念加以阐释，就纽带是什么、纽带的正面作用、纽带缺失的危害、怎样维系好纽带等问题展开议论。要注意恰当地联系现实，体现议论文的时代精神与社会价值。

佳作28

说纽带

纽带，顾名思义，即为纽结之系带。（诠释“是什么”。）

世间万物运行周转，皆离不开纽带的维系。纽带或有形，牵引联结于实处；或无形，收蓄发延于无声。（整句，显示出一定的文字功底。）无论以何种形式存在，它都有着不可等闲视之的效用。

纽带，缔结文化交流的桥梁。古时便有丝绸之路促进经济文化交流，悠远的驼铃声向未知的国度传去中原灿烂的文化，也载回令人耳目一新的异域风情。（“传去……”与“载回……”，“桥梁”意义得以凸显。）丝绸之路联结了风格迥异的文化，因而孕育出将各种风格加以融合的全新艺术体系。而如今，空间距离早已无法成为文化交流的阻碍，国际文化交流也逐渐渗透到生活细微之中。以今年因《歌手》节目而声名大噪的迪玛希为例，他以这样一档音乐类真人秀为纽带，向中国观众传递了哈萨克斯坦优秀的艺术文化，也为哈萨克斯坦民众打开了了解中国文化的窗口。（典例，很具说服力。）由此可见，纽带有助于国际文化交流，是建立国与国间文化联系的桥梁。

纽带，联结真情传递的足迹。从广西桂林的捐献者身体里取下双肺，移植到江苏无锡的病人身上，完成这个过程，肺移植医生刘峰最多只有12个小时的时间，而横亘其间的是1500多公里的遥远距离。这显然是十分困难的事情，但在医院及航空部门的共同努力下，这场生命的接力最终取得圆满成功。（还是典例，同样很具说服力。）类似的新闻不胜枚举，我们从中感受到的，绝不仅仅是任务之艰巨，更有人心的温暖。生命在各方接力的足迹中得以延续，联结其间的纽带便是人们心中的真情。

纽带，纽结经济腾飞的前程。（主体部分连续三个句式整齐的段首句，领起各段，且内容发散，有结构意识，让文章的行文脉络分明。）三峡水利枢纽是举国闻名的宏大工程，它是水上交通要塞，让各地往来船舶通行，也推动了其周边经济带的飞速发展。此外，三峡这一纽带蕴含的水能资源，还为千家万户源源不断地输送了电力，亦为经济发展提供了动力支持。（三峡一料一直有不同的声音，作者为我所用，似亦不无不可。）

回溯生命的本源，我们会发现，原来从孕育伊始，生命已然与纽带结下不解之缘。一根脐带筑就爱与生命的桥梁，也在命运的轮盘上系下了各自独一无二的纽带。（精美的语言，很有表现力。）从生命之初便教育人们应学会与亲人朋友、家庭学校、国家社会建立起牢不可破的纽带。

纽带小可潜于无形，大可力拔千钧，若能善用其利，必当裨益无穷，惠及后世，福泽千秋。（凸显纽带的神通。）

【综评】

文章开门见山，引出观点——“纽带，顾名思义，即为纽结之系带”。主体部分围绕“纽带”这个主题词横向展开，结合“文化”“真情”“经济”论述了“纽带”的价值和意义。全文举例典型，层次清楚，论述逐步深入。文末再次表明观点，卒章显志，呼应开头。全文论据丰富，信手拈来，体现了考生开阔的阅读视野与良好的人文素养。

典题23 “预测”（2017年高考上海卷）

预测，是指预先推测。生活充满变数，有的人乐于接受对生活的预测，有的人则不以为然。

请写一篇文章，谈谈你的思考。

要求：① 自拟题目；② 不少于800字。

【典题解析】

这是一则一目了然的材料：文字简约，富于思辨，重点突出，开放度高。“预测”是主题词，“生活”是对作文情境的限制。面对这个话题，小可以言说人生，大可以从人类社会乃至整个世界的未来发展来展开。静而思之，人们对“预测”的态度是审题重点，也是展开的基点。

前者可以从两方面考量：面对预测，积极应对，认为有预测才会有前进的动力和路径，有预测然后才有理性的判断，这是值得肯定的；反之，倘若在接受前没有经过理性的分析，就只能是盲目乐观，先入为主，陶醉于“印证”自己美好的愿望，甚至有选择地偏听偏信，那就不足道也。后者也应该有两个向度：拒绝预测，认为变数是生活常态无法预测，只求把眼前的事做好，其实是愚昧无知，或者懒惰懈怠，或者是源于内心的恐惧，于是只是随波逐流，悲观地适应生活，这自然是不可取的；而有的人对“美好蓝图”保持清醒与警惕，我们倒应该褒扬其对于常识的尊重。

总而言之，对于生活的预测，无论是接受还是排斥，都是有道理的，也都有两面性。一旦下笔成文，不妨在“片面的深刻”上着力。

佳作29

预，而后立也

（挺“预测”的，观点鲜明！）

当代著名学者周濂曾言，生活的大多数状态好比在光滑如镜的冰面上滑行，足下无尘、倏忽万里。（引用，很有味道的文字！很能提升文章的品位。）于是多数人都渴望在这似水流年里留下自己的痕迹，为自己的存在找到一席之地。然而生活终究是变动与不安的，因而在这样的跋涉、摸索与自证里，对未来的预测成了一味必不可少的调味剂。（预测的重要性。）

宽广的人生长河里，不可知的事太多，于是可做的预测也是林林总总。小到一次天气预报，一天股市行情的走势，一次考试的猜题；大到对人生某一阶段的展望，我们在不同的预测里前进着。你只需看看如今诸如星座运势、生肖八字、风水玄学的大行其道，便可知，我们对于揭开生活的面纱，有着巨大的欲望与好奇。（预测在当今社会的普遍性。）而当我们还在认为，这些是对未知人生的一种注解的情趣时，或许很难意识到，它正在逐渐成为多数人的瘾。

诚然，预测不是梦想，它包含不了展望之时那呼之欲出的行动和意志力，它始于对可能性的期待，也仅止于期待。的确，它满足着我们对未来的畅想。但在现实生活中的大多数时候，对预测的过度依赖，这种仿佛未卜先知的优越感，反而在某种程度上消解着人们想要有所作为的意志，所谓“梦里走了许多路，醒来还是在床上”，就是说的这类人。

面对生活中的一些具体事件，预测有其存在的意义，但是在面对某些逃避不了的终点，命定的结局时，对人生的预测考量又从何谈起？王羲之言“固知一死生为虚诞，齐彭殇为妄作”，西西弗斯面对着山顶之上即将再次滚落的巨石，谭嗣同身处牢狱，面对着“有心杀贼，无力回天”下即将到来的死亡，他们又该如何自处？（运用了组合式论据，很具说服力。）我们颂唱着知天命的可贵之处，把它视作人生的智慧，却少有人谈及，既然天命昭然，知之，又何如？

何如？晏如也。后来的故事是，王羲之写下了那篇著名的序，称“后之览者，亦将有感于斯文”；西西弗斯看着滚落的巨石，再一次推动着它走向山顶；谭嗣同一面说着自己的无力回天，一面高喊着的是“死得其所，快哉快哉”。（回应前文的论据，是对论据运用的创新。）他们用自己的行动给了我们答案。即使在人生意义难明，解不开又挣不脱的虚幻处境下，人依然是一个丰富、高贵、有价值的存在。若问曰：“命定之下，如何安身？”其必曰：“命者，受之于天，而立之于己。”（设问，让文意凸显。）

因此，我们固然可以基于人生的未知大胆地天马行空，却绝不能忽视，从预测到现实中的结局出现之间，个人行动和努力的重要性。（预测而外，强调“个人行动和努力”。）所谓“寓久则溺，以为当然”，没有奋斗的过程予以支撑，所有关乎未来的揣测，都更像是一场无意义的空谈。纵然解得了意趣，也断然渡不了自己。（富有哲理的语言！）

尼采认为，人的伟大之处在于，他是一座桥梁而不是一个目的。（引用，又是富有哲理的文字。）人的预测就像是桥上的一面面旗帜，代表着你对人生历程的设想。它能预先为你提供一次阶段性的抵达，却没法让你看到抵达的过程中的风景。不必执迷于预测的结果的对错好坏，人生更像是一场“你若盛开，清风自来”的旅行。倘能真正有风即作飘摇之态，无风则呈袅娜之姿，享尽花开之前无穷的韵致，生命已然能够尽情地舞蹈。（不预测的人生也很精彩。）所谓的预测，也足以成为无愧于心的“先见之明”。

【综评】

这是一篇构思颇为独特的佳作。

考生开篇先说“对未来的预测成了一味必不可少的调味剂”，又说对预测的过度依赖“在某种程度上消解着人们想要有所作为的意志”。那么，究竟该如何面对预测呢？考生通过几位历史人物的故事给出了答案——所谓“命者，受之于天，而立之于己”，强调个人行动和努力的重要性。最后考生顺理成章得出结论，预测足以成为无愧于心的“先见之明”。文章旁征博引，纵横捭阖，既有鲜明的文学色彩，又有浓郁的思辨味道。

典题 24 “车来车往”（2017年高考江苏卷）

根据以下材料，选取角度，自拟题目，写一篇不少于800字的文章；文体不限，诗歌除外。

生活中离不开车。车，种类繁多，形态各异。车来车往，见证着时代的发展，承载了世间的真情；车来车往，折射出观念的变迁，蕴含着人生的哲理。

【典题解析】

这道作文题贴近生活实际，是“接地气”的，有烟火气、生活味，也更有历史人生的纵深感，给考生提供了比较大的施展空间。因为，车是人类文明的缩影。

从文体的角度观照，似乎做成记叙文容易一些。可以从自行车、轻骑、摩托车、电瓶车、小汽车、无人驾驶汽车的演变做成一篇家族发展史，也可以从公共汽车、普通火车、动车、高铁的演变做成一篇国家交通史。其间，正体现了材料所说的“车来车往，见证着时代的发展，承载了世间的真情”。而“车来车往，折射出观念的变迁，蕴含着人生的哲理”又似乎更多地指向了议论文，可以从车子演绎“绿色出行”（尽量少开车）、“车有车路，马有马道”、“车到山前必有路”等道理，也可以由车子为人生提速的角度逆向思维，倡导“优雅慢生活”的观念。甚至，也可以从“车”说开去，把“车”置换为其他物件。甚至，还可以不说“车”，转而说说步行。这样，会让文章更具新意。当然，如果你能够驾驭，也可以写成说明文或者抒情散文。

佳作 30

欲速则不达

（以俗语为题，很有内蕴。）

命题专家们以“车”为作文材料，足见他们的友善：毕竟，车深入社会生活的每一个角落，每个人都有与车相关的故事。

当我欣欣然着手做篇记叙文的时候，猛然一怔：大家都往记叙文上挤，我凭什么脱颖而出？于是，我决定独辟蹊径，做篇议论文。（于从容不迫中，看得出作者的举重若轻的风采。）

专家们说车“蕴含着人生的哲理”，这话发人深省！“车到山前必有路”“车有车路，马有马道”之类的我就不说了，我还是说说“欲速则不达”的道理吧，毕竟这个说法看上去比较深沉。（选择了说“欲速则不达”，并且交代选择的依据。还是氤氲着大气。）

欲速则不达？是的。性急求快反而不能达到目的？不好理解吧？那是《论语》里的智慧："无欲速，无见小利。欲速则不达，见小利则大事不成。"宋代大儒司马光也是这样认识的，在《与王乐道书》有句话："夫欲速则不达，半岁之病岂一朝可愈。"（以孔子、司马光的名言帮助读者理解"欲速则不达"。）

为什么会这样？无它，因为是有内在的规律的。（从事物发展"规律"的角度解读"欲速则不达"。）

还记得《小港渡者》中那个发生在顺治七年冬天的经典故事吧？那天，有个书生从小港想要进入镇海县城，吩咐小书童用木板夹好捆扎了一大叠书跟随着。距离县城还有约二里路。书生问那摆渡的人是否来得及赶上进城，那摆渡的人仔细打量了小书童，如斯回答："慢慢地走，城门还会开着，急忙赶路城门就要关上了。"书生认为摆渡的人在戏弄他，于是快步前进，刚到半路上，小书童摔了一跤，捆扎的绳子断了，书也散乱了。等到把书理齐捆好，前方的城门已经下了锁。（一个经典的故事，对"欲速则不达"进行了形象的解释。）

社会有共识：一口吃不成胖子！急于求成可能会撑死了。（说社会。）

历史有镜鉴：揠苗助长，只会置苗于死地。明朝崇祯帝由于刚愎自用，连出昏招而被迫吊死在煤山上；李自成因为经济上根基不牢，政治上时机未到而未能在京城立足，只好仓皇出逃，落得兵败人死的结局；清末戊戌变法由于准备不足而饮恨。其因多在急于求成上。（说历史，总结历史教训，以警策世人。）

我党很清醒：当举义的条件还没有成熟时就轻举妄动，最终只能白白地牺牲有生力量，给中国革命带来巨大的损失。所以我们都懂得反对"右"更要防止"左"的道理。（说党史。）

众所周知，技艺的娴熟必须付出相当的练习时间，科学的说法是一万个小时。乐器如此，歌唱如此，书法如此，舞蹈如此，武术如此……没有足够的耐心，企图走捷径，最终也不可能到达相当的高度。（说技艺。）

明乎此，我们就会沉下心来，踏踏实实地努力，一点一滴地积累，向着心目中的目标，一往无前。（因为有了前面的充分展开，这里的结论掷地有声。）

切记：欲速则不达！有如看到这个材料就很自然地往记叙文的路上挤，看似捷径，其实，做成议论文可能更有新鲜感。其理一也！（回应开篇，看得出作者的结构意识很强。）

【综评】

这是一篇很有特色的议论文。

从总体结构看，文章运用的是层进式。而且首尾呼应，结构堪称严谨。

文章观点鲜明。于众多哲理中拈出“欲速则不达”的道理来论证，原因竟然是“这个说法看上去比较深沉”。

观点支撑有力。“是什么”部分以《论语》和司马光的《与王乐道书》阐释；“为什么”部分以因为事物的发展“是有内在的规律的”而一言以蔽之。虽然没有常见的分解分论点，但是从民间故事、社会共识、历史镜鉴、我党历史、技艺习得等多个维度申论，有点有面，有详有略，把“为什么”的道理讲透了。

语言大气老辣。有高屋建瓴的况味，有举重若轻的从容，有全局在握的淡定，理性与感性兼具。表现出相当的语言驾驭功力。

典题 25 “语文素养的提升途径”（2016年高考全国卷Ⅱ）

阅读下面的材料，根据要求写一篇不少于800字的文章。

语文学习关系到一个人的终身发展，社会整体的语文素养关系到国家的软实力和文化自信，对于我们中学生来说，语文素养的提升主要有三条途径：课堂有效教学、课外大量阅读、社会生活实践。

请根据材料，从自己语文学习的体会出发，比较上述三条途径，阐述你的看法和理由。

要求：选好角度，确定立意，明确文体，自拟标题，不要套作，不得抄袭，不得泄露个人信息。

【典题解析】

这道题有显性信息，就是语文素养的提升有三种途径，考生需要“比较”这三种途径，辨析三种途径各自的特点与不足，在比较中，结合自身学习生活经历的特殊性，阐述自己独特的理解。这个，考生很容易把握。但是还有隐性信息，也是万万不可忽略的。一是“语文素养的提升”是作文的立足点，三种途径不能孤立地谈，都要指向语文素养的提升；二是对“三条途径”的“比较”，突破一条，兼顾另外两条，才能体现出思辨性；三是“从自己语文学习的体会出发”，要联系自己来说，谈个体的独特心得。

当然，对于三种途径的利弊，考生也要有清醒的认识。

简而言之，课堂有效教学可以着眼语文学科体系的知识获取、兴趣的培养和方法的习得，也可以着眼教师人格濡染，还可以着眼学习过程中的合作、交流、表达能力的形成，等等，但也要注意到课堂教学在时间与空间上的局限。课外大量阅读是语文素养这条河流的“源头活水”，它在积累知识、激活见识、激发创造灵感的过程中，起着“为生命输氧”的重要作用。考生可以写国内外优秀文化对自身产生的潜移默化的影响，文化经典对自身的语文素养的深层次全方位渗透，还可以写实际体悟到的课外阅读的自由性、选择性、有效性及可延续性，等等，但也要认识到课外阅读的松散和难以掌控等不足。社会实践活动是中学生提升语文素养的生活源泉。实践可以检验真正的语文素养，实践也真正促成语文素养的形成。考生可以写实践活动（如社会宣传社会服务）对语言能力的锻炼，生活实践（参观、访问、旅游等）中对人的认识、对生活的思考、对生命的更深刻的体悟，甚至是对自身思想人格形成的砥砺，等等。但是，社会实践活动有复杂、多变的特点，它在转化为语文素养过程中是间接性的。

有了如上诸多思考，驱遣文字，佳作可期。

佳作31

咀嚼生活的墨雅书香

（用“墨雅书香”来说生活，很有味道！）

庄子言：“鹪鹩巢于深林，不过一枝；鼹鼠饮河，不过满腹。”（从寓言落笔，有文化含量。）语文素养的提升又何尝不是如此？（语言干净利落，指向主题。很有古诗里“兴”的况味。）知识，其实不是越多越好。生活实践，尤为重要。没有行千里的涉水跋山，何来处事之满腹经纶？没有细味生活的墨雅书香，又怎会有力透纸背的深思熟虑？（亮剑。）

诚然（议论文中的好词汇！考生们可以学着用一用。），课堂的有效教学与课外的大量阅读，对于一个人的语文素养的提升不可忽视，前者有助于我们掌握基础知识，为日后的学习生活打下坚实的基础；而后者则是使我们畅游文学世界，体味另一番别致风情，对个人的思想提高尤为重要。（肯定课堂的有效教学与课外的大量阅读对语文素养的提升的作用，欲抑先扬。）然而，较于上述两种方式，生活的作用更是不可估量。（再度亮剑。）

有人说，人生有三大恨事，一恨海棠无香，二恨鲥鱼多刺，第三恨不记得了，我想大概是因为我下意识想到了第三恨当是语文没有了生活的墨雅书香吧！（妙文！其间，有好整以暇的从容，有举重若轻的智慧。“X大恨事”的说法源远流长：唐朝宰相薛元超有“元超三恨”——未能进士及第，未娶五姓女，不能修国史；宋朝彭渊材有“所恨者五事”——鲥鱼多骨，金橘大酸，莼菜性冷，海棠无香，曾子固不能作诗。后来因为张爱玲的改造而传播更广了。）

咀嚼生活的墨雅书香，可以赏风花雪月，明人生之境。（展开之一。）朱熹道：“问渠哪得清如许，为有源头活水来。”我想，这源头活水便是生活这本大书吧！语文素养在我们观秋叶瑟瑟飞舞、赏春蜂嗡嗡鸣叫之时，便不知不觉得以感染并被提升。

咀嚼生活的墨雅书香，可以味人情冷暖，品世间的爱与苍凉。（展开之二。）是谁在沙洲之中“拣尽寒枝不肯栖”？是谁在赤壁之岸高歌“大江东去……”？（引用中，见文化。）苏轼味出了人情冷暖，终于在黄州种地酿酒，“夜饮东坡醒复醉”，若是没有这世态的阴晴冷暖的浸染，东坡怎能以其一词一句震撼一个个心灵？

咀嚼生活的墨雅书香，成一曲千古绝唱，氤一缕万古情长！（展开之三。）他过着“朝叩富儿门，暮随肥马尘”的生活却仍然道出“堂前扑枣任西邻，无食无儿一妇人”之类的诗句。（叙例中，见技巧。）他对生活的体味，对民生的怜悯，终成其“诗圣”

之美称。若是没有对“入门依旧四壁空，老妻睹我颜色同”的深刻咀嚼，何来“吾庐独破”的万丈豪情？又何来千古间那一瞬温暖的星光照亮历史的暗夜？

课堂教学和课外阅读，尽管益处颇多，却不免如鹪鹩巢林所占一枝一般短浅，如鼹鼠饮河所为一腹一般粗陋。（先扬后抑，高明！）而生活的体味、实践才能真正提升一个人真正的语文素养，使人明人生之境，味人情冷暖，品世间的爱与苍凉，终成一幅傲然的冲天豪气。（这是对上文三个展开角度的小结，也是对中心论点的强化。在三者的比较中，作者的观点得以坐实。）

林清玄有言：“以清净心看世界，以欢喜心过生活，以平常心生情味，以柔软心除挂碍。”（恰当的引用，为论证助力，展读书积淀。）希望在畅游生活的时候，我们能有如雄鹰斗苍穹般的豪迈，而不是如鹪鹩占一枝般的短浅，因为生活的墨雅书香，就在那里。（收束于开篇的寓言故事，显示出结构的功夫。）

【综评】

这是一篇满分作文，诞生于重庆市考生之手。

全文审题精准，立意明确。旨在凸显社会生活实践对语文素养提升的作用，而不只是在与课堂有效教学、课外大量阅读的比较中演绎。

文脉清晰，结构谨严。作者以庄子的“鹪鹩”寓言开篇，又缩结于该寓言。在主体部分展开时，先以“诚然……”段对三种途径进行剖析，亮出自己的观点；再从三个方面围绕社会生活实践对语文素养的提升的作用进行论证，在朱熹、苏轼、杜甫的支撑下，让自己的观点立起来；然后再度拈出三种途径，在比较中对三个方面的主要内容进行归结；最后在林清玄的妙语中，紧扣庄子的“鹪鹩”寓言收束全文。结构堪称谨严。

这篇文章还是用习见的材料写出好文章的典型。苏轼、杜甫的名字曾经因为经常出现在高考作文中，被和另外几个名人戏称为高考作文的几大“超男”。然而，这些千古风流人物的人格光芒是不会因为高考场上一些学生的“假文化作文”而失色的，他们依然光芒四射，关键是作者要能够深入领会、深刻表达。

典题 26 “致富带头人小羽”（2016 年高考全国卷Ⅲ）

阅读下面的材料，根据要求写一篇不少于 800 字的文章。

历经几年试验，小羽在传统工艺的基础上推陈出新，研发出一种新式花茶并获得专利。可是批量生产不久，大量假冒伪劣商品就充斥市场。小羽意识到，与其眼看着刚兴起的产业这么快就走向衰败，不如带领大家一起先把市场做规范。于是，她将工艺流程公之于众，还牵头拟定了地方标准，由当地政府有关部门发布推行。这些努力逐渐见效，新式花茶产业规模越来越大，小羽则集中精力率领团队不断创新，最终成为众望所归的致富带头人。

要求：综合材料内容及含意，选好角度，确定立意，明确文体，自拟标题，不要套作，不得抄袭。

【典题解析】

这个材料的核心事件是小羽创业，涉及对象有小羽、众商家和政府三方。

小羽研发新式花茶后申请了专利，在假冒产品泛滥的情况下，她选择了公布工艺流程并牵头拟定了行业标准，借政府之力推广，而且继之以不断创新，从而成为地方上的致富带头人。从中，有很多话题可以思考。诸如“大众创业、万众创新”的主旋律，人生的智慧，做人的胸襟与格局，社会责任与担当，创新的永无止境，等等。

众商家在新式花茶问世后一哄而上，产销假冒工艺花茶，后来在政府的引导下分享了小羽的研发成果，助成了更大规模的花茶市场，也走上了正当获利的轨道。从中，我们可以思考做人与经商的诚信问题，思考遵守市场运转规则问题，思考假冒伪劣之弊端，等等。

政府发布推行地方标准，这是政府在依法作为，发挥政府职能。

其中，诚信、创新、遵守规则之类的容易写，但是缺少新意。胸襟与格局、政府职能等出彩的概率要大一些。

材料三方都关联着“利”，这也是一个切入的角度，如果积淀丰厚，一样可以做出好文章来。

佳作32

漂其黑，守其白

（化用了老子的“知其白，守其黑”，观点鲜明，彰显底蕴，显得“高大上”。）

天不生小羽，万古如长夜。（仿世人对孔子的誉评来赞誉小羽，先声夺人！）

我曾自怨处于如此的时代：诽谤丛生，怨声载道，以惰为荣，以仿为乐。假冒者沾沾自喜，创新者沉沦下僚，黄钟毁弃，瓦釜雷鸣。（语气沉痛，直指题旨。）但小羽——一位创业者，一位遭遇不公却不出怨声，谨守其职，勇改其制，用一己之力更新社会的创业者，让我看到了黑暗森林中的一丝萤光。（善用比喻修辞格，表明小羽的与众不同。）

曾经很喜欢《道德经》中的一句话：“知其白，守其黑，为天下式。”俗话说，白沙在涅，与之俱黑。能如老子这般，如屈平这般，在烂醉的世间保持清醒，不是十分难能可贵吗？但小羽告诉我：漂其黑，守其白，方为天下式！（提出中心论点，反老子之意而用之。）

市场完善之路何其修远，只有用行动与建设代替埋怨与指责，才能迎来真正公平的环境。我相信不少创业者都遭遇过小羽的困境，但人们或者背离高尚的“创新”二字，投入仿造的怀抱，与敌人同流合污；或者如老子一般，坚守清立，对政府的责怨之声从唇齿间淌出，浩浩汤汤冲毁信任，冲毁希望，冲毁一切坚守者建设者的泪腺。市场也再无前行的动力。有几人能如小羽一样，吞下不公的泪水，笑对仿造者的飞扬跋扈，投入到市场建设之中，不仅守住自身，更把“涅”漂白？（正反对比，具体阐释中心论点。）

我们需要小羽。（单独成段，凸显文章结构。）

国家需要小羽。政策的制定者固然需要高屋建瓴，但他们的眼中没有深街老巷。自家有几分地，受益还是受损，老农恐怕比老干部清楚。民为社稷之本，政策不够完善，非其心不欲也，实其力不足也。国家需要小羽，需要他们的专业、经验，而非抱怨。“漂其黑，守其白”，为国家漂洗出民智。（从国家层面展开，高屋建瓴。）

社会需要小羽。家风如何？观其家人。乡风何若？察其乡邻。如果“其他人没做，我就不做”的思想泛滥成灾，那谁来引领社会思潮，谁来推动社会进步？社会需要小羽，需要她们的坚持与勇气，而非逃避。“漂其黑，守其白”，为社会守住向上的民心。（从社会层面展开，视野宏阔。）

我们自己，也需要“小羽”。《宪法》写得清楚明白：中华人民共和国的一切权力属于人民。但真的是吗？我们真的尝试过去做吗？我们真的有资格做吗？随波逐流，人云亦云，“泛泛若水中之凫”，我们连自己的主人都不是，何谈国家的主人？尊严，权利——法律给了，自己却不接受。“漂其黑，守其白”，为自己带来“民立”。民有智则国有智，民心聚则国心聚，民立则国立。（从民众层面展开，联系实际。）

（以上三段从国家、社会、民众三个层次论证，落笔有力，掷地有声。）

福克纳曾说，点燃一根火柴，只能发现被黑暗包围。但我相信，只要“小羽”足够多，我们就能点燃整座黑暗森林。只要光芒足够亮，萤火也能与皓月争辉！（比喻说理，很有力度。）

漂其黑，守其白，方为天下式。创业者，若再遭遇山寨，请收拾好泛滥的悲愤，用你的才智，为市场建设，画出你的一笔。这不仅难能，更加可贵！

【综评】

据说，这是当年由四川高考阅卷专家组组长判定的唯一的满分作文。它的亮点多多。

一是观点显豁，内容充实。“漂其黑，守其白”，观点鲜明，而且积极。作者正反对比，论及国家、社会、人民多个层面，博涉古今中外，内容相当充实。

二是结构明晰，层次井然。主体部分从国家、社会、人民多个角度展开，说理很有深度。

三是语言灵动，说理生动。句式多变，长短句交错，整散句结合；比喻、反问特别是彰显积累的底蕴的多处引用，让说理显得生动、有力。

典题 27 “老腔”何以令人震撼（2016年高考北京卷）

《白鹿原上奏响一支老腔》记述老腔的演出每每“撼人肺腑”，令人有一种“酣畅淋漓”的感觉。某种意义上，可以说“老腔”已超越其艺术形式本身，成为了一种象征。

请以“‘老腔’何以令人震撼”为题，写一篇议论文。

要求：从老腔的魅力说开去，不要局限于陈忠实散文的内容，观点明确，论据充分，论证合理。（不少于700字。将题目抄在答题卡上。）

【典题解析】

这道题难度不小，因为考生对“老腔”的了解有限，这会限制考生写作水平的发挥。如何在限制中得以自由地发挥呢？其实，先要研究“老腔”何以有强大的艺术震撼力，然后说开去，说出从中得到的启迪。

“老腔”的魅力在于真情。其曲调及演奏者、演唱者都来自民间，生于厚土之中，没有华丽的包装，也没有过多的曲式变化和复杂的音调，可以说是带着民间文化的质朴走上舞台的。当然，这真情又是丰富多彩的，既有质朴的底色，也有粗犷奔放的表演，还有看似不拘一格，实则细细雕琢的引吭高歌。在这质朴的丰富中，我们感受到了一股无法言说的真情流露。“老腔”的魅力在于新鲜。在当下万花筒般的社会生态中，嗲声嗲气、撒娇卖萌、歇斯底里、硬“挤”出来的苦大仇深、各种“选秀”、“耍”明星（包括“星二代”）、假唱、假演等“乱花渐欲迷人眼”，突然冒出这么几个土得掉渣儿的人和这么一曲土得掉渣儿的调，自然让人别开生面、眼界大开。“老腔”的魅力在于故事。“老腔”不只是单纯的一支曲、一个调，还是根据陈忠实先生的《白鹿原》改编的话剧中的引子和插曲。凡是看过《白鹿原》小说和话剧的人，无不为其惊心动魄的场面、纵横捭阖的历史画卷、栩栩如生的人物形象及鲜活生动的语言所打动。曲折的故事情节尤其扣人心弦，配上这样的曲子，自然魅力四射，可谓“老腔”与故事交相辉映，完美融合。一言以蔽之，“老腔”让人震撼，说明根植于本土的、诞生于民族的、原汁原味的文化宝藏具有巨大的生命力和充足的艺术发展空间。

考生可以从返璞归真、文化传承等角度进行立意行文。

佳作 33

“老腔”何以令人震撼

陈忠实先生的《白鹿原上奏响一支老腔》记述老腔的演出每每“撼人肺腑”，令人有一种“酣畅淋漓”的感觉。那么，“老腔”何以令人震撼呢？这一问题自然是见仁见智，不过，在我看来，正是在于“老腔”对本真的坚守。（大题小作的技巧。把“老腔”的魅力所在界定为“对本真的坚守”，中心突出。）要知道，坚守本真从来都是大智慧者的选择。

坚守本真，是一种低调与率性。（分论点一。让论述有条理的好办法。）2014 年 4 月 18 日，中科院院士李小文在中国科学院大学做讲座时的一张照片走红网络。照片里，蓄着胡须的李小文穿着黑色外套，没穿袜子的脚上蹬着一双布鞋，他不经意地跷着二郎腿，低头念着发言稿。山村老人形象与院士身份形成的强烈反差让网友惊叹，“一派仙风道骨，完全就是古龙笔下的侠士”。作为国内遥感界泰斗级的专家，李小文如此低调与率性，堪与东晋因袒胸露腹而被太尉郗鉴选中作乘龙快婿的王羲之相媲美。（典例一。让观点得到支撑。）

坚守本真，是一种坦诚与清醒。（分论点二。）2014 年 12 月 2 日。中国首位诺贝尔文学奖获得者莫言访问浙江大学。当他被问及有何新书推荐给读者时，莫言坦言：“2013 年我不是一个读书人，很惭愧地告诉大家，这一年我几乎没读一本书。”（典例二。）作为诺贝尔文学奖的获得者，莫言实话实说，体现了其做人的坦诚与清醒，无疑令生活在浮躁时代中的人们钦佩。

坚守本真，是一种进取与超越。（分论点三。）据媒体报道，一部署名为罗伯特·加尔布雷特的侦探小说《布谷鸟的呼唤》面世后颇受好评。出版商表示，侦查员出身的作者退伍后从事安保行业，本书是其处女作。不过作者的新手身份却因写法娴熟而被质疑。后经媒体多方调查证实，罗伯特·加尔布雷特是《哈利·波特》作者 J．K．罗琳的新笔名。被“揭穿”身份后，罗琳说希望这个秘密保持得更久一点，因为她隐瞒身份后看到关于小说的真实评论时，感受到的欢乐更加纯粹。（典例三。）罗琳没有陶醉于自己的名声，而是追求来自读者的真实评价，这种在文学上追求进取与超越的精神，着实令人赞叹。（议例。揭示典例的内蕴。）

“老腔”何以令人震撼，尽管是一个仁者见仁、智者见智的问题，而在我看来，“老腔”对本真的坚守，无疑是其具有永恒生命力的重要原因。（重申中心论点。）故此，人们有理由相信，坚守本真的“老腔”必将继续在艺术领域占据一席之地。

【综评】

本文从“对本真的坚守”的角度立论，走“片面的深刻”的路径，然后紧紧围绕这一点做文章，观点鲜明，而且笔墨集中。

当然，行文的条理性也是很抢人眼球的。考生从低调与率性、坦诚与清醒、进取与超越三个方面展开论证，运用中科院院士李小文、中国首位诺贝尔文学奖获得者莫言、《哈利·波特》作者J.K.罗琳几个实例，阐释了“坚守本真”所具有的积极意义，例而后议，理以例立，读来令人叹服。

典题28 “评价他人的生活”（2016年高考上海卷）

随着现代社会的发展，人们的生活更容易进入大众视野，评价他人生活变得越来越常见，这些评价对个人和社会的影响也越来越大。人们对“评价他人的生活”这种现象的看法不尽相同，请写一篇文章，谈谈你对这种现象的思考。

要求：① 自拟题目；② 不少于800字。

【典题解析】

这个命题看似简明，实则深奥。它有几个层面可以展开。

一是“评价他人的生活”的是与非。一方面，作为生活在现代社会中、具有现代意识的人，不应该随便干涉、议论和评价他人的行为，只要这种行为无伤大雅，无害于他人和社会。因为这涉及隐私权，而对公民隐私的保护是文明社会的标准。从这个角度来讲，的确不应该随意评价他人，对他人指指点点。“静坐常思己过，闲谈莫论人非”等训诫，民间用“长舌妇”“是非精”等带有贬斥意味的词汇称随便议论别人的人。另一方面，对于影响公众和社会利益的个体行为（如在剧场、影院或图书馆大声喧哗的行为，殴打儿童、妇女的行为等）则必须评价，因为这些看似都是个体行为，但严重破坏了公众利益，影响了公众的正常生活。对这样的行为，如果不说不评、冷眼旁观，说轻了是事不关己高高挂起，说重了就是纵容作恶，如此发展下去，社会没了是非标杆，没了公德监督，还怎么和谐、进步？这就需要更多的人评价部分人的这类行为，才能达到惩恶扬善、激浊扬清的目的。

一是此题得从个人与社会、自己与他人两个角度观照。所谓个人与社会，包括个体生活或个体评价他人生活对社会生活或社会评价他人生活所造成的影响；所谓自己与他人，包括自己的生活或自己对他人生活的评价对他人的生活或他人评价别人的生活所造成的影响，他人的生活或他人的评价对自己的生活或自己评价他人生活产生的影响。

一是针对“评价他人的生活”这种现象展开思考的深浅度：自己在别人的评价下如何生活；自己应该如何更科学更理性地评价他人生活；如何合理地评价他人生活，以及在他人评价下生活。

佳作 34

评价，勿忘其真谛

（引人入胜的文题！）

哥哥张国荣歌曲《我》中有言："我就是我，是颜色不一样的烟火。孤独的沙漠里，一样盛放的赤裸裸。"（以流行歌曲的歌词开篇，有先声夺人之效！）而今作为独特的个体存在于这个崇尚开放、自由，追求话语权的时代，"孤独的沙漠"早已被取代，唯有"赤裸裸"地生活，即我们为他人所共享、所了解地生活着。

在这个时代，个人生活在大众视野下的普及性，正以一种难以抵御的姿态掠过。而评价，就是这一背景下炙手可热的产物之一。从朋友圈的兴起，到微博上每一次空前的热议，我们以一种越来越"社会化"的方式，将对他人生活的关注纳入自己的日常，也同样为他人所消费和"享用"着，（概述"评价他人的生活"现象的时代性、普及性。）所谓"明月装饰了你的窗子，你装饰了别人的梦"。（借用卞之琳的诗句，艺术地概括。）

可以说，评价的常态化，已是这个时代不可磨灭的标签。从邻里八卦，亲友日常，到明星绯闻和公众人物及事件……我们以一种积极的姿态实现着我们对社会的关注。也实现着一种良性的公共参与。

在这个"没有一只麻雀可以置身事外"的今天，对他人生活的评点既是个人立场的体现，又是社交行为中最让人津津乐道的话题。在这样的氛围之下，个人与个人、个人与社会的契合度，都在与日渐长着。这种社会化程度的加深，对于个人及社会的良性发展，都大有裨益。（阐述评价的正面效益。）

然而，当评价逾越了原有的尺度，从公民层面的参与降格至个人欲望倾诉与发泄的渠道，评价的泛滥更像是一个毒瘤，会极大地影响他人的生活。（评价的负面效益。显示出思辨的智慧。）

当我们拥有生活的权利，而评价生活的话语权却被生活之外的大多数人所掌控时，这样的评价更像是一只暴力的笼子，剥除了生活本身的意趣和魅力。语言的开放性和自主性，让各式各样的"棒杀"和"捧杀"出现，也导致了太多令人扼腕的悲剧的发生。（"暴力的笼子""棒杀"和"捧杀"，很有表现力的语言！）

事实上，当我们抱着一种看热闹和无谓的态度对他人的生活指点发话时，当我们对他人生活的关注凌驾于对自身的经营之上时，评价的空心化和去价值化，恰恰体现的不是我们对这个社会的关注，而是我们对这个社会的迷茫，以及我们内心世界的狭隘和短视。也就是说，当评价的目的变质，无论它是向外发泄还是自我指涉，以这样的方式去证明存在感，或是寻找成就感，那势必南辕北辙，终究无疾而终。（分析深刻，入木三分！）

因此，评价他人生活作为我们社会生活的一环，决不能失去它的意义和功能，亦不可单向地向他人或自我无限地倾斜。想起黑格尔所言："哲学即是哲学史。"

而评价他人的生活，也不该仅仅止于评价本身。在我们为了更好、更全的评价而求索时所做出的理解和努力，将涵盖我们的言语本身。当评价不只是一种立场，而成为最深切真挚的关怀与理解，我们才终可以在"良性评价"的蓝天里，"自歌自舞自开怀，无拘无束无阻碍"。（用诗化的语言，为评价绘出了愿景。）

【综评】

这是一篇很有才气的考场作文，获评69分。

全篇文脉清晰。文章层层深入，从评价的"社会化"到评价的负面影响，再从"空心化""去价值化"的原因分析到"良性评价"，直到最后指出评价的"真谛"为"深切真挚的关怀与理解"，可谓水到渠成。

行文语言流畅，一气呵成，文辞畅达。站在评价他人生活这一现象的"高处"，通过极具风致的言辞，自然呈现出别样的风致。

作者积淀丰厚。张国荣的歌曲，卞之琳的诗歌，黑格尔的名言，包括"暴力的笼子""棒杀""捧杀"等说法，"当评价的目的变质，无论它是向外发泄还是自我指涉，以这样的方式去证明存在感，或是寻找成就感，那势必南辕北辙，终究无疾而终"等文句，可见该考生的思维涵养与阅读视野。

典题 29 “话长话短”（2016 年高考江苏卷）

根据以下材料，选取角度，自拟题目，写一篇不少于 800 字的文章；文体不限，诗歌除外。

俗话说，有话则长，无话则短。有人却说，有话则短，无话则长——别人已说的我不必再说，别人无话可说处我也许有话要说。有时这是个性的彰显，有时则是创新意识的闪现。

【典题解析】

这个材料由三个句子构成，第一句话和第二句话是材料的主体，这两句话看似很对立，“有话则长”对“有话则短”，“无话则短”对“无话则长”，放在一起，其实是在引发考生对说话进行辩证的思考：该长则长，该短则短或人长我短，人短我长。由此，考生可围绕说话谈“说话的长与短”“说话的学问”“说话的技巧”等。材料的第三句话实际上是对第二句话的评说，别人有话则长，我偏有话则短，别人无话则短，我偏无话则长，这不是个性又是什么？另外，说第二句话的人其实偷换了句子的主语，第一句话的主语只有一个，那就是说话者“我”，而第二句话已经变成了两个主语，（别人）有话，（我）则短，（别人）无话，（我）则长。这不正是说话者创新意识的闪现？个中，实际上引出了两个话题，那就是“个性”与“创新”。考生在谈“个性”或“创新”时可以完全撇开前面的材料而思接千里。

考生只要从说话艺术、彰显个性、矢志创新三个话题中任选一个即可成文。如果兼顾甚至三顾，自然极好，只是要理顺互相的逻辑关系。

如果想得高分，选材、构思、语言功夫而外，辩证思维很重要。如果你谈说话艺术，就不能不谈到说话的对象、场合、目的、分寸等；如果你谈个性，还要分析个性的利弊，最好不要忘了共性；如果你谈创新，就不能不谈到继承。

佳作 35

活出真我的风采

（以动宾结构为题，亮出文章的观点。）

是探讨说话艺术吗？是倡导彰显个性吗？是力主矢志创新吗？（连续设问，有引人注目之效。）

这些，看起来不无道理。然而，我觉得，坚守自我，活出真我的风采最为靠谱。

（明确文章的中心论点。）

陶渊明“不为五斗米折腰”挂印而去，李白“天子呼来不上船”“仰天大笑出门去”，关汉卿自誓“是个蒸不烂、煮不熟、捶不匾、炒不爆、响珰珰一粒铜豌豆”，李敖一次又一次因言获罪、官司不断，王小波再苦再难也要践行他的“骑士精神”，王朔敢于宣称“我是流氓我怕谁”，北大怪侠孔庆东屡屡爆出惊世之论，韩寒在“六盏红灯照亮前程”的高调后写作、赛车、拍电影，欧·亨利不像许多作家那样圣化写作而始终以“供读者消遣”为他的写作目的，李清照宁可身陷囹圄也要休了恶丈夫，陆小曼和王赓和平分手只为与多情才子徐志摩牵手，徐志摩顶着恩师梁启超的责骂也要休了张幼仪与陆小曼在一起，吕碧城才貌出众偏偏红颜命薄、单身终老，蓝妮不管不顾地从了有家室的孙科又不管不顾地弃了他，同盟会老会员张奚若在国民党统治和共产党执政期间都是一身铮铮铁骨，梁漱溟当众叫板毛泽东要有容人的雅量，梁文道不管纯粹音乐分子欣赏音乐时的全神贯注的做派，我行我素地把大师格拉斯的音乐当成背景音乐，《亮剑》中的李云龙常常剑走偏锋……（连用近20个典例，而且文字极其简省，铺排而出，有雄辩滔滔之感。）这些人都是鲜活的真我。（落脚到中心论点上。）

还记得“教授中的教授”、著名国学大师陈寅恪先生的“四不讲”吗？他在清华上课时曾坦言自己的讲课原则：“前人讲过的，我不讲；近人讲过的，我不讲；外国人讲过的，我不讲；我自己过去讲过的，也不讲。现在只讲未曾有人讲过的。”因此，他的课堂座无虚席，甚至连朱自清、冯友兰等知名教授也风雨无阻前去旁听。（前段是“面”，此段是“点”，点面结合，论证有力。）

还记得尼娜·西蒙吗？她不像一般歌手那样纵容听众，一旦发现他们不留神听歌，就会毫不客气地指责他们，如此反而名声大震，唱片合约也上了门。（还是“点”，前“点”是中，学术界的；后“点”是外，艺术界的。）

因为，标新立异并不特别难，难得是你要有充沛的底气，足够的实力，还有可观的成就。这是个性张扬者的共性。否则，所谓的坚守自我就会成为张岱笔下老教谕口中的“笑资”。（进一步厘清“坚守自我”的内蕴。）

你一定忘不了尼采，对，就是写了《查拉图斯特拉如是说》的那位；你一定忘不了海子，对，就是“面朝大海，春暖花开”的那位；你一定忘不了顾城，对，就是“黑夜给了我黑色的眼睛，我却用它去寻找光明”的那位。最后，一个发了疯，一个卧了轨，一个用斧头劈了爱妻谢烨后自杀身亡。（三则反例，从另一个角度申说“坚守自我”的内蕴。）

因为，人是社会性的动物，身处俗世，种种传统规则、习惯做法都是你的桎梏，与众不同的个性展示，往往会予你以压力，有时候，这样的压力还很大，甚至会大到你扛不住。

是的，活出真我的风采是潇洒的，因而也是人们热追的。但是，它有前提，那就是有实力，有分寸，有底线。（曲终奏雅，对上文所论进行总结，明确“活出真我的风采”的“前提”条件。）

【综评】

读完此文，你一定会对文中的用例留下深刻的印象：大量涵盖现实生活与文学作品的铺陈而出的典例（很多例子还比较新颖），“面”例与“点”例的结合，正例与反例的比照。而且，呈现例子的句式也富于变化。

当然，对一篇议论文而言，中心论点的鲜明与支撑有力是很关键的，此文也做得很到位。

而且，结尾的“有实力，有分寸，有底线”的“前提”提升了文章的境界。

佳作 36

“言而当，知也！”

（引用荀子名句，鲜明地亮出中心论点。）

有人说：“有话则长，无话则短。”有人说：“有话则短，无话则长。”（有方向性地引述材料，正是材料作文中“定向叙述”的技法。）真是“此亦一是非，彼亦一是非”。（评述。言简意赅。）其实，话的长短不是关键。（“其实”，议论文中很好的词汇，顿显识见超越同侪。）荀子有云：“言而当，知也！”（亮出中心论点。把话题引向新的境界。）此言得之。

“当”者，说的是情形。（展开申说。分论点一。）

当说则说，畅所欲言；明哲保身，自身难保。（对比着行文。）美国波士顿犹太人屠杀纪念碑上所铭刻的马丁·尼莫拉的那段话，想必大家铭刻于心吧？“在德国，起初他们追杀共产主义者，我没有说话——因为我不是共产主义者；接着他们追杀犹太人，我没有说话——因为我不是犹太人；后来他们追杀工会成员，我没有说话——因为我不是工会成员；此后他们追杀天主教徒，我没有说话——因为我是新教教徒；最后他们奔我而来，却再也没有人站出来为我说话了。”（典例，详写，颇具说服力。）

如此，你对宋代大儒张载的“四为”观一定会颔首赞许，对英国诗人约翰·多恩的《没有人是一座孤岛》的远见卓识一定有共鸣。（典例，略写，与前文用例形成点面结合、详略有致的构架。）人，特别是作为社会良心的公共知识分子阶层，必须发出自己的声音，哪怕会为此付出代价。

“当”者，说的是分寸。（继续展开申说。分论点二。）

中国古代的谋臣策士堪为掌握说话分寸的典范，因为他们面对的是生杀予夺大权在握的君主皇上，一不小心就可能丢了性命。孟子、晏子、触龙、毛遂、邹忌、蔺相如、东方朔、魏征等都留下了不少佳话。诸葛亮舌战群儒，不是为了逞口舌之利，而是为了谋孙刘结盟，自然在据理力争的同时要给对手留足脸面。南齐的皇帝萧道成与书法家王僧虔比试书法，非得分出“谁第一，谁第二”，王僧虔如斯说：“为臣之书法，人臣中第一；陛下之书法。皇帝中第一。”太极推手功夫一流，既顾及了皇帝的面子，又维护了自己的尊严。（名人行迹，铺排而出。）

寻常人之间说话也有讲究。一言不合而大打出手甚至赔上性命的教训不在少数。（观照现实中下“寻常人”，足见说话“分寸”之讲究。）切记：“逢人只说三分话”是一种处世艺术，交浅言深是社交大忌。

“当”者，说的是技巧。（继续展开申说。分论点三。）

萨迪说得好：“你若开了口，就得有才干。”庄子不愿出仕，拿曳尾于淤泥之中的乌龟说事。周恩来总理对谈判对手的轻慢之语“真是对牛弹琴”，四两拨千斤：“对！牛弹琴！”梁晓声面对英国媒体“没有‘文化大革命’，可能也不会产生你们这一代作家，那么‘文化大革命’在你们看来究竟是好还是坏”的刁钻提问时，对以“没有第二次世界大战，就没有以反映‘二战’而著名的作家，那么你认为‘二战’是好还是坏”。海涅面对“岛上没有犹太人与猴子”的挑衅，不动声色回击“看来，只有你和我一起去那个岛才会弥补这个缺陷”。萧伯纳在收到狂妄自大的贵妇的“星期六下午4时至6时，我将在家”的请帖后回帖“我也一样”。毕加索把描绘西班牙城市遭到德军飞机轰炸后的惨状的画作《格尔尼卡》的复制品发给到艺术馆的德军，盖世太保问“这是您的杰作吗？”毕加索面色严峻地说：“不，这是你们的杰作。”这些耳熟能详的故事中蕴含着高超的说话艺术。（博涉古今中外，可见阅读之功。所谓“劳于读书，逸于作文”，信哉！）

确实，说得恰当，说得得体，说得艺术，个中都是智慧。（对主体部分的内容进行归结。可贵的结构意识！）

《论语》云：“一言而可以兴邦。”西谚道：“沉默是金，雄辩是银。”穆罕默德说：“一天中我们说的话有用的不超过三句。”（连续引用，多元文化在这里交汇。）

说，还是不说？多说，还是少说？你说了算！（扣住说话结尾，连用短句，既引发读者思考，又给人以言已尽而意无穷的感觉。）

【综评】

关于“说话”这个话题，有很多的话好说，作者机智地从“言而当，知（智）也”切入，在情形、分寸、技巧三个维度上做文章，并且用众多的事理与事实使之得到有力的支撑。体现了行文的智慧。

文章中心突出。借用荀子的“言而当，知（通‘智’）也”跳出了话长话短的是是非非，在“当”与否上面做文章，既是从话题生发的，又开拓了境界。

作者有着强烈的结构意识。“当”者，说的是情形；“当”者，说的是分寸；“当”者，说的是技巧。次第展开，有条不紊。

文中典例铺排而出，予人以雄辩滔滔的感觉，形成了论证说理的力度。引证多且恰当，很好地支撑了论证的进行。其间，可以看出日常阅读的积淀之丰厚。有道是：“腹有诗书气自华。”这，应该成为我们考生追求的方向。

行文语言也很有特色，长短句、整散句交互出现，显示出不俗的文字功底。文中多处贴切地引用文字，为文章增色多多。

典题30 “女儿举报父亲”（2015年高考全国卷Ⅰ）

阅读下面的材料，根据要求写一篇不少于800字的文章。

因父亲总是在高速路上开车时接电话，家人屡劝不改，女大学生小陈迫于无奈，更出于生命安全的考虑，通过微博私信向警方举报了自己的父亲；警方查实后，依法对老陈进行了教育和处罚，并将这起举报发在官方微博上。此事赢得众多网友点赞，也引发一些质疑，经媒体报道后，激起了更大范围、更多角度的讨论。

对于以上事情，你怎么看？请给小陈、老陈或其他相关方写一封信，表明你的态度，阐述你的看法。

要求综合材料内容及含意，选好角度，确定立意，完成写作任务。明确收信人，统一以“明华”为写信人，不得泄露个人信息。

【典题解析】

在高考作文命题历史上，此题开启了“任务驱动型”作文题型。

这是关乎情、理、法的一则材料，涉及很多维度：如何看待小陈的行为？如何看待老陈的行为？如何看待警察的行为？如何看待网友的行为？如何看待媒体的行为？

小陈讼亲，从伦理角度来说是不孝行为，不合古已有之的“亲亲相隐”的文化传统，让人感受到“大义灭亲”的冷酷无情；从法律角度看却是正确之举，是对父亲的终极关爱，是对世人生命的尊重。老陈交规意识淡薄，生命意识不强，违规成性，受到举报、教育与处罚，理所应得，因为他对自身与他人都缺少责任意识；然而，如果他违规行为的背后有着不得已，比如来自领导的电话关系到对上级的态度，来自客户的电话关系到业务的得失，来自朋友的电话关系到紧急求助之类的，似乎也情有可原。警方查处、教育老陈是分内之责，没有错；只是公开这起举报隐私有违人性执法，不利于和谐社会建设。网友参与讨论，或点赞，或质疑，体现的是现代公民的责任意识、监管意识；但是要注意弘扬正气，传递正能量。媒体报道不能止于报道，更需要引导，体现正向思想的力量，要警惕炒作甚至推波助澜，传递负面的东西。

选择上述五个方面之一展开，于臧否之间表明自己的观点，然后给自己的观点以足够的支撑。

还要特别注意书信的特点（可以灵活采用叙事、议论、抒情等表达方式，通过对话以表情达意，既可以情感人也可以理服人）与格式（开头、结尾、落款等）。

佳作 37

致陈先生的一封信

陈先生：

您好！

您的遭遇，我在网上略有了解。我想说，如果是我，也会如您女儿一般对您进行举报。（表明作者立场。）我这样做，不仅是因为您的所作所为违反了交规，更是因为当您开车载着家人时，那个接通的电话已经将您自己、您的家人和路上的其他人的生命吊在了悬崖之上。（申说为什么。）下面请允许我和您谈一谈：生命关天，我们必须敬畏。（亮出观点。）

敬畏自我的生命，此生无悔。（分论点一，说自己。）《古诗十九首》云：人生天地间，忽如远行客。（引用，为自己助阵。）每个人都只是这天地逆旅中的暂住之客，我们的生命脆弱而又短暂，无法重新来过。也正因如此，我们才更应该对自我的生命心怀敬畏，不因任何外因而失去对它的尊重。不由想起了那个“职业是生病，业余是写作”的残疾作家史铁生，（举例，为自己助阵。）当他说出“微笑着，去唱生活的歌谣”时，当他穷四年之功，利用透析后的残存时间写下《病隙碎笔》时，当他在《命若琴弦》中塑造了千弦弹断希望不灭的盲人琴师时，陈先生，希望您能够懂得，正像当代诗人郭小川所说，“但愿每次回忆，对生活都不感到负疚”，敬畏自我的生命，可以让我们无悔此生。（又是史铁生，又是郭小川，很有文化的感觉。）

敬畏与自己相关的生命，此生有责。（分论点二，拓展开去。）我们每个个体都与其他无数生命紧密相连，而这些与我们相关的生命，都是我们肩上的责任，我们需要对它们心怀敬畏。看，那为了让独居的母亲颐养天年而辞官奉母的潘岳挂起的官印，它提醒我们，敬畏亲人的生命；触，那落在为了给发烧的妻子降温而只穿单衣站在雪地中的荀粲肩上的雪花，它告诉我们，敬畏爱人的生命；听，那重病在床的元稹在听到挚友白居易被贬江州时吟出的“垂死病中惊坐起，暗风吹雨入寒窗”的诗句，它教导我们，敬畏友人的生命。（一看二触三听，内容为之充实。）陈先生，您一定明白，只有当我们因敬畏而为与自己相关的生命负起责任时，我们才可以俯仰无愧，坦然前行。

敬畏与自己无关的生命，此生崇高。（分论点三，更加拓展开去。）鲁迅说：“无穷的远方，无数的人们，都和我有关。”（引用，相当精当！）我想，如果我们还可以对与自己无关的生命心存敬畏，则我们的生命一定可以更加崇高，正像尼采说的那样：“我的灵魂清澈而明亮，宛若清晨的群山。”如韩愈一般，为了天下苍生不受蛊惑，上《论佛骨表》，被贬潮州仍“肯将衰朽惜残年”；如东林学派一般，为了黎元百姓乐于樵苏，发出正直呼喊，惨遭屠戮却成为“一支重整道德的十字军”；如新东方学校一般，为了汶川同胞重振希望，捐款支教，耗费巨大终获民政部“中华慈善奖”。（又是一组整句，贯通古今，很有力度。）陈先生，相信您十分清楚，这些人之所以值得我们敬佩，正是因为他们都能对那些与自己无关的生命心怀敬畏，方能普施大爱，让自己的生命清澈而崇高。（分析，而且到位。）

这红尘，太污太苦太锦簇；这人情，总浮总疏总麻木。陈先生，您可以看到，当今时代，食品安全隐患多多、医患矛盾逐渐升级、老人跌倒无人搀扶，人们对生命的敬畏似乎越来越淡漠。（概写冷峻的社会现实，更显敬畏生命之必要。）然而，越是在这时，我们越应该不断自省：对自我的、与自己相关或无关的生命，我们都要心怀敬畏。大儒张载说：“为生民立命。”我真诚地希望您可以在今后的生活中将对生命的敬畏放在心头，毕竟，生命对每个人都只有一次；毕竟，我们等过了无尽黑暗才睁开了双眼；毕竟，这是一个不能停留太久、又不知何时会告别的世界。（又是一组整句，入情入理。）

陈先生，您说呢？（晓之以理，有不可辩驳的逻辑力量。）

明华

2015 年 6 月 7 日

【综评】

本文主旨明确：“生命关天，我们必须敬畏。”结构严谨：开宗明义；主体部分从“敬畏自我的生命，此生无悔”“敬畏与自己相关的生命，此生有责”和“敬畏与自己无关的生命，此生崇高”三个角度展开，脉络明晰，逐层深入；以关注现实而收束全篇。文采斐然：“将……生命吊在了悬崖之上”，主体部分领起的三个整饬的句式，出自《古诗十九首》、郭小川、鲁迅、尼采、张载等的精妙而又适境的语句，随处可见的排比句式，等等，既浓化了文章的文化味儿，又予读者以美的享受。

典题31 “蝴蝶翅膀的色彩”（2015年高考安徽卷）

阅读下面的材料，根据要求写一篇不少于800字的文章。

为了丰富中小学生的课余生活，让同学们领略科技的魅力，过一把尖端科技的瘾，中科院某研究所推出了公众开放日系列科普活动。活动期间，科研人员特地设计了一个有趣的实验，让同学们亲手操作扫描式电子显微镜，观察蝴蝶的翅膀。

通过这台可以看清纳米尺度物体三维结构的显微镜，同学们惊奇地发现：原本色彩斑斓的蝴蝶翅膀竟然失去了色彩，显现出奇妙的凹凸不平的结构。

原来，蝴蝶的翅膀本是无色的，只是因为具有特殊的微观结构，才会在光线的照射下呈现出缤纷的色彩……

要求自选角度，确定立意，明确文体（诗歌除外），自拟标题；不要脱离材料内容及含意的范围作文；不要套作，不得抄袭，不得透露个人相关信息；书写规范，正确使用标点符号。

【典题解析】

蝴蝶的翅膀本是无色的，为什么现实中看到的是“五彩缤纷”的呢？这是立意的关键所在。涉及两个方面：其一，蝴蝶本身有特殊的微观结构；其二，光线的照射。也就是说，蝴蝶的特殊微观结构在光线的照射下，才呈现缤纷的色彩。“微观结构”是主体，是内因；“光线”是外因，“微观结构”通过“光线”而起作用。这自然让人想起哲学上内因与外因的话题

“特殊结构”实际上可对应一些人事。对于一个人来说，打铁先得自身硬，要有独特之处，“特殊结构”就是自身本领强、技术高、素质硬……“光线”就是外部条件，是“平台”“机遇”……如此，作文的思路就逐渐清晰了。可围绕“实力加上机遇，才能成就人生辉煌”这个核心立意去生发。

其实，符合题意的立意有四个大的方向。一是从人的角度：从学生的角度，可以谈科技的魅力、求知与求证、探索与发现、不同角度产生不同结果、实践出真知；从科研人员的角度，可以谈教育方法不同则效果不同、激发兴趣、培养探索精神。二是从物的角度：从电子显微镜可以谈善假于物、发现本质和真相，从光线可以谈善假于物成就精彩，从蝴蝶翅膀可以谈具备个性特质才能呈现光彩。三是从哲学的角度：可以谈表象与本质、内因与外因、微观与宏观、感性与理性。四是从批判与质疑的角度：可以谈眼见未必为实，不囿于已有的认知，探索无止境，距离产生美，等等。

佳作 38

修己之身以立基，假外之力而奋起

（用对句亮出自己的观点。深刻而显豁！）

蝴蝶翩翩起舞，绚丽的背后是内部结构与光线照射的共同作用；（运用定向叙述的手法，概述材料的主要内容，很精省的文字！）大鹏背负青天，其豪迈的条件是其翼若垂天之云且乘奔东风；（说自然界，神话。）刘备雄霸天下的背后，是他过人的德行与众贤士鼎力相助的相辅相成。（说人类社会，现实。）故有言曰：若夫心怀凌云之志，必先内修其身且善假外物方可成其大业。（明确本文的中心论点。）

每个人都渴望在社会上绚彩夺目。而色彩缤纷的成就更需要潜心磨砺自己的内心，将自己塑造为可造之才。不仅如此，先贤志士曾曰："君子生非异也，善假于物也！"善于借助外界的条件，才能让自己更加耀眼。内修己身，外借他力，是先贤成功的经验总结。（论证展开的第一个层面。）

没有人愿相信曾经的马云，没有人敢质疑现在的马云。被肯德基老板嘲笑了的马云继续修炼自己，借助市场经济大潮与网络的快速发展开创了个人的商业王国。他的成功，是因为他拥有坚持不懈的毅力。恰如孙中山所言：吾心之所向，纵困难重重，仍再接再厉勇往直前。（精当的引用，加强了论证力度。）再者他把握好了时代的机遇，掌控了时代的脉搏。人之智，不在于智商高于常人，也不在于在做题目、与人争辩等活动中脱颖而出，而在于清晰地认识自己、把握条件。（先否定后肯定，强化了作者想表达的内容。）内修己身，外借他力，方可成人之志。（论证展开的第二个层面。）

我们，作为教育改革时代的新青年，亦要懂得内外兼修的真谛。（联系现实，富有时代气息。）教育改革引来众多质疑，有人担心，有人庆幸，也有人支持。我们兴许不能选择自己所接受的教育制度，但既然生于当世，便要以积极的态度来面对。提高自己的文化修养的同时，练就发现机遇的明目。如蒋方舟所言："我们所面对的世界也许不能改变，但我们能改变自己适应它。"（精当的引用，仍然为了论证力度。）内修己身，外假他力，才能谱就新时代新青年的新乐章。（论证展开的第三个层面。）

习主席提出大众创业，万众创新。众多大学生创业者跃跃欲试。在给清华大学的创客（"创客"，富有时代色彩的新词汇！）关于创业问题信件的回复中，李克强总理指出，创业固然值得提倡，但重要的是当代大学生要首先提升专业知识素养。由此可见，内修己身才是创业的基础。而在鼓励大众创业的同时，国家更在发挥自己的作用，政策上，法律上，给创业者们充分的外界条件。励志创业者崔万志谈到自己的创业感受时说：“我觉得自己就像是站在风口浪尖上的一只猪，风来了，猪都飞了起来。”（继续引用，更加形象的表达。）政府的作用就是让这阵风更大更猛，让创业者们都能假借外物而奋起。内修己身，外假他力，中华儿女放飞梦想，为实现中华民族的伟大复兴携手在路上。（论证展开的第四个层面。）

没有哪一份成功不需要努力与汗水的付出，没有哪一份成功不需要外力来相助。内修己身，外假他力，你会拥有属于你的成功。（强化本文的观点。）

【综评】

这是特色鲜明的一篇满分作文。

一是观点鲜明，切合题意。开头引蝴蝶翅膀、大鹏展翅、刘备雄霸天下，强调了内因与外因相互作用才能助人成功。紧扣材料，观点鲜明。“若夫心怀凌云之志，必先内修其身且善假外物方可成其大业。”巧妙点题，既小结了首段，又为全文确立了中心论点。

二是结构严谨，功力不凡。在提出“内修其身且善假外物方可成其大业”论点后，引用古今中外的名人伟业，先后论述了四个层面：内修己身外借他力，是先贤成功的经验总结，方可成人之志，才能谱就新时代新青年的新乐章，中华儿女放飞梦想为实现中华民族的伟大复兴携手在路上。最后总结：“没有哪一份成功不需要努力与汗水的付出，没有哪一份成功不需要外力来相助。内修己身，外假他力，你会拥有属于你的成功。”名人事迹纷呈，名言警句迭现，可以看出作者文化底蕴深厚，写作功底不俗。

三是论据丰富，论证有力。既有古例，又有今例；既有事实，又有名言。开篇引用材料指出蝴蝶翅膀艳丽的原因，再以庄子《逍遥游》、刘备雄霸天下为佐证，提出自己的观点；中间引用荀子、孙中山、蒋方舟的名言，分析马云成功的原因，强化自己的观点；结尾引用习近平、李克强、崔万志等人的话，紧密联系现实生活，指出当代青年为实现中国梦想而奋斗的途径。全篇处处都围绕“修己之身以立基，假外之力而奋起”展开论证，不枝不蔓，切中肯綮，行文一气呵成。

佳作39

我有翅膀，只等点亮

鱼备有两鳍，有了江河海洋，才能使其游得欢畅；鸟生有双翅，有了辽阔天空，才能任其自由翱翔。（从自然界说起，设喻。）精彩的生活，其实就是你准备好了的“纸鸢”，只等东风起，放飞到山梁。（比喻，说到了人类社会。其实，很多涉及自然界的作文材料最终总是要指向人类社会的。这是作文最基本的路数之一。）

蝴蝶翅膀本没有色彩，但它准备了微观的特殊结构，有了这个特殊结构，它可以坦然地告诉世界：我有翅膀，只等点亮。（亮出观点，点题。）

是的，在生活中，“我有翅膀”，就是一种实力，你具备了，就有一份气定神闲；“只等点亮”，是等待恰当的时机，一旦出现，自然美丽无边。（对诗化的文题进行诠释。）因为当实力遇上机遇时，生活的状态就随之改变，如蛰伏的青蛙遇上春天，由缄默无声，到一路唱鸣；如雨后的天空碰到阳光，由清新淡云，到七色彩虹。（两个比喻，为文字增色许多。）

所有这一切，恰如庄子《逍遥游》里的大鹏，“背若太山，翼若垂天之云”，只等“海运”来临，“抟扶摇、羊角而上者九万里，绝云气，负青天，然后图南”，而享逍遥之游。（类比论证。）试想，鹏没有实力，或者有实力，但不能借力到九万里高空，就不能达到理想的彼岸。（一个“或者”出现，让人感到作者分析是到位的。）

生活像寓言，寓言即生活。程虹教授是首都经济贸易大学英语系教授。她在上山下乡时，白天参加繁重的生产劳动，晚上仍坚持看书学习。当恢复高考时，她凭实力跨进了大学之门。之后，当人们将眼光盯在眼前的功利和时髦上时，她又选择“甘于寂寞、心无旁骛、持之以恒，主动蹲下身子，打好扎实的学问功底”。当美国自然文学之风刮到东方之岸时，程教授已潜心十年研究，著作业已等身了。（典例一。服务于作者想论证的分论点一。）

机会是为有准备者而准备的。程虹教授正因为注重打造一副有实力的“翅膀”，当机会来临时，就完全将自己的人生点亮。倘若没有实力，哪怕机会如绵绵春雨，对你来说，犹如浇在一截腐朽的木头桩上。（富有文采的文字！）

当然，生活不一定都是好心情遇到好天气，有时机会潜行在深处，你寻觅不到它半点芳踪。（“当然”，笔锋一转，论证推进到新的层次。）如南宋的辛弃疾，他壮志凌云，实力雄厚，但时不与我，只能空发“把吴钩看了，栏杆拍遍”之叹。如曹操，“东风‘偏’与周郎便”，怎能“铜雀春深锁二乔”？（两个典例，很是恰当地支撑起作者想论证的分论点二。）机遇的缺失，让很多英雄豪杰垂泪神伤，暗淡了一副翅膀。

可上帝关上了一扇门，必定给你开了一扇窗。（“可”，笔锋再转，论证又推进到更新的层次。）尤其在如今这个时代，只要你真有那份实力，就会有相应的平台。如马云凭着灵敏的嗅觉和坚韧的品质，在互联网这个大好环境中，创造了阿里巴巴的奇迹；如俞敏洪凭着决绝的勇气和超人的努力，创造了新东方的辉煌……（又是两个典例，自然非常契合作者想论证的分论点三。）环顾四周，谁的成功不是实力的展示，不是机会的垂青？谁的实力不是用努力置换，不是有其自己的“特殊微观结构”？

蝴蝶凭着一副“特殊微观结构”的翅膀，最终将五彩缤纷点亮。人生如斯，也应

准备一副翅膀，去迎候你的那缕阳光。（再度从动物说到人，既是对开头的呼应，让人有浑然一体之感；更是对中心论点的重申，给读者以深刻的印象。）

【综评】

本文论点显豁。既强调内因——“我有翅膀”，做好自己；也看重外因——“只等点亮”，捕捉时机。是准确把握了材料内涵的。

论据丰富而翔实，论证富有层次感。文中运用了多种论证方法，有庄子《逍遥游》里的大鹏的类比论证，有精当的比喻论证，更有富有说服力的典型例证：“甘于寂寞、心无旁骛、持之以恒，主动蹲下身子，打好扎实的学问功底”的程虹教授——修炼自己的“翅膀”；壮志难酬的辛弃疾、曹操——有很好的“翅膀”却缺失合适的机遇；创造奇迹的马云、俞敏洪——靠着“翅膀”，积极地寻找机遇。

语言方面也有着很好的功底，不少语句很有文采，很有味道：“精彩的生活，其实就是你准备好了的‘纸鸢’，只等东风起，放飞到山梁”“当实力遇上机遇时，生活的状态就随之改变，如蛰伏的青蛙遇上春天，由缄默无声，到一路唱鸣；如雨后的天空碰到阳光，由清新淡云，到七色彩虹”，等等。

典题32 “丝瓜藤与肉豆须”（2015年高考山东卷）

阅读下面的材料，根据自己的感悟和联想，写一篇不少于800字的文章。

乡间有谚语：“丝瓜藤，肉豆须，分不清。”意思是丝瓜的藤蔓与肉豆的茎须一旦纠缠在一起，是很难分辨的。

有个小孩想分辨两者的不同，结果把自家庭院里丝瓜和肉豆的那些纠结错综的茎叶都扯断了。

父亲看了好笑，就说：“种它们是用来吃的，不是用来分辨的呀！你只要照顾它们长大，摘下瓜和豆来吃就好了。”

要求：① 选准角度，自定立意；② 自拟题目；③ 除诗歌外，文体不限；④文体特征鲜明。

【典题解析】

材料内容非常丰富。第一层的谚语陈述，表达的是生活中“丝瓜的藤蔓”“肉豆的茎须”很难分辨，引人从特殊现象思考一般事理：生活是复杂的，很多事情、事理难以分清，要正确认识生活中的这一现象。第二层陈述小孩的行为与结果，“想分辨两者的不同”是一种可贵的好奇心，勇于尝试分辨事物区别的行为，表现出了一定的探索精神与研究品质；尽管扯断了“纠结错综的茎叶”，但这种好奇的心理、尝试的行为、探索研究的品质是值得肯定的。第三层是父亲的评判，“看了好笑”并非完全的否定，后面的语言强调了“种它们”的实用价值与本质，“只要照顾它们长大”强调了抓住本质、实践行动的重要性。

简单的故事情节中浓缩着深刻的哲理寓意，朴质的语言中体现了思维的品质，蕴含着多元的表达机智。从材料中提出主干来，可以看到“豆瓜藤缠绕”——“所见不同”——“价值观决定判断和选择”的思维流程，其中，孩子与大人的角度不同，认识也迥异，这是“价值观念不同选择不同”的大层次；而从人的格局这个角度来看，“人之所以产生不同的认识是由人的经验阅历决定”“格局不同视角不同”也是很契合材料的立意。

佳作 40

心系瓜豆，不辨须藤

（于取舍之间，自然亮出自己的观点。）

种下瓜豆，便只愿细心呵护，育其成长，以求有所收获。纵使它们藤须缠绕无法分辨又有何妨，何必为此迷茫，我们最终所要的仅是心系瓜豆。人生便也如此，我们只需知道自己要做什么，目的是什么，不必为无关的缠绕所伤神，只是为自己的方向而奋斗。（表明所谓的“心系瓜豆，不辨须藤”在人生旅程中“是什么”。）

也许是这个社会太嘈杂，人们总是走在前行的路上，被无关于自己的藤须所束缚，忘了自己最初的使命。而正是因为这样，我们才要坚定我们的初衷，昂首向前。

明确自己的道路，便只顾风雨兼程，哪管世外之物，如此行之，便终有收获。（从正面立论。）当阎连科成为首获卡夫卡文学奖的中国作家时，他并不为之意外或有所动摇。他表示获奖仅是瞬间之事，而创作则是永久的道路，他仅以一颗平淡之心对待，而不会专注于身外的奖项，就此放下写作。那些奖项便如分人精力的缠绕藤须，对于一个作家而言，纵使它们如何纠结错综，他也无须去关注。因为他的使命是写作，是创作出优秀的作品以遗世人，留下精神上的财富。阎连科便是如此之人，他已明确了自己的道路，便只顾专心于此，纵使奖项堆叠，也不是他的目标和终点，他只需创作出更多的优秀作品，一来无愧于自己，二来留下精神财富以遗世人，便是人生真正的收获，人的精力有限，时间有限，如此我们才要明确自己的道路，从此只顾风雨兼程。（典型例证，乃文章论点之有力支撑。）

若为藤须而分神，努力分辨，将其扯断，瓜豆便会不在。（反面申论。）社会上常常存在这样的现象，学者不去钻研著书而要遍览全国，高谈阔论；运动员不去努力训练而是成为众多广告、访谈上的常客；演员不去演戏而是只顾在红毯上花枝招展。（反例，一组泛例。）上述之人，他们都有自己的身份，我相信他们在最初的心中有着自己的道路，但他们却为名利的藤须而分神，只顾去分辨而忘记了自己最初种下的“瓜和豆”。若为藤须之分辨所累，将其用力扯断，瓜豆将会何在？自己的人生的方向将会何在？尽管社会嘈杂，但真理不会改变，受人敬仰之人绝不会是三心二意不辨方向之人。受人敬仰的学者会是两袖清风、一双布鞋的李小文院士那样的人，受人敬仰的运动员会是那些专注于训练为梦想而拼搏之人，受人敬仰的演员会是陈道明那样红毯不常见而影片给人震撼的人。（正例。）而那些忘了自己是要得瓜豆之人，终会因自己的追求不明确而感到遗憾与虚无。

人生道路并非须繁华装饰才彰显魅力。人生道路的美丽不在于外，而是在于选择它的人有颗坚定明确的内心。（这是语言的倾向性。）我们要时刻明确自己的方向与道路，知道我们要去哪里，不为他物分神便得以无负于自己。

既然心系瓜豆，何必去辨那藤须。（干净利落，收束有力。）

【综评】

对寓比类材料作文的写作而言，把所寓所比的内容进行界定，继而锁定，然后扭住了锁定的对象做文章，可免泛泛而论之弊。本文作者就是这样运作的："瓜豆"是"自己的人生的方向"，"藤须"是名利之类的身外之物；"我们只需知道自己要做什么，目的是什么，不必为无关的缠绕所伤神，只是为自己的方向而奋斗"。

为了把这个道理阐述清楚，作者借助于阎连科、李小文、陈道明等正面特例（点名道姓地直陈个体行迹），也论及有些学者、运动员、演员等反面泛例（只是概述现象，不涉具体人员），在两相比照中，让道理自明。

典题 33 “大树的种子”（2015 年高考湖南卷）

阅读下面的材料，根据要求作文。

有一棵大树，枝繁叶茂，浓荫匝地，是飞禽、走兽们喜爱的憩息场所。飞禽、走兽们经常讲它们旅行的见闻。大树听了，请飞禽带自己去旅行，飞禽说大树没有翅膀，拒绝了；请走兽帮助，走兽说大树没有腿，也拒绝了。大树决定自己想办法，它结出甜美的果实，果实中包着种子。飞禽、走兽们吃了果实，大树的种子就这样传播到世界各地。

请根据上面的材料，自选角度，自拟题目，写一篇不少于 800 字的记叙文或议论文。

【典题解析】

这则寓言故事中有飞禽、走兽和大树三个形象。树为材料的主体，飞禽、走兽为客体。材料影射现实生活中的人和事。说的是大树虽然不能像飞禽、走兽一样去旅行，但是它通过自身努力，实现了自己的理想。

从树的角度立意，“没有翅膀”“没有腿”是说客观条件不足，但树以退为进，最终靠结出甜美的果子，把种子传遍世界各地。从这点上说，可以写要学会转弯，写要知道变通，没有条件创造条件也要上，或写有志者事竟成。从“大树决定自己想办法”出发，谈方法总比困难多，要学会借助外物，要善于向强者借力。

从飞禽、走兽角度立意，飞禽、走兽认为要旅行，就必须有翅膀有腿，这是常规思维，其实没有翅膀和腿照样可以旅行。我们可以写凡事不要妄下结论，做人要有自己的识别能力和判断力，要透过现象看本质。飞禽、走兽苦于大树自身条件不足拒绝帮助大树旅行，但无心之中却助成了大树旅行，可以谈无心插柳柳成荫。

从材料的整体来立意，大树虽然靠自己，但本质上还是靠合作。大树结出甜美果实给飞禽、走兽；飞禽、走兽吃了果实，携带种子去远方，帮大树实现了旅行的心愿，可以写要学会合作。

寓言故事类材料写作时，千万不要拘泥于原材料，要进行“由物及人”“由物及事”的联想，联想到与材料内容相类似的人生哲理、社会现象等，挖掘其真正的内涵，从而确立主题。不管如何立意，落点都要归到“每个人都应该拥有自己的梦想，并用属于自己的方式去实现自己伟大的梦想”上来。

佳作 41

智者若树

春花的智慧在于燃尽生命的怒放，于是有了草长莺飞，最美人间四月天。（不动声色之间，暗引了丘迟、林徽因诗文。）夏蝉的智慧在于蛰伏地底十七年，于是有了一朝破土，一鸣惊人。凤凰的智慧在于烈火的淬炼，于是有了脱胎换骨，涅槃重生……（以春花、夏蝉、凤凰起兴，旨在接下来的树。）而树的智慧，却远不止如此。智者，若“树”。（说“智者，若‘树’”，其实是说树乃智者。确实，寓言故事中的树是很有智慧的。）

“要有最朴素的生活和最崇高的理想，即使明日天寒地冻、路遥马亡。”（用海子诗句引出“理想”“志”。）树的智慧在于志存高远。正如高晓松所说：人生不应当只有苟且与当下，还应有诗和远方。只有心存着“远方”，我们才能勇往直前，不至于像失了罗盘的水手。（用高晓松警语引出“远方”。）有了目标与方向，我们才能更好地到达终点。“为中华之崛起而读书”，立下了这样志向的周恩来未曾彷徨，凝心聚力为建立新中国不懈奋斗。“如果再让我做一次选择，我仍选择中国，选择核事业”，邓稼先坚定的志向使他在核领域一往无前……（连用典例。）智慧的大树向着远方，于是它有了目标和动力。智者若树，志存高远。（为什么说树乃智者之一。）

“鱼与熊掌不可兼得”，要先“舍”而后“得”，树的智慧在于舍得。如果大树吝啬自己甜美的果实，不肯分给鸟兽，那么它永远不能到达远方去看这世界。就像壁虎，如果在危急关头它不舍得自己的尾巴，便无法得到自由与新生。而沙砾，因为懂得放弃自己的棱角、舍弃暂时的光明，才得以于蚌壳中蜕变为珍珠。（以壁虎断尾求生、砂砾依蚌成珠来类比说理。）智慧的大树懂得舍弃，于是它的种子随飞禽、走兽们来到了世界各地。智者若树，懂得舍弃。（为什么说树乃智者之二。）

“呼山不来，我去就山”，树的智慧在于变通。然而我们的生活中却有许多人不知变通，只知愚蠢地一条胡同走到底。就像许多家长为了让自己的孩子变优秀，不顾孩子的实际情况，盲目地要求他们考好分数、读好大学。（反面说理。）于是易中天先生批评道：龙，怪兽也；器，器材也；材，木材也。现在的家长让孩子成为怪兽、器材、木材，就是不成人。这么说也许过于绝对，但不可否认的是，只把“好分数好大学”作为评价孩子的唯一标准，确实有些病态了。（理性分析，切中肯綮。）正如奥斯卡·王尔德所说，成为你自己，因为别的都有人做了。我们不必将自己禁锢在一条模仿他人的路上，而应绽放自己的芬芳，成为最好的自己。智慧的树虽然没有翅膀飞翔，没有脚奔跑，但它知道变通，同样到达了世界每一个角落。智者若树，知道变通。（为什么说树乃智者之三。）

就连三毛也曾说："如果有来生，要做一棵树。一半在土里安详，一半在风里张扬。"（借三毛诗化的语言，彰显树的地位之尊崇。）树的智慧可让我们仔细品，然后便有思维的礼花在脑海中绽放。（曲终奏雅，让人有美不胜收之感。）

【综评】

这是一篇满溢着智慧的佳作。

作者围绕着"智者若树"（树乃智者），分解出三个分论点——智者若树，志存高远；智者若树，懂得舍弃；智者若树，知道变通——具体解读了为什么说"智者若树"（树乃智者）。观点鲜明，深刻，发人深省。

在论证展开的过程中，作者彰显出非比寻常的阅读积淀。引证（丘迟的"草长莺飞"，林徽因的"人间四月天"，海子的"……天寒地冻、路遥马亡"，高晓松，周恩来，邓稼先，孟子，《古兰经》中的"呼山不来，我去就山"，易中天，奥斯卡·王尔德，三毛……）信手拈来，准确熨帖，文章因之而文采飞扬。例证（周恩来、邓稼先，壁虎、砂砾，中国的家长们……）丰富多元，表述简练，观点因之而支撑有力。

“智慧”（2015年高考江苏卷）

根据以下材料，选取角度，自拟题目，写一篇不少于800字的文章；文体不限，诗歌除外。

智慧是一种经验，一种能力，一种境界……

如同大自然一样，智慧也有其自身的景象。

【典题解析】

这是材料作文题，实际上是围绕“智慧”的话题作文，前半句强调智慧的不可捉摸性，是看不见但可以感受得到的东西；后半句强调“智慧”的可“视”性。前者无形，后者有形。

材料中的三个关键词之间有着逻辑上的关联：经验可以积淀为智慧，而智慧则可以增强人的能力，提升人的境界。“它既揭示了生活的事理，又提示了思辨的角度，引领着考生关注现实生活中的人与事，琢磨为人处世中的情与理，思虑社会发展中的利与弊。既广接‘地气’，又关注‘理性’，考查考生的智慧。”

考生要吃透“智慧”的深刻内涵，在对“大”与“小”、“先”与“后”、“轻”与“重”、“快”与“慢”等的权衡中彰显出“智慧”的光华，从而表现出智慧“它自己的样子”。可以抓住前面三个“一种”排比句当中的任何一句做一个阐述；也可以抓住这三句话，把文章分为三段，每一个分论点加以论证；还可以写记叙文，譬如可以写一个很有智慧的人，通过他的小智慧战胜了生活的困难。反正都是要围绕智慧做文章。要出彩，主要看考生的选材、构思和语言上的功底。

佳作42

请借我一双慧眼！

（文题来自流行歌曲《雾里看花》的唱词，有意味！）

睿智的命题专家们关于智慧的这句话到底想表达什么呢？（设问句。艺术地提及所给材料。）

也许有人说，智慧是经验强调了阅历的重要，“世事洞明皆学问”嘛；也许有人说，智慧是能力看重了本领的神通，“荒年饿不死手艺人”嘛；也许有人说，智慧是境界指向了精神的高度，“财富会带来忧虑，但智慧会导致精神安宁”嘛。（三个“也许有人说……”排比中兼有引用。）殊不知，智慧的天地气象万千才是命题专家们最想表达的智慧。（“殊不知”引出下文，且与前文构成对比。）

智慧的天地气象万千意味着什么呢？（再设问，引发读者关注。）创新智慧、发现智慧和规整智慧的三类切分是学术化的界定；大智慧与小聪明是乡里之间耳熟能详且一目了然的仲裁。因为智慧是“形而上”的，所以她难以捉摸；正是她难以捉摸，所以请借我一双慧眼！（引出了文章的中心论点。）

拥有慧眼有助认识世界。（分论点一。）身处现实世界，认识世界成为必须。然而，世界是广袤无垠的，世界是包罗万象的，世界是良莠并存的，世界是变幻莫测的；（排比句。）世界有真实也有虚幻，世界有美好也有丑恶，世界有平安也有凶险，世界有鲜花也有毒草。（还是排比句。连用排比，会强化文字的表现力。）只有慧眼能够帮助你识别这一切，只有认识世界，你才能悦纳这个世界，你也才能更好地改造这个世界，从而创造出理想的新世界。

拥有慧眼有助认识自我。（分论点二。）都说识人不易，确实！不然，伯乐的价值如何彰显？文学史屡见不鲜的欺骗故事如何再三再四地上演而经久不衰？其实，识己尤难！（从“确实”到“其实”，是表意上的递进。）还记得吗？古希腊德尔菲神庙的那句因口耳相传而举世闻名的箴言：“认识你自己！”杨振宁在恩师点拨下弃实验物理而攻理论物理迅速跻身于诺贝尔奖得主之列，跳高的刘翔改而跨栏从而一度成为世界上跑得最快的人，章子怡放弃了舞蹈专业转而投身演艺界一变而为摘取了一个又一个影后桂冠的国际巨星，世界上第一位获得普利策奖的黑人记者伊东布拉格从凡·高与安徒生的故事中认识到黑人并不卑微从而成就了自己。（组合论据，涉及古今中外多个领域，有极强的论证说理的力度。）他们成功的词典里都写着认识自我的真谛，是慧眼成就了他们的英名。

没有慧眼会让人迷失方向，会让人陶醉于小聪明而不自觉，会让人走向毁灭而不自知。（“没有慧眼……”与前文的“拥有慧眼……”构成对比论证，使论证得以深入。）方仲永的悲剧如斯，前腐后继的沉沦官员们的悲剧如斯。

追寻真理会让你拥有慧眼，因为歌德告诉我们“智慧只存在真理之中”；了解历史会让你拥有慧眼，因为罗塞蒂言之谆谆“过去的一切都是智慧的镜子”；交接智者会让你拥有慧眼，因为马克思深有体会“智慧同智慧相碰，就迸溅出无数的火花”。（从三个角度申说“怎么样”才能“拥有慧眼”。其间，有排比，也有引用。）

忽然想起了笛卡尔的睿语：“仅仅是具备出色的智慧是不够的，主要的问题是如何出色地使用它。”（一个“忽然想起”，引用笛卡尔关于“智慧”的论述，从“具备”到“使用”，让观点得到强调。）

是的！约尔丹的“智慧表现在下一次该怎么做”就是昭示的行动的意旨。在气象万千的智慧世界里，愿你我都拥有慧眼，共赴美好前程。（以“气象万千的智慧世界”“拥有慧眼”，回应开篇。）

向前！智慧地向前。

【综评】

这是时师精心谋篇的“样板式议论文”，旨在让考生在考场快速入题，快速展开，快速收束，而且做到又快又好。

文章以设问开篇，实际上是用简洁的语言扣所给材料；然后用一组排比句做答。这组排比句有讲究：先否定后肯定，其间构成对比，其间还有引用。此间，完成了亮出论点的工作。

文章的主体部分是典型的“层进式”结构：从“是什么”到“为什么”再到“怎么样”，层层推进；在“为什么”部分又运用了“对照式”结构，加强了论证说理的力度。

文章曲终奏雅，一句“忽然想起……”让名言睿语为文章增色，最后还不忘重申论点。

文章在事理论证与事实论证方面都有精彩的呈现。

文中频频出现的引用文字，排比而出的段落、文句，都不难看出作者在语言方面的追求。

佳作 43

智慧 PK“智慧”

（很有智慧的文题，看得出文章的对比式结构。）

看着江苏省这道关于“智慧”的高考作文题，古今中外或智慧或“智慧”的人物、故事纷至沓来，如潮奔涌；智慧之思也漫天飞舞，相激相荡，甚或 PK 不休。（既点了材料，又引出下文。）

孔子的“知其不可而为之”是智慧，老子的“上善若水，水善利万物而不争”是智慧，孙膑帮助田忌赛马赢了齐威王是智慧，晏子以“橘生淮南则为橘，生于淮北则为枳”让有意戏弄他的楚王自取其辱是智慧，（先秦时期的智慧。）**张良让刘邦从刀光剑影的“鸿门宴”上成功脱身是智慧，萧何为让汉高祖不戒备他而故意自污形象是智慧，**（两汉时期的智慧。）**周瑜对曹操所施的“离间计”是智慧，诸葛亮跟司马懿所唱的“空城计”是智慧，**（三国时期的智慧。）**陶潜“误入尘网中”迷途知返挂印而去是智慧，**（魏晋时期的智慧。）**李白从浑浊不堪的官场抽身“仰天大笑出门去”是智慧，苏轼发出“若言琴上有琴声，放在匣中何不鸣？若言声在指头上，何不于君指上听？”的疑问是智慧，陆游悟出“汝果欲学诗，功夫在诗外”的道理是智慧，**（唐宋时期的智慧。）王阳明、曾国藩以“立德立功立言”兼而修之且臻于化境而成为万世敬仰的“完人”是智慧，（明清时期的智慧。）毛泽东用“小米加步枪”战胜“飞机加大炮”的以蒋介石为首的国民党，夺取政权建立新中国是智慧，邓小平以“一国两制”的策略妥善解决香港、澳门问题是智慧，习近平用“中国梦”凝聚人心是智慧，钱学森、邓稼先们殚精竭虑让祖国的科技腾飞是智慧，袁隆平让水稻产量一增再增解决了中国人的吃饭大问题是智慧，邓亚萍、郭晶晶、李娜、郎平、刘翔们一飞冲天雄冠世界与急流勇退也是智慧……（现当代的智慧。）

是智慧——真正的智慧——让他们彪炳史册，光芒万丈！（要言不烦，点到为止。也是一种行文的智慧。）

堪称神童的方仲永最终“泯然众人矣”，为什么？堪称一代英杰的汪精卫、周佛海、王克敏、周作人之流最终被钉在历史的耻辱柱上，为什么？堪称政界精英的一些官员后来走上了违法乱纪的不归路，为什么？（连续发问，列出了一组反例。）

是“智慧”，准确地说，是小聪明葬送了他们。或鼠目寸光，或投机取巧，或胆大妄为，正所谓“机关算尽太聪明，反误了卿卿性命”。（分析性文字。言简意赅！）

坎伯兰有云：“极端的命运是对智慧的真正的考验，谁最经得起这种考验，谁就是大智大慧。”（引用文字，是对上文的考量。算得上曲终奏雅。）

愿我们跳出小聪明，走向大智慧！

愿我们用大智慧经营好自己的人生！

愿世界因为我们的经营而变得更美好！（三个短句，单独成段，层层推进，非常醒目的结尾。）

【综评】

这是时师走“片面的深刻”路子结撰而成的范文。通览全文，不难看出其追求所在。

一是主体部分运用的“对照式”结构：正反比照，以正为主，以反为辅。其实，文章的标题就预告了这样的结构。

一是举例论证之“铺排法”（又名“集束法”）：博涉古今的数十则材料列花簇锦般，有雄辩滔滔之感。

一是结尾的艺术：用名言收束全篇，以排句强化观点。给读者留下华丽的背影。

需要点破的是，典例的铺排有钱锺书先生的“例不十，理不立”作为理论支撑，也是通过“摆事实”来“讲道理”的。

需要强调的是，正反例后面的分析文字多少不拘，可以洋洋洒洒，可以点到为止，但是必不可少。

典题 35 "老规矩"（2014年高考北京卷）

阅读下面文字，按要求作文。

北京过去有许多"老规矩"，如"出门回家都要跟长辈打招呼""吃菜不许满盘子乱挑""不许管闲事儿""笑不露齿，话不高声""站有站相，坐有坐相""作客时不许随便动主人家的东西""忠厚传世，勤俭持家"等，这些从小就被要求遵守的准则，点点滴滴，影响了一辈辈北京人。

世易时移，这些"老规矩"渐渐被人们淡忘了。不久前，有网友陆续把一些"老规矩"重新整理出来贴到网上，引发了一片热议。

"老规矩"被重新提起并受到关注，这种现象引发了你哪些思考？请自选角度，自拟题目写一篇文章，文体不限（诗歌除外），不少于700字。

【典题解析】

时代在发展，社会在进步，"老规矩"还要不要了？"不以规矩，不能成方圆。"看来，"老规矩"还是需要的。不然，也不会有网友陆续把一些"老规矩"重新整理出来贴到网上，并且还引发了一片热议。不仅北京有，北京要；其他地方也有不少"老规矩"，而今也还需要这些"老规矩"。

到底有哪些"老规矩"呢？从材料所列举的内容看，有日常生活方面的，有个人修养方面的，有人际交往方面的，有社会人生方面的，都是大家耳熟能详、一目了然的。

"老规矩"值得肯定吗？从题目的导向来看，似乎应该是肯定的。因为它是"从小就被要求遵守的准则"，曾经"影响了一辈辈北京人"，而今"被重新提起并受到关注"。

考生可以从弘扬传统文化的角度入手，谈论如何继承和发扬传统文化，谈论如何待人接物、为人处世，谈论如何生活、做事；也可以从"老规矩"被淡忘的角度入手，反思传统文化式微的种种原因；甚至，也可以大胆思考，"老规矩"都有存在的价值吗？我们要不要与时俱进、破旧立新呢？比如，"不许管闲事儿"是不是绝对正确呢？"笑不露齿，话不高声"是不是限制个性呢？这样的"反弹琵琶"，也许会让你的文章别具一格，新意赢人。

佳作44

守成不如变革

（“守成”和“变革”之间用“不如”，在比较中表明了立场，观点显豁！）

春秋战国，兵戈不息，各国诸侯攻伐兼并。弱者亡，强者胜。（一言以蔽之，富有概括力。）故诸王不惜重金广招贤士，欲变法以强国。

后商鞅入秦，见孝公，陈治国之道，献变法之策，欲辅孝公称霸天下，一时举国震动。（主人公出场了，还是大家熟悉的人物。有戏！）然兹事体大，故孝公决意廷议定夺。

明日，鞅入廷朝王，谏曰：“方今天下纷扰，诸侯兴兵裂土，而拥城据邑者星罗环拱。秦欲王天下，必厉行改革以振疲弊之势。”王颔首曰：“愿闻其详。”鞅曰：“燔诗书，明典刑，设郡县。废豪族之特权，奖攻战之士卒，一以军功授爵。抑工商之末而重农耕之本。若此，不出三世，则秦必威震四海，席卷天下。”（有举措，有愿景。让人心动。）

王默然不语。忽一人高声驳斥：“鞅之言差矣！”众人视之，乃甘龙也。（故事因冲突而精彩。）龙曰：“自古强国之法，莫不效仿先贤之道，谨守先王之法。而鞅空言变法，自是取祸之道耳，其言大谬也。”鞅对曰：“卿言差矣。自古治世不一道，便国不古法。故汤不循古而王，夏殷不易礼而亡。反古者不可非，而循规者不足多。唯与时推移，除旧规，创新法，方为治世之道也。”甘龙一时语塞，悻悻而退。（重在法古还是变法上论辩。）

语未毕，复有一人出班请奏，乃杜挚也。曰：“鞅所言变法有利乎？利不百，不变法；功不十，不易器。古无过，循礼无邪。”又言：“臣闻缘法而治者，吏习而民安，故变法百害而无一利，望大王三思。”商鞅叹曰：“子之识见何其陋也！变法之利，惠及后世，岂囿于一时之利乎？昔李悝变法于魏，未数十载，国富兵强，雄于诸侯，此非变法之利乎？且夫秦自献公以来国势疲弱，若因循守旧，岂非自取灭亡，徒为山东诸国之鱼肉耳。”杜挚闻言，满面羞惭，不复言语。（重在变法之利害关系上论辩。）

王大喜，拊掌而起曰：“子之言真治世良策也。”遂用商鞅以变法。（变革派占上风了。）

后百余年，秦人内立法度而务耕织，外施连横而斗诸侯。（高度概括变革举措。）百姓守法，劲卒善战。危三晋，窥周室。南吞巴蜀，东慑六国，剑锋所指，所向披靡。及至始皇，奋先世余烈，横扫六国，一匡天下。乃使蒙恬北击匈奴，筑万里长城以为国门；南取百越、岭南之地，通千里灵渠以为河道。东封泰山，临海而叹。此皆秦之伟绩也。（极力彰显变革之功！）

于是余有叹焉。若非商君谏王除旧规、立新法，焉有后世之强秦耶？宋人王安石有言："天变不足畏，祖宗不足法，人言不足恤。"（名人名言助阵，恰到好处！）

故曰，守成不如变革，信矣！（再次申明自己的主张，强化读者的印象。）

【综评】

为文之道贵在一个"新"字，本文以灼灼新意获得了48分（总分50分）的高分。

一是语言新。作者采用文言写作，而且地道纯熟，文从字顺，精炼畅达，超出了一般学生的文言水平，显示出较高的语言驾驭能力。

二是立论新。在大家众口一词地礼赞"老规矩"的时候，作者反向立意，认为守成不如变革。让人耳目为之一新。

三是构思新。本文不走寻常路，去空泛议论"老规矩"的得与失、取与舍，而是别出心裁地通篇演绎商鞅变法的往事，以诠释除旧变革之道，还机智地设置了商鞅与甘龙、杜挚两个大臣之间的辩难环节，分别侧重于法古还是变法、变法之利害关系方面展开，事例典型，内容丰厚，富有说服力。结尾再引王安石名言进一步点题深化，对全文做了有力的收束，结论自是水到而渠成。

典题36 “自由与不自由”（2014年高考上海卷）

根据以下材料，自选角度，自拟题目，写一篇不少于800字的文章（不要写成诗歌）。

你可以选择穿越沙漠的道路和方式，所以你是自由的；你必须穿越这片沙漠，所以你又是不自由的。

【典题解析】

人生在世，总是要争取自由，但又无法从心所欲，一定是在受约束、有条件的环境下，因为自由是相对的，不自由是绝对的。有些是可以自由选择的，有些则是无法选择的。恰如卢梭所说：“人人生而自由，却无往不在枷锁之中。”

材料中的“沙漠”是一种隐喻，具有象征意义，我们可以将其转化为生活实际与感受，比如解决什么问题、克服什么困难，才能突破自我、获得自由。

下笔之前，需要先明晰写作对象，小可以谈个体，大也可以谈国家所面临的困惑，思考通往彼岸的路径。我们处在一个价值重建的起点，理论上我们有着无数可以选择的道路和方式。我们身处改革大潮之下，却又被历史责任裹挟着。我们必须跨越这个重建价值秩序的“沙漠”。你文章的高下与你关心现实、思考社会的程度直接关联着。自由的时候你会如何处事？不自由的时候你将如何度过？这些，都是很有价值的思考，也是文章可以展开的角度。

佳作45

为了自由的束缚

（把“自由”与“束缚”扭结在一起命题，饶有深意！）

“自由是什么？”我试着去找寻可能的答案，可每一次都是无疾而终。（好一个“无疾而终”，犀利！）这似乎是个没有答案的问题，但我们不难发现：对于自由的渴求总是伴随着某种过度的束缚和压抑而产生的。

当我们处在成规化的生活状态之下，很容易产生渴望轻松、渴望自由的想法，而且这种渴望异常强烈。可是我们同时也发现：过度自由的情况下同样也会导致寻求束缚的愿望。（“可是”拓出了新的境界，足见作者识见不凡。）当忙碌的学习工作后得到一个冗长的假期，或者结束高三紧张的学习生活步入轻松愉快的大学生活后，我们便可能会渐渐厌烦每天的无所事事与慵懒无为。（简简单单的两种情形的陈述，让前面的识见有了依据。这是缘事说理！）由此看来，我们总是在自由与束缚的状态中循环往复、苦苦挣扎，似乎我们追求束缚与追求自由的意愿是同等强烈的。

自由与束缚哪个更好？这绝非泾渭分明。（设问。妙论！）绝对的自由于我而言如同绝对的束缚一样，都会导致自我毁灭。绝对的自由能产生个人对束缚的最大愿望，而绝对的束缚同样也能使我们无比渴望自由。这样看来，自由与束缚是相辅相成的。

古代科学一度等同于炼金或炼丹。（"一度"，用语准确，彰显了议论文语言的严密性。）炼金是想获得财富，扩大自己的自由空间和内容；炼丹是为了长生不老，获得时间上的自由。随着认识的提高，人们不再把科学等同于炼金和炼丹，但科学仍是人们追求自由的工具。当波义耳提出化学的目的是探索各种化学现象背后的规律后，人们才终于认识到，若要扩大自由，先要认识规律。（抓住了本质。）人可以不受人为规范的限制，但不得不受规律的限制。约束和自由是一个对立统一的矛盾体，没有约束就没有自由。

自由的本质应该是在适当束缚下的多元的精彩生活。为此我们需要主动地约束自己，适当地约束自己。制定必要的社会规范可以让我们免受由错误行为引起的惩罚。减少多余的行为规范，特别是努力发现并废除不合理的规范，这是人们追求自由的主要目的。（认识深刻，引人深思。）

作为常人，我们追求自由与追求束缚的天性是与生俱来的；而作为一个卓越的人，他应该具备平衡自由与束缚的能力，而不是被自由与束缚控制住整个人生。自由与束缚都是相对的。他不随波逐流，不盲从众人所云，内心自有独特的思想见解与信仰理念；同时他又不放纵自我，不无所事事，自身有着严格的行为准则。两者相互制约而并存，合二为一。

为了更高的自由，请勒住马儿的缰绳，任其在广阔的天地自由驰骋。（以比喻作结，意味深长。）

【综评】

这篇标杆作文获得了69分，其中内容、表达都是满分30分，发展等级9分。

甫一看到标题"为了自由的束缚"，很自然地想起鲁迅先生的杂文《为了忘却的记念》，满溢着思辨的意味。作者从材料文本中抽绎出"自由"与"束缚"两个核心词语，可谓抓住了材料的实质。

作者识见逸群。"过度自由的情况下同样也会导致寻求束缚的愿望"。"绝对的自由于我而言如同绝对的束缚一样，都会导致自我毁灭。""人可以不受人为规范的限制，但不得不受规律的限制。"这些灼见让人回味久长。

具体行文时，作者充分施展了其辩证思维的才能，充分论述了"自由"与"束缚"对立而统一、相辅而相成的关系。个中，没有议论文中常见的例子，也没有常规的引用，完全依靠绵密而富有逻辑力量的阐述坚实地支撑自己的观点。有时候这种逻辑力量或许就体现在一两个词语恰到好处的选择与运用上，比如第五自然段第二句中的“主动”与“适当”二词，末句中“减少”与“废除”二词，第六自然段第一句中“追求”与“平衡”二词，都将观点推向了深处，极富思辨的张力。

典题37 “房子不能租给你”（2014年高考重庆卷）

阅读下面的材料，根据要求作文。

一个游客去波罗的海海滨度假，找到一处房屋，打算同房东——一位和蔼可亲的老人签下租房合同。老人劝他不妨先试住几天，看究竟合适不合适，再作决定。

游客住下后感到很满意。到第5天，将要签合同时，却发生了一点意外：一个精美的玻璃杯被他不小心打碎了。他有些忐忑不安地打电话告诉了老人，老人说：“不要紧，你又不是故意的，我过来签合同时再拿一个来。”游客把碎玻璃和屋里的其他垃圾打扫了。不久，老人来了，进屋后就问：“玻璃杯碎片呢？”游客回答说，已装进垃圾袋，放到门外了。老人赶紧出门，打开垃圾袋看过后，脸色凝重地对游客说：“对不起，我不再把房子租给你了。”

然后，老人仔细地将玻璃碎片一一捡了出来，放入另一个垃圾袋，写上：“玻璃碎片，危险！”

要求：① 结合材料的内容和含意，选准角度，明确立意；② 自拟标题，自选文体（诗歌除外），不少于800字；③ 不得套作，不得抄袭。

【典题解析】

据说这个材料是余秋雨先生的经历，有叙述，有对话，有起伏，有冲突，易激活学生思维，让学生有话可说；贴近生活，耐人寻味，具有多元化的含义。考生可以从多个角度去思考与挖掘，诸如关爱与责任、善良与宽容、尽职与原则及生态与环保等。从而关注生活、关注自我成长，遵守社会规范，让道理变成人格，让规范变成尊严。并且获得启示：做人，要做一个充满关爱的人！做人，要做一个坚持原则的人！做人，要做一个坚守责任的人。

从老人的身上，可以挖掘出诸如心系他人，为人善良，待人宽容，人文情怀，环保精神，担当意识，敬业做派，坚持原则等多个维度的立意。从游客身上，可以挖掘出诸如知错认错、有错补过等立意角度。整合材料后会发现，游客已经做得够好，但是还是没有达到老人的标准，实际上有着中西方文化差异的问题。这是一个高层次的切入点。材料启示我们修德明辨，将关爱化作言行、将责任注入品质、将原则铭记心扉、将道德提升境界。

从立意的精准看，关爱他人、人性的善良、责任意识、中西方国民素质都是材料中可以生发的；而细节的重要性、宽容、环保等也是切题的。

立意而外，还得关注谋篇布局、文字表达、素材运用等。

佳作 46

居彼位，想彼想

（典雅的表达，其实就是亮出了中心论点。）

玻璃碎片的尖锐棱角，刺伤的不仅仅是柔软的指尖，更是逐渐失温的心灵与良知；鲜明警目的“危险”提示语，则如闪耀整个波罗的海海滨的温媚阳光，细微之思暖了一片海洋。（落笔于所供材料，表现出作者对材料的认识；文字之华美让人瞩目。）

为不知情的人立一块牌子，这份设身处地为他人着想的无私，是这位游客，也是我们所应秉承的高尚与善良。

居彼位，想彼想——是细微处的优雅，是平凡中的博爱。（看！中心论点出来了。）

试想，我们生活中倘若没有了“小心地滑”的温馨提示，倘若再也不见公交车上主动让座的身影，倘若人们在图书馆内旁若无人高声喧哗……那我们身边又会多几许无故跌倒的祸事，几许老人、孕妇跌倒的不幸，几许“得静难、多吵架”的不堪？（概写社会百态，为下文张本。）全因我们总能居彼位，于别人的角度，想彼想，因此，上面所有的琐碎不幸都可避免。我们的周围自然一路花开。（“一路花开”，让读者倍感温暖的文字。）

小小的体贴与设身处地，当扩展大到一个国家、一个社会、一个世界，这无私的情怀便书写成一曲悲天悯人之歌，一颗有容乃大的博爱之心。

曾为穆旦深沉的呼喊而动容：“在耻辱里生活的人民，佝偻的人民，我要以带血的手和你们拥抱！”也曾为鲁迅心系远方的牵挂而感动：“无穷的远方，无数的人们，都和我有关！”当史怀哲于赤道边上坚韧前行，当一代“诗史”杜甫振臂高呼：“吾庐独破受冻死亦足！”这份对天下苍生的博爱，这份对底层人民深沉的同情——是因其居彼位，进而感其苦；因其感其苦，进而想彼想。（古今中外的先贤、哲人在此聚集，让人感受到文化的力量。）

当我们足够宏大，在天下苍生的福祉面前，官员的两袖清风与心系民生，自然会比玻璃水晶更显光耀。

身居高位，焦裕禄却甘心居百姓之位，兢兢业业治盐治碱，想百姓所想；万人之上，昔有康熙微服出访，居黎民之所，终成千古一帝，蔚为“康乾盛世”……是谁曾说：“当官不为民做主，不如回家卖红薯。”“居庙堂之高则忧其民，处江湖之远则忧其君。”为地方官者，唯有居百姓之位，急群众所急，想百姓所想，方成一众人爱戴之好官。（又是铺排而出的举例、引用，有“百炼钢化为绕指柔”之感，足见作者视野之阔大，驾驭文字的娴熟！）

居彼位，想彼想。往小，是与人为善，多为他人着想；往大，是心系人民与社会，立身博爱之境。（由“小”到“大”，拓展文章境界。）

今者，“中国梦”之说引全国热议。何为中国之梦？其实百年前梁任公先生早已提出一国之梦：“美哉我少年中国，与天不老！壮哉我中国少年，与国无疆！”（打通古今，历史感腾生！）

设身处地，居彼位，想彼想，无大小之分，无荣辱之境，终成博爱之大，终成乾坤朗朗之风，也终成与国无疆之浩然！

梦之中国，博爱乃大！（曲终奏雅。余音绕梁！）

【综评】

这是一篇获得满分的议论文。其出彩处可以从以下四个方面观照。

一是审题精当，立意精准。从材料中的老者出发，拈出“居彼位，想彼想”的中心论点，而且把它作为标题以示强调。扣材料紧，也有现实意义。

二是结构严谨，论证严密。文章从所供材料落笔，简要分析后亮出中心论点，随后运用多种论证方法（有举例论证，有引用论证，有正反对比论证，有事理论证），始终围绕着中心论点展开，最后联系现实，水到渠成地得出“梦之中国，博爱乃大”的结论。

三是博涉中外，材料丰富。都知道“事实胜于雄辩”的道理，本文在古今中外的材料宝库中穿行，笔触所至，常常是铺排而出，顿成雄辩滔滔之势，却无堆砌卖弄之弊。

四是语言流畅，文采斐然。开篇的华彩有如京剧演员登台亮相让人惊艳，文中层见错出的引用文字既有力地支持了论点，又给人以列花簇锦般的感觉，确实为文字增色不少。

典题38 “站起来才能拥有世界”（2014年高考四川卷）

阅读下面的文字，根据要求作文。

人，只有在自己站起来之后，这个世界才能属于他。

这句话引发了你哪些思考？请自选角度写一篇不少于800字的文章。

要求：① 题目自拟，立意自定，文体自选；② 不得抄袭，不得套作；③ 用规范汉字书写。

【典题解析】

所供材料只有一句话，虽无新意可言，却也有张力，富思辨性。它强调了人只有自强自立，才能闯荡天下，才能成功的励志主题；它引导考生思考，在物质面前，如何保持高贵的精神、独立的思想、高尚的人格，从而撑起属于自己的那片天。题目传递的是“正能量”。

“站起来”是材料中的关键词，含义丰富。可以指一个人形体上站起来，也可以指一个人精神上站起来，精神上的站姿更加傲人，更加打动人，更加激发人，因此也更加值得揄扬，不然，你就不能解读从孙膑到史铁生、张海迪，从普鲁斯特到罗斯福、霍金等一众中外名家的人生作为。

材料中的“人”“世界”等字眼，具有极强的现实意义，需要考生关注人生、关注社会，对人生价值、社会价值有自己的理性思考。人只有自立自强，才能够征服世界，拥有世界。“世界”“属于他”可理解为“拥有属于自己的世界”。甚至，还可以把“人”泛化，扩展到低等动物、植物界，也许更能做出新意灼灼的佳作来。

在对材料有了清晰的认识、准确的把握后，考生应在立意的深刻上下功夫。写“小我”是可以的，写“大我”（从国家的强大、民族的复兴、文化的崛起等角度立意）更占胜机，也可以把二者结合起来写。

若想得高分，就必须写出个性，写出功力，写出神采！而要写出神采，你就得有相当的想象能力、逻辑能力和表达能力。

佳作47

立如青松，生如夏花

（用比喻形象地表达出自己的观点。）

席慕蓉说：“生命曾经灿放如花，如一季又复一季永不结束的盛夏。”如峡蝶栖落花间，舞尽生命；如青松挺立苍穹，仰望晴空；如夏花绚烂人间，粲然解颐。（整饬的文句，连续的比喻。读来过瘾！）纵使烈日炎炎，路上饯风，也要站立于世界如青松，芬芳世界如夏花！（点题。）

诗人聂鲁达说："当华美的叶片落尽，生命的脉络才历历可见。"（诺贝尔文学奖得主助阵了，"高大上"啊！）光色阑珊之余，从世事沉浮中站起，如青松般坚守本心，闻到夏花馥郁。（"如青松般坚守本心，闻到夏花馥郁"，启下。）

"殷殷其雷，蒙蒙其雨。我徒我车，涉此艰阻。"他端坐于辚辚大车中，载低载昂。时局动荡，亲人疏离，他的世界似乎是一座徒有其表的宫殿，华丽而寂寞。纵然是"蒙涂冒雨，沾衣濡裳"，他也要拥有"屏翳收风，川后静波"的心情。（曹植出场了。叙例很见功底。）立如青松，曹植的人生，华光夺目。"红杏深花，菖蒲浅芽。""平原麦垅，翠波摇翦翦。"他是"童子诸生中，俊气万人一"的天才；他是"慈祥端正，弊绝风清"的追求者；他是"何自为情死，悲伤必有神"的性情中人。（汤显祖出场了。三个"他是……"句，于引用中见功力。）汤显祖，饥寒交迫中却指书笑曰"有此不贫矣"的清官，立如青松，清欢自持，生如夏花之绚烂！

尼克·胡哲说："如果你失败了，再站起来。"跋涉虚无之境，从艰难困苦中站起，如青松般坚毅平静，嗅到夏花醯醇。（"如青松般坚毅平静，嗅到夏花醯醇"，启下。且与"如青松般坚守本心，闻到夏花馥郁"呼应，构成清晰的行文层次。）

环堵萧然，不蔽风日，短褐穿结，箪瓢屡空。（几个四字短句，让人窥见了陶渊明的贫寒之状。）五柳先生依旧笑语劝他出仕之人："且共欢此饮，吾驾不可回。"立如青松，夏日抱饥，寒夜无眠，也能回到桃花源，素袖拂欢。（潇洒的陶渊明！）战火纷飞，至亲渐离，危险遍布，冷眼骇人。法齐亚·库菲依旧步履铿锵："不要死于一事无成。"立如青松，追求梦想，坚持愿望，便能寻到天堂，神色淡然。（坚强的法齐亚·库菲！）狱卒折磨，内心煎熬，铁窗束缚，挑战四处。曼德拉依旧眉眼祥和："宽恕别人等同于升华自己。"立如青松，透彻磨难，照亮黑暗，就能笑容明媚，拥抱世界。（了不起的曼德拉！）

若能立如青松，持有静心，"岁月号"韩轮也不会葬送如此多的亡魂；若能立如青松，葆有禅心，郑捷也不会酿成台北捷运惨案；若能立如青松，怀有善心，陕西长武的六名学生也不会因撕书被阻而殴打老师。（穿越归来，立足现实。满溢着时代气息！）

老舍说："生活是种律动，须有光有影，有左有右，有晴有雨，滋味就含在这变而不猛的曲折里。"应是如此，生命中的苦痛毫无理性地无处不在，当立如青松，生如夏花，高歌灵魂。似钱穆从乡村里走出大家风范，似杨绛从喧嚣中找到优雅风度，似朴槿惠从厄运中寻到胜利彼岸。（又是一波名流大家联袂而至。）

在人生的双翼上，立如青松是不可或缺的翎羽。看那新芽萌蘖，望那云霞似锦，振翮高飞，无所畏惧，不趑趄，永长喜，大可步步生莲，创造属于自己的繁华世界！（运用“错综”修辞格，整散句交错出现，有节奏感。）

愿立如青松，愿生如夏花！（以简洁的文字收束全篇，再次表明自己的观点。）

【综评】

什么是好文章？如何让你的文章成为好文章？这篇文章就是成功的示范。

本文获得了 59 分的高分，其中，内容与表达都是满分 20 分，发展等级得分 19 分。

首先，你的文章必须观点鲜明，而且紧紧围绕着这个观点展开。本文在标题中就表明了自己的态度“立如青松，生如夏花”，第一节的最后高扬着帅旗：“站立于世界如青松，芬芳世界如夏花！”行文中一再扣题；最后强调“愿立如青松，愿生如夏花”。这是认识水平决定的，也是作文意识决定的。

其次，你的文章必须内容丰实。作者在文章开头、行文中间，恰当地引用席慕蓉、聂鲁达、曹植、汤显祖、尼克·胡哲、陶渊明、法齐亚·库菲、曼德拉、老舍的名言入文，而且引用方式灵活多变，满溢着书香，彰显着功底。材料丰厚，除了上述诸家，还有钱穆、杨绛、朴槿惠一组名流行迹，更有“岁月号”韩轮沉没事故，台北捷运惨案，陕西长武事件等热点事件，历史的厚重与鲜活的时代气息兼具。这是浸润书海的必然，这是“两耳‘也’闻窗外事”的必然。

再次，你的文章必须文采飞扬。恰当运用排比，比如开篇（“如……如……如……”），比如第六自然段（“若能立如青松，持有静心……若能立如青松，保有禅心……若能立如青松，怀有善心……”），比如第七自然段（“似……似……似……”），气势充沛，有酣畅淋漓之感。妙用新颖而贴切的比喻，比如“立如青松”“生如夏花”。句式整散相间，长句与短句错杂，语言灵活。这些，植根于阅读视野，催生于作文意识。

一言以蔽之，有思想，有内蕴，有文采，这样的文章就是好文章。

佳作 48

世界为立心者鼓掌

（“立心”，很新颖的立意角度。）

张横渠说：“为天地立心，为生民立命。”（引用张载著名的“横渠四句”，道明标题来路。）禅宗里有立在菩提树下之说，孔夫子让三千弟子立身修德，苏武的旄节立在北海之上。（各种“立”，铺排而来，言简意丰，引发读者思索。）我总是在想，人处在这个世上，当以何种姿态面对这个世界？（设问，引起读者注意，一种行文技巧。）叩经问史，朝山谒水，回答的声音说，世界属于站着的人，世界为立心者鼓掌。（明确“立心”的立意。）

立心，立的是一颗饱受苦难却坚强的心。（分论点一。把中心论点进行分解，是使议论有逻辑性的招数。）

摩西与他的子民受尽苦难决定站起来走出埃及时，耶和华白天以云柱、夜晚以火柱指引他们抵达乐土。我始终相信世界上是存在着那样纯洁自若的光的。因为妄念虽如脱缰，灾难又常接踵，而世界让光明如约而至。这其间是心生希望，心有坚强，心已有了站立起来的力量。（“点”例，详写。）

史公在牢狱，屈子被放逐，勾践在卧薪尝胆；嗣同在抗诉，鲁迅在呐喊，觉民在写《与妻书》；马丁·路德在演讲，甘地在印度救赎，特蕾莎修女在炮火里施以爱与恩慈。（“面”例，连用九例，文字高度简省，而且都是与论点高度契合的典例，让观点得到有力的支撑。）这些人在路阻且长时，站起来怀着殒身之志；在天命赫赫时，站起来心生坚强希望；在众人无助时，将小儿女情怀变成了大悲悯。他们立了心，世界在为之鼓掌。（扣题。）

立心，立的是一颗举世浑浊却清纯的心。（分论点二。）

在这个诱惑繁多的社会大剧场里，辛辣奇突如电影般唰唰掠过。却使人总记起川端康成凌晨四点海棠花未眠，加缪垒山不止的幸福，梭罗在瓦尔登湖垂钓，仓央嘉措白鹿踏雪，汪曾祺的花花草草、瓶瓶罐罐，周国平的煮豆洒盐给人吃，莎翁的飞鸥与海滔相遇，爱默生关于透明的眼球的譬喻，苏子的一蓑烟雨，王维的清泉石上流。（连用十例，博涉古今中外，足见作者日常阅读之功。）这些人即使在缤纷花瓣中走过，依旧掸衣故清辉，如清露晨流，新桐初引；即使在世事纷纭中，依旧立着清朗心，如明月松间，菩提微暖；即使在举世欲狂时，依旧立着修华意，如阳光清风，和光同尘。（整饬的句式，议例文字。）他们立了心，世界为之鼓掌。（再扣题。）

立心之高洁，得世之清欢。梁漱溟说：“情贵淡，气贵和，唯淡唯和，乃得其养，苟得其养，无物不长。”清和也是心之所求。（引用名句，引出下文。）

立心，立的是一颗平平凡凡却高昂清和的心。（分论点三。）

千万人已过去，芸芸众生中大多是普通人。我们只需保持清和，亦可有长久的岁月；只需立着高昂的精神，亦可有光辉的人生；只需立着淡泊的心灵，世界亦会为之鼓掌。（还是整句。）是的，人立着，世界才属于他。

世界为立心者鼓掌。为先哲立心鼓掌，亦为凡人立心鼓掌。贵者肯掷通灵宝玉，贫者亦有自强之心。

世界为立心者鼓掌。为气节高尚守本心者鼓掌，也为油盐柴米守生活心的人鼓掌。只要你立着心，站在世上。

世界为立心者鼓掌，为你，为我，为我们。（排比段，拓展了文章的内容，提升了文章的境界。）

【综评】

这是一篇考场满分作文。其特色有四。

一是立意精准，认识深刻。文章在第一段就醒豁地亮出观点：世界属于站着的人，世界为立心者鼓掌。可见作者不是从大多数考生想到的人的“形体站起来”立意，而是从“心灵站起来”立意。难能可贵的是作者还深入思考了该立怎样的心：饱受苦难却坚强的心，举世混浊却清纯的心，平平凡凡却高昂清和的心。殊为不易的是作者还兼顾了哲人与凡人，贵者和贫者，思维缜密，认识逸群。

二是材料丰富，说理充分。作者在主体部分展开论述时，选用了大量典型素材，以铺排的方式呈现，叙述的语言简洁却有排山倒海之势，析理往往以排比句式出现，颇具力度。

三是结构明晰，条理清楚。文章开宗明义，主体部分拟定三个分论点，呈并列式结构。虽然与很多省市倡导的层进式、对照式结构有别，但是形式是为内容服务的，起决定作用的是内容，丰赡的内容让并列式结构也绽放出异彩。

四是句式多变，语言灵动。全篇长句与短句结合，整句与散句交错，节奏感强，语言具有灵动的美。

典题 39 “山脚、山腰与山顶的风景”（2014年高考湖北卷）

阅读下面的材料，按要求作文。

游客们来到山脚下，这里流水潺潺，鸟语花香。游客问下山的人：上面有好看的吗？有人答没有，有人答有。

于是有人留在山脚赏景，有人继续爬山。来到山腰，这里古木参天，林静山幽。问下山的人：上面好看吗？有人答没啥好看的，有人答好看。

于是有人在山腰流连，有人继续攀登。来到山顶，只见云海茫茫，群山隐约。

请根据你对材料的理解和感悟，自选一个角度，写一篇不少于800字的文章，文体自选，标题自拟。

要求：立意明确，不要套作，不得抄袭。

【典题解析】

这是一则关于登山赏景的材料，没有在字里行间表露出观点、态度与情感倾向。考生可以把整个材料作为一个具有隐喻性质的事件来看。登山赏景象征着人们有目的地去做某件事，达成某种愿望，寻求某种结果，到达某种境界，这都需要亲自去行动；在这个过程中，你会有一些疑难、困惑，会去咨询别人，别人会人言人殊，最终还得你自己去判断、决定。个中，有理想与行动，过程与结果，自信与盲从，追求与怠惰等生发点。

如果从材料中的核心概念“风景”的角度出发，考生可以赋予“风景”具体的含义，既可以定位于自然景观，也可以是每个人生命历程中的闪亮之处，还可以是不同人眼中具有吸引力的人、事及场景；进而结合自己的成长，联系生命、社会等内容去生发，倡导“每个人的眼中风景迥异”“人生的不同阶段风景各异”“风景处处在”“不同的人生之路所见风景不尽相同”“你也可以成为别人眼中的风景”等观点。

如果我们把材料中的人物分为上山的游客与下山的游客两类的话，前者可以从态度与高度，目标与付出，间接与直接等展开角度；后者可以围绕尊重个性，和而不同，看问题的角度等内涵去开掘。

总而言之，考生可以入手的角度很多，一旦选定了某个角度，就可以一展身手了。

佳作49

更上一步，追寻心中的美

心中有美，一步一景；心中无美，十步亦枉然。

心中有美，路途中的汗水使眼前的美弥足珍贵；心中无美，艰辛越多，“代价”越大，抱怨愈多，惊世之美也将终究沦落于“就那回事”。

心中有美，方寸之间，可见天地；一俯一仰，忘怀春秋。心中无美，纵处于绝尘之境。亦难得有发现美的慧眼。（反复对比，构成排比，美在心中的观点得以凸显。）

佛家有云：“佛在心中。”我亦想说：“美在心中。”（运用了“仿拟”的修辞格。似乎也为自己的观点找到了一个支撑。）心中美的多少，决定了我们在探寻美的路途上行走的远近，决定了付出与收获间的比例系数的正负大小，决定了我们对美的洞察力的强弱，并进而可以决定人生的美丽与丑陋、杰出与平庸。（连用四个“决定”，足见“心中美”的重要性。）

王临川说：“而世之奇伟、瑰怪、非常之观，常在于险远，而人之所罕至焉。”（明引王安石。）在追寻美的路途上走得愈远愈久，看到的世界便愈开阔愈深沉。孔夫子登泰山而小天下，其中乐趣与美丽，自非只愿在山腰歇憩的俗人可知。（暗引孟子。）“欲穷千里目，更上一层楼”，多少探险者向未知，向绝顶进军，其目的不在于炫耀自己的本领，而在于那不倦寻觅自然之美的心能得以满足。（连续请出王安石、孟子、王之涣，自然熨帖，不见雕琢痕迹。）

处于美的所在，为何有人会感慨“不畏浮云遮望眼”，有人却抱怨“不见长安见尘雾”？（对比性设问，引发读者注意。）因为追寻美的心境不同，看待事物的角度自会不同。唯有美的心境才能渲染出那隐藏的美。如今有许多游客对某景点欣然而往，怅然而归，甚至大呼上当，为什么？（继续设问。）并非景点之美有所减损，只因抱着一颗寻求视觉刺激之心的人，不能从青山绿水、断壁颓垣中搜索出真正的美。反之，怀着美的心，艰辛自不太苦，发现美的能力也会大幅提升。

不仅如此，向往美的心灵，也能提高我们的人生境界，为我们的生命增色。（再拓开一个视角。）魏晋时代政治黑暗，文人或随波逐流，或追求玄虚，唯陶渊明能够“心远地自偏”，在田园饮酒中得到真乐，在乱世构筑心中的桃源。（特别的陶渊明！）沈从文在“五七干校”“流放”期间，与友人的飞鸿中只字不言生活的艰难、内心的苦闷，只讲那里的万顷荷花，并凭记忆写出学术著作。（特别的沈从文！）他们在人生境界上更上了一楼，于是在险恶之境中也能步步生莲，像在瀚海的王洛宾那般，找到心中的美，得到美的人生。

“不到黄河不死心”，只因为我向往那天上来的奔流，只因为我欣赏那九曲连环之美。我愿在纷杂碌碌的人流中独辟蹊径，一步步登上那无限风光的险峰，让心中的美得以绽放。（点题。）

【综评】

这是2014年高考湖北省的满分作文。

它以思辨见长。作者紧扣材料立意，观点鲜明，从生活、人生和哲学等方面进行了深入的思考，论述层层推进，结构严谨，有一定的深度。与众多的考场议论文不同的是，作者见解独特，长于思辨。开篇三节排山倒海般的“心中有美……心中无美……”，第六节对“处于美的所在”的人迥异的心态的剖析，第七节对魏晋时代的陶渊明和新中国政治运动漩涡中的沈从文与他们同时期人不同状态的解剖，都彰显了这一特点。

它以文笔见长。全篇理性弥漫，缘事说理，语言优美，行文流畅，有行云流水、风行水上之感。前三节的“心中有美……心中无美……”的对比与这三节构成的排比，第四节的仿拟（由“佛在心中”而“美在心中”）与排比（四个“决定”），第五节连续三处引用（王安石、孟子、王之涣），第六节的对比（游客之间），第七节的对比（陶渊明、沈从文与他们同时代的人），等等，足见作者文字功底之不俗。

典题40 “青春”（2014年高考江苏卷）

根据以下材料，选取角度，自拟题目，写一篇不少于800字的文章；文体不限，除诗歌外。

有人说，没有什么是不朽的，只有青春是不朽的。

也有人说，青年人不相信有朝一日会老去，这种感觉其实是天真的，我们自欺欺人地抱有一种像自然一样长存不朽的信念。

【典题解析】

面对着一道关注学生成长的作文题，正值青春期的考生一定“有话说”：有事可叙，有理可议，有情可抒。

作文题提供了两则观点迥异的材料，第一句话来自法国作家、法兰西学院院士让·克里斯托夫·吕芬，中心意思是青春是不朽的。第二句话来自英国作家威廉·赫兹里特的散文《不朽的青春之感》，命题者截取的文句的中心意思是：没有什么是不朽的（包括青春），认为青春不朽是天真的自欺欺人的想法。

这组言论类材料，属于彼此对立型的，强调思辨。既然是“思辨”，就得“明理”，“明理”的文章不论长短，都不能“多中心”，只能有一个“核心含义”。因此，我们不能面面俱到，可以择其一点去炫示自己的写作才情。譬如我们可以抓住第一句叙写青春不朽的故事，抒发青春不朽的情思；思考怎样才能让青春真正地不朽（不妨借鉴古人的“立德”“立言”“立功”等说法）。也可以根据第二句围绕“如何珍惜青春”展开。还可以将二者结合起来，辩证地观照青春：要追求青春不朽，就要好好珍惜青春，经营青春，让青春绽放出绚丽的花朵。

佳作50

让青春永在

青春不朽？还是无所不朽？这是难以回避的问题。（以选择问开篇，引发思考。）

我给出的结论斩钉截铁且掷地有声：让青春永在。（先以简洁语言概述材料，然后鲜明地亮出自己观点。）

严格说来，说“青春不朽”是个伪命题，因为“青春”指的是青年时期，人生不以个人意志为转移地会自然而然地走向中年时期、老年时期。（欲擒故纵的技巧。）但是，厄尔曼说得好：“青春不是年华，而是心境。”从这个意义上说，我们完全可以让青春永在。(巧妙地把“青春”升华到“心境”层面。)

还记得夏完淳吗?(引出下文的常用句式。)14岁跟随父亲夏允彝及名士陈子龙参加抗清活动，事败被俘，在南京就义时年仅16岁。“少年抗清英雄”彪炳史册，留下的《南冠草》《别云间》等光耀千秋。

还记得赵小亭吗?她的生命戛然而止于21岁，这位可爱的如皋女孩、可敬的武大学子、“中国杰出青年志愿者”把她年轻的生命永远留在了贵州那片她倾注了无限热爱的土地上，以她的行动纠正了社会对于“90后”的偏见。

应该记得将生命定格在23岁的永远的“雷锋叔叔”吧?因为他的一生虽然短暂却帮助了无数人，因为他全心全意为人民服务，因为他“信念的能量、大爱的胸怀、忘我的精神、进取的锐气”正是我们民族精神的最好写照。(组合论据。)

他们的生命休止在青春时期，他们的事迹感天动地，他们是当之无愧的青春永在。

(“休止在青春时期”的生命因为“事迹感天动地”而“青春永在”。)

“人民作家”巴金以101岁的高龄辞世，在鲁迅眼中，他“是一个有热情的有进步思想的作家，在屈指可数的好作家之列的作家”。在王蒙笔下，“他是我们的一面旗帜，也是榜样”。在毕淑敏心中，“他是一位伟大的文学家，他的正直、光辉，包括他提议建‘文革’纪念馆，让整个民族反思、自省，都让我们敬佩”。萧乾说:“巴金的伟大，在于敢否定自己。”冰心说，巴金“可佩之处，就是他为人的真诚”。(从别的作家的角度写巴金，侧写法。)

有着“中国航天之父”“中国导弹之父”“中国自动化控制之父”等美誉的钱学森以98岁高龄谢幕，他的一生是“爱国、创新、奉献”的一生。他在美国学成后历尽坎坷终于回国，为新中国的科技事业鞠躬尽瘁，死而后已。晚年还关心着教育的发展，留下了“钱学森之问”。

20世纪英国哲学家、数学家、逻辑学家、历史学家，1950年诺贝尔文学奖获得者，分析哲学创始人之一罗素活到98岁，以堪称等身的著述奠定了他在多个领域的地位。他致力于核裁军运动。1955年发表了著名的《罗素—爱因斯坦宣言》，“号召世界各政府体会并公开宣布它们的目的不能发展成世界大战，而我们号召它们，因此在解决它们之间的任何争执应该用和平手段”。(还是组合论据。)

他们都堪称高寿而终，但是他们都有一颗入世的心，胸怀天下，心系苍生。他们可谓青春永在，这一点毋庸置疑。

(“高寿而终”的生命因为成就赫赫而“青春永在”。与前面的语段合而见义。)

由此，我们懂得，青春确实是可以永在的，无论你年轻还是年老，关键的是你要拥有一颗年轻的心并且有所作为。其实，古人早就指明了“不朽”的通道——“立德”“立言”“立功”。（明确“不朽”的通道。）

即将搁笔之际，《致我们终将逝去的青春》的导演赵薇的一段话忽然袭上心头：“青春终将逝去，不朽的是你经历的这段岁月会永远留在你的记忆里，在生命的长河中永不褪色。”（精当的引用，有点睛之效。不妨在文章收束之时，想起名人警句。）

是的，岁月留痕，我们可以让青春永在的！（总结全篇，重申中心论点，收束艺术而有力。）

【综评】

从“发展等级”层面观照，本文“亮点”频现，足资镜鉴。

一是观点显豁。“让青春永在”确实掷地有声。难得的是，作者借厄尔曼的睿智（“青春不是年华，而是心境。”）诠释了“青春”的内涵，使之超越了生理的层面，升华到心灵的高度。契合了作文“发展等级”的“深刻”“有创新”的维度。

二是内容丰赡。作者“精骛八极，心游万仞”，从夏完淳、赵小亭、雷锋到巴金、钱学森、罗素，古今中外多个领域的名人分列两个阵营，雄辩地支撑起“青春永在”的中心。契合了作文“发展等级”的“丰富”的维度。

三是文采斐然。一方面得益于作者堪称老辣的文笔，诸如开篇概述材料且亮出观点的简洁，对“青春不朽”的否定之否定的辩证，对两个阵营举例后归纳的犀利，对所有举例的剖析的要言不烦（“青春确实是可以永在的，无论你年轻还是年老，关键的是你要拥有一颗年轻的心并且有所作为”），收束全篇时的干净利落，等等；另一方面得益于层现错出、风姿各异且熨帖自然的引用文字（多到近10处）。契合了作文“发展等级”的“有文采”的维度。

典题41 “升华了的大豆”（2013年高考重庆卷）

阅读下面的材料，根据要求作文。

大豆是蛋白质含量极其丰富而又十分廉价的食物。可它的境遇曾一度尴尬，煮熟的大豆难以引起人们的食欲，并且会使肠胃胀气。人们需要更好的大豆食用方式，后来，用盐卤点制豆浆而发明了豆腐。

豆腐的诞生彻底改变了大豆的命运。豆腐让人体对大豆蛋白的吸收和利用，变得更加容易；豆腐柔软变通的个性给擅长烹饪的中国人留有极大的创造空间，豆腐也因此被制作出品类繁多的菜肴，以适应不同地区人们的口味和喜好。所有这些，让普通的大豆得到了升华。

要求：① 结合材料的内容和含意，选准角度，明确立意；② 自拟标题，自选文体（诗歌除外），不少于800字；③ 不得套作，不得抄袭。

【典题解析】

作文材料实际上表述了两个方面的内容：一是大豆作为食物的尴尬处境，即煮熟的大豆难以引起人们的食欲，并且会使肠胃胀气；一是大豆被加工成为豆腐之后命运陡变，让人体对大豆蛋白的吸收和利用变得更加容易，给擅长烹饪的中国人留下极大的创造空间，适应了不同地区人们的口味和喜好。

普通的大豆一跃而为“舌尖上的美味”，何哉？一言以蔽之，改变。如何让普通变得不普通？如何让平凡变得不平凡？如何让尴尬化为受欢迎？这些都离不开“改变”——变化、变通、变形。“改变”体现了人们的尝试性、创造性、实践性；体现了人类的发现意识、生活智慧、探索精神；不仅改变了大豆的命运，也改变了人们的饮食方式、饮食习惯，提升了人们的生活品味和生活质量。任何“改变”都离不开思考、离不开行动。光思考不行动是纸上谈兵，光行动不思考无异于暴虎冯河。

抓住了问题的实质，廉价而又营养丰富的大豆就可以生发出多元的立意角度。比如立足于大豆食用方式的升华，谈如何提升自我；比如聚焦于豆腐的“柔软变通”，谈包容与变通；比如依托于从大豆到豆腐的改变，谈创新，谈个人或集体的突破。总而言之，考生选择某个角度，于“小豆腐”中见“大智慧”“新思维”，说豆论人，均可成文。

佳作 51

大豆的逆袭

[“逆袭”是网络游戏常用语，区别于正常的由玩家向非玩家角色（NPC）发动攻击的方式，逆袭是指 NPC 向玩家聚集的城市或基地等地发动的进攻。现也指在逆境中反击成功。好时尚的语汇，很吸睛啊！]

什么是所谓的大豆？什么是所谓的青春？（把“大豆”“青春”放到一起，算得上是“奇问”，一下子就吸引住了读者。]

读到这，你是不是会问，这孩子脑子被驴踢了吧？大豆和青春，毫无瓜葛。（一般人的认知。）而我却执拗地认为，大豆在某些意义上，（“在某些意义上”，体现了行文的严密性。）和青春对等。（“我”的独特的见解。）那些廉价无奇的大豆，经历了磨、煮、沥，成了美若凝脂、营养丰富的豆腐，才走上了豆生（好一个“豆生”，从“人生”而来，系“仿拟”的修辞格，贴切，有味！）的巅峰。

大豆小小圆圆，暗淡发黄，这不就是现在许多“矮穷矬”（“矮穷矬”与下文的“白富美”“高富帅”都是形象的网络语汇，体现出很强的时代色彩。）的象征吗？而大豆坚韧、倔强，它不相信自己的卑微，所以它逆袭了，锤炼过后，成了“白富美”的代表。这难道不是大豆的青春吗？（将两者对接，不觉牵强呢！）而我们，为塑造出我们梦想中的青春，同样在为此而战斗着，不是为了改变世界，而是为了不让世界改变我们。（“不是……而是……”，精炼的文字，深刻的意蕴！）正如《简・爱》所言：“你以为，因为我穷，低贱，不美，矮小，我就没有灵魂没有心吗？你想错了！我的灵魂跟你一样，我的心也跟你的完全一样！”也许我们没有显赫的家世，没有靠谱的关系，没有厚厚的钞票，但我们还有青春，还有张狂。

在此，大豆的逆袭，带给我们的，是青春的坚定，是未来的信仰。（大豆逆袭了，予世人以启迪。）

“每段青春都是苦的，在后半段才会有出路。”现任光线传媒副总裁刘同在自己的书中写道。他被誉为职场达人，10 年的奋斗，自认为嘴贱性格贱，所以从不抱怨遭遇，他奔走在自己的路上，最终，他成功了，成为 80 后年轻有为的典型代表。一个北漂的“矮穷挫”，不也摇身一变成了“高富帅”么？没有逆袭的青春，谈何纪念？没有拼搏的灵魂，谈何伟大？（大豆与青春在这里真正地打通了。）

于是，刘同的逆袭，带给我们的，是青春的张狂，是信仰的绚烂。（刘同逆袭成功了，给世人以鼓舞。）

偶尔，我也会被社会上的不公所禁锢，迷茫于我的逆袭能否实现价值。可，谁的青春不迷茫呢?（说得真好!）也许，大豆在面对石磨时，也会迷茫而惶惶不敢向前，担忧着下一秒的自己会变成一个什么鬼样子。可是，大豆还是硬着头皮上了，最终，内在外在都成了美的大逆袭。也许席慕蓉在《青春》一诗中，发出了“含着泪，我一读再读，却不得不承认，青春是一本太仓促的书”的慨叹，而汪国真在《相信未来》中告诉我们“摇曳着曙光那支漂亮的笔杆，用孩子的笔体写下——相信未来”![作者忙中出错，搞混了!《相信未来》不是汪国真的诗歌，而是著名诗人食指（原名郭路生）的代表作之一。]

最后，席慕蓉和汪国真（同上应该改为“食指”，下同。）的袒露，带给我们的，是青春的赤诚，是绚烂的皈依。

在迷途的惆怅、失败的苦痛中像刘同那样嘲笑自己嘴贱性格贱，信仰着青春，然后在席慕蓉和汪国真的诗中寻找感动，最后，像一颗大豆一样，逆袭出心中的别样人生!（对全篇有总结作用。）

活出自我，青春是我所选择的路，不在乎繁华或是苍凉，我都走得义无反顾。

【综评】

大豆就像青春，青春如同大豆，这样的构思就是“亏他想得出来”的，甫一接触，匪夷所思；细加研读，匠心独具。奇思妙想催生出了饶有趣味的文章。

文章材料丰富而典型。刘同的经历很有代表性，《简·爱》中的话、刘同的人生体悟、席慕蓉和食指的诗句都恰到好处地支撑了观点，而且不给人以堆砌的感觉。

作者结构意识强。无论是细部的，如开头抛出问题，随即回答问题，并且进行合理的诠释；还是整体的，如对大豆的逆袭的总结，对刘同的逆袭的总结，对席慕蓉等诗情的总结，等等。

不少词句很有内蕴。诸如“你是不是会问，这孩子脑子被驴踢了吧”“可，谁的青春不迷茫呢”“活出自我，青春是我所选择的路，不在乎繁华或是苍凉，我都走得义无反顾”之类的句子；再如“逆袭”“矮穷挫”“白富美”“高富帅”等形象的网络语汇。

典题42 “烛光下的蝴蝶”（2013年高考江苏卷）

阅读下面的材料，按照要求作文。

几位朋友说起这样一段探险经历：他们无意中来到一个人迹罕至的山洞。因对洞中环境不熟悉，便点燃了几支蜡烛靠在石壁上。在进入洞穴后不久，发现许多色彩斑斓的大蝴蝶安静地附在洞壁上栖息。他们屏住呼吸，放轻脚步，唯恐惊扰了这些美丽的精灵。但数日后再去，却发现这些大蝴蝶已不在原地，而是远远地退到了山洞的深处。大家若有所悟，那里的环境也许更适宜吧，小小的蜡烛竟会产生这么大的影响。

要求：① 角度自选；② 立意自定；③ 题目自拟；④ 除诗歌外，文体自选；⑤ 不少于800字。

【典题解析】

这则材料涉及三个对象：探险者、蜡烛、蝴蝶。对每个对象都可以进行或肯定，或否定，或辩证的多角度的观照。

关于蜡烛，抓住了“小小的蜡烛竟会产生这么大的影响”这个关键句子，从“小”与“大”的关系，从“影响”的角度出发，在不要忽略小事、不要忽略细节、不要忽略小人物等角度上做文章，阐释其“影响”之“大”。这应该是主流视角。

关于探险者，探险者入洞之后就发现了许多色彩斑斓的大蝴蝶安静地附在洞壁上栖息，他们没有拍打它们，也没有追赶它们，而是悄悄地离开，因为他们不想惊扰蝴蝶。这说明这些探险者还是懂得爱护自然，保护自然的。当然，他们的探险行为已经在客观上影响了蝴蝶，也影响了蝴蝶的生存环境。所以，我们可以从人与自然和谐相处，人类要爱护自然，保护自然的角度入题。

关于蝴蝶，蝴蝶在受到人类的惊扰之后，选择了到更深更黑的地方去栖居，这实际上是一种自我保护，那么，从蝴蝶的身上，我们是不是可以学会自我保护？学会随机应变？我们还可以换一个思路，蝴蝶是不是像“井底之蛙”，固守在黑暗洞穴中，眼里只有黑暗，心中也必是黑暗的，它们为什么不能尝试着接受光明，接受新生事物，说不定飞出来看到的就是“春暖花开”呢。

当然，还可以从蜡烛、人、蝴蝶三者关系角度看：人勇敢探险，为照明点燃蜡烛，这都无可非议，但是探险的行为、照明的举动，客观上惊扰蝴蝶，改变其生存状态。由此可以立意：人们在处理与自然关系时一定要慎重、做事一定要考虑周密。

具体到写作个体，必须有强烈的文体意识，扣紧记叙文或议论文或其他文体特征展开；必须有强烈的“聚焦意识”，虽然材料的立意角度很丰富，你只能锁定一个观点，去“挖一口深井”。

佳作 52

谨“小”慎“微”

（为“小”“微”加上引号，活用成语，呈现文章的中心论点。）

几个探险者点燃的蜡烛让山洞中的一群蝴蝶迁移到了更加幽深的所在。（一句话高度概括了材料内容。这是材料作文的必要环节！）在偌大的山洞中，“小小的蜡烛竟会产生这么大的影响”？看起来不可思议，然而确实如此。（材料有很多的立意方向，作者选定了“小与大”这个角度。）从中，我们悟到了，做人做事都应当谨“小”慎“微”。（明确了文章的中心论点。）

谨“小”慎“微”就是注重“小”“微”之处。（这是“是什么”。因为是个常见成语，所以无须多言。所以作者也惜墨如金。）

谨“小”慎“微”有助于认清他人。（分论点一。）明末的洪承畴兵败被俘后不吃不喝，一副宁死不屈的样子。旧友范文程从两人闲聊中洪掸掉了衣服上的灰絮断言其非死节之臣。后来，美女出马，洪借坡下驴，成为清“开国元勋”。抗战期间，陈嘉庚从国民党数百大洋的盛宴与毛泽东几元钱的家常便饭奢俭比照中，看出了国民党的堕落与共产党的生机，从而坚定了政治取向。是谨“小”慎“微”让范、陈看清了洪承畴、国共的真实面貌，做出了准确的判断。（两则典例，一古一今，一正一反，很有说服力。）

谨“小”慎“微”有助于彰显自我。（分论点二。）崔永元拒不走穴，哪怕有人把他剪彩出场费开到50万元。小崔说：“我抵御不住剪彩的诱惑，所以不去碰它，别沾这个事。”这就是谨“小”慎“微”地爱惜羽毛的小崔。莫言为领诺贝尔文学奖准备了五套服装。在新闻发布会上，他穿着西服，内着印满篆体“莫言”的衬衣，非常抢眼；在演讲时，他着中山装，胸口“莫言”的篆印和“中国红”相互映衬，十分得体；在晚宴上，他又穿上了燕尾服，凸显出儒雅的风度。是谨“小”慎“微”让莫言彰显出“外表低调，精神奢华”的中国式优雅。（还是两则典例，一艺术一文学。）

谨“小”慎“微”有助于事业成功。（分论点三。）李嘉诚的成功有很多的秘诀，仅从他宴宾时每个桌上坐几分钟的细节就让人感受到他处世的精细，感受到他人格的魅力。阿基勃特之所以成为洛克菲勒的继任者，和他远行住旅馆签名时都写上“每桶四美元的标准石油”有关。这，引起了洛的关注，于是邀请他面谈，让他接任。（又是两则典例，一中一外。）

忽略“小”“微”之处让个人受损。（与前文构成对比。）招聘过程，人际交往，事业打拼中为一个细节处理不当而悲催的事屡见不鲜。（泛例。）

忽略“小”“微”之处还会让国家衰亡。（继续运用对比论证。）英王理查三世因为一个马蹄铁输掉过一场战争。甲午海战中国惨败与炮塔上横七竖八地晾着的衣物之间也有着必然的联系。（特例。一中一外。）

老子认为“天下大事必作于细”，欧阳修长叹“祸患常积于忽微”，惠普创始人戴维感慨“细节成就完美”。（连续引用，都很切题。）对于“小”“微”之处，必须从做人的高度认识，从事业的高度认识，从国家利益的高度认识。

务请谨“小”慎“微”，因为兹事体大。（结尾重申文章中心论点，点题，回应开头，看得出作者在结构上的考量。）

【综评】

这是时师当年应邀写的一篇下水作文。《扬子晚报》在6月8日刊发。时任南京师范大学文学院院长、负责江苏高考语文阅卷的骆冬青教授如此点评：

由“小小的蜡烛竟会产生这么大的影响”想到做人做事都应当谨“小”慎“微”，因为谨“小”慎“微”，兹事体大。这是一个讨巧的思路，也中规中矩。文中论述以举例为主，所举的例子既有史实也有时事，考生若能急中生智达到这点，不妨将其视做可参照的范式。

时师以为：

由材料的主旨句“小小的蜡烛竟会产生这么大的影响”提炼出做人做事都应当谨“小”慎“微”，因为谨“小”慎“微”，兹事体大。这是一个非常契合材料的立意，可谓把握住了材料的内核。

全篇运用层进式结构展开，着力于“为什么”的阐释，先正面从谨“小”慎“微”“有助于认清他人”“有助于彰显自我”“有助于事业成功”三个角度次第推进，再从忽略“小”“微”之处让个人受损、让国家衰亡反面申论，两相比照，有力地支撑了谨“小”慎“微”的中心论点。

文中论述以举例为主，所举的例子既有史实也有时事，博涉古今中外多个领域，让文章显得厚重，让观点得到凸显；还引用了老子、欧阳修、戴维的名言，为文章增色不少。

在语言的驾驭上，本文也可圈可点。开篇用一句话30个字就概括了近200字的材料，可谓精粹；正面展开的“为什么”部分的领起句文字整饬；“怎么样”的回答用了排比句式（“必须从做人的高度认识，从事业的高度认识，从国家利益的高度认识”）。行文详略互现，错落有致。

佳作 53

一叶知秋

合抱之木生于毫末，九层之台起于垒土。（引用，彰显文化底蕴）可见无论是一沙一木，还是一叶一花，总在细枝末节处隐现端倪。（“可见”不妥！真的是一目了然吗？还是应该有一点解读文字才好这样说。）

小小的蜡烛竟会产生如此大的影响，它改变了整个山洞的环境，迫使那些斑斓的大蝴蝶只能另寻栖所。（从上面的议论过渡到所供材料，有类比的况味。）

一叶零落，便知秋天将至。（点题。）的确，注重细节需要有如“尘”的心思。这是一门洞察世事的学问，并非机械地观察记录，也不是四处探听偷窥，而是以一种至情至性的眼光来看待万物。这几位朋友，在进洞前只有对大蝴蝶的好奇和探索，全无对生命的尊重，因而他们贸然点燃蜡烛。（这里的说法不很恰当。因为探险者并不是冲着蝴蝶去的，蝴蝶只是他们探险时的偶遇，而且，探险者的举动实际上表现出了对生命足够的尊重。）如“尘”的心思是一种有血有肉的心灵探索，并不是高等生物对低等生物的征服。“钩帘归乳燕，穴纸出痴蝇。为鼠常留饭，怜蛾不点灯。”这是苏轼对于生命的大度。这位执铁板唱大江东去的真男儿，心中也有这种如“尘”的时刻。不过，此情并不令人费解，倘若没有这等如“尘”的心思，又怎能留下“十年生死两茫茫，不思量，自难忘”的绵绵无绝的佳句？（一再引用苏轼的诗词，平添典雅的意趣。）

心思如“尘”，不仅需要“怜蛾不点灯”的大度与包容，还需要我们有触动事物核心的敏感。（说怎么样才能够做到心思如“尘”，与上文所表达的注重细节需要有如“尘”的心思构成语义上的递进关系。）

当我们有了触动事物核心的敏感时，才真正明白细节给我们带来的巨大力量，因为它可以使我们看得更多，看得更远。佛说：“一花一世界，一叶一菩提。”佛独具慧眼，从一花一叶之中，看到比凡人深得多也远得多的东西。（说佛。）懂得细节的人，往往能占尽先机。但凡有智慧的作家，在他们的作品中总会表现出一定的先知性。同为凡人，为何他们会有这种先知性？究其原因，是他们触碰到时代的脉搏和神经，从细节出发，观凡人之不能观，悟常人之不能悟。（道人。）

细节，总是腐朽事物的报丧者、新鲜事物的召唤人。（两个比喻，凸显了细节的重要性。）当宗法制度在第一个诸侯国被破坏时，当文字狱兴起、抓起第一个书生时，当官僚资本主义压迫第一个民众时，当中国国门第一次被外国列强打开缝隙时，（文字俭省，内容丰厚。）这些细小的迹象都预示着某种地覆天翻，而有智慧的中国人会毫不犹豫地见微知著，迎接变化，抓住机遇，从而成为一个时代的先驱者。

常言道：“细节决定成败。”这话一点也不夸张。但凡心中怀有大爱又能关注细节的人，必能为时代所成就进而成就一个时代。（两个“成就”把细节的价值揭示得淋漓尽致。）

【综评】

这是一篇以层进式的结构演绎的议论文。

它的中心论点精准。从材料中解读出“无论是一沙一木，还是一叶一花，总在细枝末节处隐现端倪”，“一叶知秋”，因而，要用如“尘”的心思去注重细节。

它的论证结构典范。在亮出观点之后，先诠释“是什么”（“是一门洞察世事的学问”“是一种有血有肉的心灵探索”），继而重点论证“怎么样”（“需要‘怜蛾不点灯’的大度与包容”“需要我们有触动事物核心的敏感”），最后围绕“会如何”展开（“细节，总是腐朽事物的报丧者、新鲜事物的召唤人”）。逻辑谨严。

它的论证方法多样。例证充分，有苏轼的典例，也有倒二节铺排而出的范例。引证出彩，有开篇的暗引，有行文之中的明引；有典雅的古诗文，有耳熟能详的俗语。对比有力，探险者与苏轼的不同的举止，独具慧眼的佛、有智慧的作家与凡人、常人的区别等都是。

根据以下材料，选取一个角度，自拟题目，写一篇不少于800字的文章（不要写成诗歌）。

人们对自己心灵中闪过的微光，往往会将它舍弃，只因为这是自己的东西。而从天才的作品中，人们却认出了曾被自己舍弃的微光。

【典题解析】

从内容上说，这是一篇很容易读懂的小材料，也没有太多可以发挥的角度。

什么是“曾被自己舍弃的微光”？为什么这些“微光”却又在天才的作品中出现了？这样的事实给予我们怎样的启迪？想清楚这些问题，我们就不难把握这个材料；一旦把握了这个材料，我们就可以驰骋自己的笔墨了。

“微光”从字面上解释为微小的光线，虽然是不容易发现的，但是又是确确实实地存在的；在材料中带有比喻意味，指我们曾经拥有的梦想、品质、精神或灵感，等等。因为这些东西被我们舍弃了，所以我们仍然凡俗；因为这些东西被有些人看重并使之发扬光大，所以那些人跻身于成功人士行列。所以这篇材料的立意就是：我们善于利用容易被我们忽略或舍弃的那一闪念的灵感，那有内蕴的精神，那不可轻忽的品质，那让人振奋的梦想，或许这些就是我们成功的要素。

凡是善于生活、思维敏感、善于写作的人，对于心灵中细小的反应和变化都能及时捕捉，产生思想、发生感情、形成文字。考生只要认真审题，联系现实，将思维发散开去，还是可以有很好的发挥的。

佳作54

灵光一现

“天才，百分之一是灵感，百分之九十九是汗水。但那百分之一的灵感是最重要的，甚至比那百分之九十九的汗水都要重要。”（这是个为人熟知的“半拉子名言”，后面一句常常被强调“汗水”重要性的人们有意忽略了。）

——题记

如果智慧是一朵莲花，那莲花正中一定擎有一支点亮的蜡烛。萤萤的那一剪光虽微弱暧昧，我也要它骄傲地捧出辉煌。十里平湖，智慧的闪光就仿佛是微风漾起的一道道涟漪；万紫千红，智慧的闪光就好像是那偶尔飞来嗅闻芬芳的彩蝶；晴空万里，智慧的闪光就好似那展翅翱翔啸唳长鸣的云鹤。（整饬的句式，优美的表达！）

残酷的岁月扬起漫天黄沙，将一个个或悲壮或悠然的身影埋没于九尺黄泉，然而，这又怎能湮没在黑暗中闪动的智慧的火焰呢？一草一木一花一叶，万事万物，都在不停地撩拨着我们的情思。情思，是灵感的触发器。灵感，是和我们捉迷藏的玩伴，稍一疏忽，它就化为一缕青烟无影无踪。（艺术地说抽象的“灵感”，于是让人心领神会。）凡人需要灵感，文人更需要灵感。后者比之于前者，其可贵之处正在于他们多半会紧紧抓住这黑暗中的一道闪电。（“黑暗中的一道闪电”，何其形象的表达！议论类的文字也可以很生动的。）

南山之下，遍地金菊，不正是激发出陶潜灵感的产物吗？菊香弥漫，再酌上几杯浊酒，岂不美哉？“采菊东篱下，悠然见南山。此中有真意，欲辨已忘言。”此景此情，夫复何求？会稽山阴兰亭，云天朗朗，惠风和畅。诸位文人墨客列坐水滨，流觞饮酌，歌咏唱答，不也是出自内心深处被激发出的那些许情感吗？一篇《兰亭集序》，唱出了“齐彭殇为妄作，一死生为虚诞”的感慨。（两个“激发”，紧扣灵感展开。）还有赤壁古战场，不知有多少人去凭吊过。苏东坡、辛弃疾，后来者更是不计其数。赤壁在他们的头顶上架起一道美丽的彩虹，在文坛竖起了一道亮丽的风景线。（苏东坡一众文人也因赤壁古战场，催生出众多佳作。）

我们生而平凡，可是我们依然对自己心灵上闪过的微光视而不见，更不用说伸出手抓住它了。一个落地的苹果成就了牛顿在科学界的丰功伟绩，一只飞翔的鸟儿为莱特兄弟展开了翱翔天穹的机翼。（两则切题的典例，而且是简洁的文字表述。）“灵感是一个不喜欢拜访懒汉的客人。”车尔尼雪夫斯基如是说。（精当的引用文字！）我们无意中丢弃了属于自己的财富，不正是由于我们的懒惰吗？

【综评】

本文把“微光”锁定为灵感，确实是对命题的准确解读，也就奠定了文章成功的基础。全篇亮点多多。

一是内容丰厚。作者从灵感对文学创作与科学发现发明的作用两个角度展开思考，让陶渊明、王羲之、苏东坡、辛弃疾，牛顿、莱特兄弟出场助阵，既使得文章的观点具有相当的张力，又让文章的内容得以避过单薄之弊步入厚重之境。

二是行文圆熟。“题记”文字在一些省份不被看好，但是此文的“题记”堪称精妙，因为我们为倡导“汗水”而常常截取了名句前面的部分，使得名句的本意遭到曲解，而作者完整地引用，正彰显了“灵感”的重要性，与题旨非常契合；首节的从“涟漪”到“彩蝶”再到“云鹤”的排比，自下而上，错落有致；“情思，是灵感的触发器。灵感，是和我们捉迷藏的玩伴，稍一疏忽，它就化为一缕青烟无影无踪”之中，让我们感受到作者文字的灵动；车尔尼雪夫斯基话语的引用，巧妙地绾结了全文。这些，足见作者行文技巧的圆熟。

典题 44 “善意待人”（2012 年高考重庆卷）

阅读下面的材料，根据要求作文。

这是一个发生在肉类加工厂的故事。

下班前，一名工人进入一座冷库检查，冷库门突然关上，他被困在了里面，并在死亡边缘挣扎了 5 个小时。

突然，门打开了，工厂保安走进来救了他。

事后有人问保安：“你为什么会想起打开这扇门，这不是你日常工作的一部分啊！”

保安说：“我在这家企业工作了 35 年，每天数以百计的工人从我面前进进出出，他是唯一一个每天早上向我问好并下午跟我道别的人。”

“今天，他进门时跟我说过‘你好’但一直没有听到他说‘明天见’。”

“我每天都在等待他的‘你好’和‘明天见’，我知道他还没有跟我道别，我想他应该还在这栋建筑的某个地方，所以我开始寻找并找到了他。”

要求：① 结合材料的内容和含意，选准角度，明确立意；② 自拟标题，自选文体（诗歌除外），不少于 800 字；③ 不得套作，不得抄袭。

【典题解析】

俗话说：赠人玫瑰，手有余香。材料中的工人每天与门卫师傅的打招呼看来是一件极其细小的事，实质上却体现了人与人之间的一种尊重、平等与友爱。这种习惯了的小事情，却成了这位工人获得救命的唯一线索。生活小事件蕴含了社会大道理，很值得一写。

从门卫的角度，可以写“善于观察、善于思考”，这也恰恰是高考作文需要考生做到的事——从日常小事中提炼大道理；除此之外，还可以从“人情味”这个角度来提炼，因这个工人是向门卫打招呼的唯一的人，颇可以从“拯救冷漠生活中唯一的温暖”的角度来概括门卫的行为。

从被关在冷库里的工人的角度，可以提炼出，颇具佛家意味的“种昔日因得今日果”，往日的微小善意，日积月累之下，亦可以变成今日的救命稻草，这是无心之善，但冥冥中自有善报。“勿以善小而不为”，同样可以大做文章。而比较稳妥的选择是从后者也即是被关者的角度来看，因为它明显更符合“整段材料”主要想说明的道理。

佳作55

大爱无言

“如果我能帮助一颗心，免于哀伤，平息一种酸楚，帮助一只昏厥的知更鸟，重新回到巢中，那么我就不虚此生。”（很契合文章主旨的文字，还是世界著名诗人出品的，可谓先声夺人！）这是美国女诗人狄金森的一首诗，诗中无不表现了她对人、对动物的爱，这种爱虽不那么轰轰烈烈，不曾那么惊天动地，但足以使人温暖感动！（在引用的诗作与作者想表达主旨之间建立了联系。）

大爱无言，我这里所说的爱并不是强调它的范围有多广，影响有多大，有时小小的关怀，也是一种爱，只要给他人带来阳光，带去温馨就行了，是大爱，大爱无言！（对“大爱”进行诠释。）

在青海玉树地震中，有一只叫科拉多的狗，在他主人的“战场”——一片废墟中，死死守候了整整一个多月，这份在人与动物之间的爱，是无与伦比的美丽，试问，主人如果没有平时对它的爱和无微不至的关怀，又怎能收获小狗的爱？大爱无言！（说人与动物的爱。）

不仅有人与动物的爱，这也有人与人之间的关爱。一个发生在肉类加工厂中，一名工人对保安的天天问候，救了工人的性命。（这里引述原材料，不很妥当！有循环论证——观点来自所给材料，然后拿所给材料来论证从材料中得出的观点——的弊端。）人与人之间本身就应互相关爱、互相赠予温暖，让温暖的阳光洒满大地每一个角落。

令人遗憾的是，现实生活中也有反例：佛山市的“小悦悦”事件，让人无不惊颤，如此一个很小的生命，人们怎么熟视无睹啊，或许是物质，让她们失去了人性的本质，或许又是那一颗颗冷漠的心，正被物欲横流的金钱迷失了本质，侵蚀了内心。（反例，也是典例。从反面观照社会现实，越发显得“大爱”的价值。）幸好，还有陈贤妹这类好心的群众在，才让人性的光芒得以发挥，大爱无言啊！

人与人之间的关怀，与双方给予的温暖，正在消融那一块块厚实的冰层，那人在社会中应当扮演什么样的角色，我认为，只要对社会有所贡献，对社会有关爱，有爱心，有价值，都应该称得上是大爱的一种。（扩展“大爱”的外延。）大爱无言，让你我一起去承担自己的责任。乔布斯，一生创办了“苹果”，推动了人类社会的进步，当他用疯狂的心、富有创造力的行动改变“苹果”时，也在改造你我，这是一种人类的关怀，更是人性的美好，大爱无言！（从中心论点的角度，解读乔布斯的作为，好！）

爱是荒原蕴育着的崛起，只要你肯开拓；

爱是泥土蕴育着的收获，只要你肯耕耘；

爱是水潭蕴育着的深邃，只要你肯积累。（诗化的语言，与开篇引用诗句呼应。有文风方面的考量！）

让爱的种子撒向各地，让光明普照万家。

【综评】

本文从“大爱”的角度解读材料，立意可谓精准。

文章中迭现的“大爱无言”恰如主旋律般，回荡在字里行间，盘桓在读者心头。彰显中心意识可谓强烈。

以引用美国女诗人狄金森的诗歌开篇，诠释“大爱”的内涵；用玉树地震中的狗与主人爱的施与和回馈，跟“小悦悦”事件对比行文，强化了“大爱”的可贵；再用乔布斯的事迹来拓展“大爱”的内涵；最后是一组整饬的排比句，曲终奏雅。谋篇布局技巧可谓娴熟。

典题 45 “书信在消逝”（2012年高考湖北卷）

阅读下面的材料，按要求作文。

语文课堂上，老师在讲到杜甫的《春望》“烽火连三月，家书抵万金”时，不无感慨地说：“可惜啊，我们现在已经很难见到家书了，书信这种形式恐怕要消失了。”

学生甲：“没有啊，我上大学的表哥就已经给我写信，我觉得这种交流方式是不可替代的。”

学生乙：“信息技术这么发达，打电话、发短信、写邮件更便捷，谁还用笔写信啊？”

学生丙：“即使不用笔写信，也不能说明书信消失了，只不过是书信的形式变了。”

学生丁：“要是这样说的话，改变的又何止是书信？社会发展了，科技进步了，很多东西都在悄然改变。”

……

请根据你对材料的理解，任选一个角度，写一篇不少于800字的文章。要求：明确立意，自定文体，自拟标题；不要套作，不得抄袭。

【典题解析】

命题涉及科技与人文。

材料中有5个人发表了见解，前4个人是就书信说书信，兼及打电话、发短信、写邮件等科技含量高的通讯方式，学生丁从书信说开去了，提出“科技进步改变了我们的生活”的命题。综合起来看，这个材料实际上是说如何看待人文与科技，如何看待人文（书信）在科技面前的式微等话题。审题难度不大，入题起点不高。

诚如人们所知，科技是一把“双刃剑”，一方面让我们获得更多先进的技术，丰富了我们物质文明；另一方面也助长了人类无端的狂妄，以为人类无所不能，让人类觉得生命都可以不敬畏了。其实，人必须有敬畏之心。我们的科技应该是造福于人类，而不是以科技的名义助长人类对世界狂妄的颠覆。

科技是人类的创造，离不开人。因此，我们在观照科技时，要注意与人文对接。要把人的情怀、人类的法则与现代科技进行制衡。要有批判反省精神，看到科技的弊端，防止自己走向异化。

考生在展开关于科技与人文的思考时，可以“只及一点”，罔顾其他，走“片面的深刻”路线；也可以兼及，表达自己思维的辩证性。

佳作 56

交流的无奈

鼠标轻击，按键轻点，电波激发一个个信息点，代码串联起一个个字符。此时此刻，你的话语就传达到我的身边。高速发展的现代科技，使世界各地的人们瞬息之间可以交流。但是，利用如此方便快捷的通讯方式，我们能够真正地了解彼此吗？（对“方便快捷的通讯方式”的质疑。）

信息技术的迅猛发展，给我们的生产生活带来了深远的影响。如今的时代，书信早已被冷落，它们留存在我们心中的身影往往只是父辈们发黄的写着或黑或蓝钢笔字的纸张。必须承认，电子传媒有着书信无法比拟的优点，方便，快捷，费用极为低廉，但是转瞬即来的信息，大多数的时候就如同三个月就长大的肯德基香辣鸡，往往味同嚼蜡。手机和电子邮箱里收到的往往只是一连串自创的但更多是人云亦云转发的数字符号，往往并没有给我们充实饱满的感觉，反而感到时时的空虚和无助，仿佛一场疲惫的梦幻。（在对电子传媒与书信的比照下，凸显电子传媒的弊端。）

这就是交流的无奈。我们很难或者无法拒绝突如其来的电话信息的打扰，做好的安排与计划付诸东流。很多时候往往最大的无奈不是别人从我们这里夺走了自由，而是自己不能在现实中给自己留一份自由。（具体表达“交流的无奈”的两种情形。）前者是改变不了的，因为我们还要生活。只是对于后者，又有谁人能够做到？如今是一个快速消费的时代，我们没有了对于信息“烽火连三月，家书抵万金”的珍重；缺少了“呼儿烹鲤鱼，中有尺素书”的欣喜；也减淡了“此书未到心先到，想在孤城海岸头”的思念；褪去了“江水三千里，家书十五行。行行无别语，只道早还乡”的叮咛；遗忘了“去凭游客寄，来为附家书。今日知消息，他乡且旧居”的嘱咐。（整饬的句式，满纸的诗情。是恰当的引用让行文显得如此美丽！）书信时代，有的是“凭君莫射南来雁，恐有家书寄远人”的担心与牵挂，多的是“岭外音书断，经冬复历春，近乡情更怯，不敢问来人”。（还是满纸的诗情！）

在那一封封亲笔书写的信件里，“不徐不疾得之于手而应于心”充满了未被浮躁时代洪流所淹没的亲切与温馨，浪漫与希冀。寄出信件就是寄出一份美好的愿望与嘱托，然后在无尽的期待中翘首以盼书信鸿雁回传。在手写书信这个载体上，我们前辈们的思考进一步深入扩展，字字推敲，款款情深，丰富细腻的情感在笔尖流淌，文字后面浮现的面孔和情感，对一种深度情感模式的向往，曾经多么让人激动不安。（信件自身的美好。）

手写书信所附带的传统的元素文化价值，稍不注意就有被泡沫般的网络所湮灭的危机。（网络之伤！）是的，科技解决了符号传递的问题，但是还是没有解决真正交流沟通的问题。因为如果意义不在词语里，而是在脑子里或是在对客体的参照里，那么，“什么东西也不能保证，意义可以跨越两个脑子而成功迁移”。假如我们缺少了等待与珍视，我们注定是不能“心连心”的人，我们发出的电子信号最终消散在茫茫太空，我们从未知之中来，又往未知之中去。（电子信号之弊。）

【综评】

这是一篇妙构，是扬书信之长而贬现代通信之短的。

文中很多语句耐人寻味：“转瞬即来的信息，大多数的时候就如同三个月就长大的肯德基香辣鸡，往往味同嚼蜡”“很多时候往往最大的无奈不是别人从我们这里夺走了自由，而是自己不能在现实中给自己留一份自由”“科技解决了符号传递的问题，但是还是没有解决真正交流沟通的问题”……这是思想的光芒，因为“语言是思想的物质外壳”。

文章饱蕴文化气息，特别是第三节铺排而至的古典诗句，让人感性地体味到书信的美好；还有第四节中《庄子》里的名句，第五节中彼得斯的妙语，这些都为文章增色多多。

典题46 “时间与路程”（2012年高考福建卷）

阅读下面材料，根据要求写一篇不少于800字的议论文或记叙文。

运动中的赛跑，是在有限的路程内看你使用了多少时间；人生中的赛跑，是在有限的时间内看你跑了多少路程。（冯骥才）

要求：① 必须符合文体要求；② 角度自选；③ 立意自定；④ 题目自拟；⑤ 不得抄袭，不得套作。

【典题解析】

初读这则材料，似乎难以形成写作的感觉；反复揣摩之后，倒是可以梳理出一些头绪的。

运动，其实也是人生的一种状态，它追求的是“更高更快更强”，而赛跑看重的是争分夺秒，是奋勇争先，是不断超越。人生也是一个运动的过程，可以从长度、高度、宽度、速度等多个维度来观照。从自然寿命的角度看，虽然个体差异很大，但是群体差异有限，也就是说，人生的长度是有限的，纵使你注意养生保健，但基因实际上已大致决定了你的寿命。然而，你可以追求人生的高度，即在某个行业领域攀升到很高的层级；你也可以追求人生的宽度，让自己的人生五彩斑斓；你也可以追求人生的速度，所谓“成名要趁早”。

怎么延长人生的长度？如何拓宽人生的宽度？怎样加快自己的速度？这些都在写作范围内。考生选取其中之一深挖下去，便能把作文写好；如果驾驭能力强，就其中两者甚至三者之间的关系进行辩证思考，更能出彩！

文章既可以说他人，也可以讲自己。但是，如果能上升到社会、民族、国家的层面展开笔墨，这样文章无疑会显得更大气。

佳作57

热爱诞下创造的婴孩

（一个判断，主谓宾的结构，明确全文的中心论点。）

纪德有言：“我为美好的事物消耗着自己的感情，它们的光辉来自于我不断地燃烧，但这是一种美妙的消耗。”这美妙的事物，便是我们创造的事业，这消耗便是我们的热爱。（引用入题，点明主旨。）

若不是有了那些关于水稻的梦，若不是有了那种投入其中的热爱，袁隆平何以从田间完成伟大的创造？何以用枯瘦的双肩担起全球的饱食之忧？他因胸怀天下苍生而热爱他的事业，他因热爱而诞生创造的婴孩。（设问。扣住中心论点作答。）

圣埃克苏佩里曾言：“创造，是以有限的生命去交换无限的事物。”一个热爱创造的人，往往是因为他执着追求于某种恒久的价值。这价值，在袁隆平心中便是天下人皆饱，在爱因斯坦那里便是“科学的美感”，在乔治·奥威尔那里便是揭破一切的谎言。（阐释创造者心目中的“价值”。）梭罗在《瓦尔登湖》中曾讲述这样的寓言：“一个工匠想做一柄最完美的权杖，于是他日夜不息，任时空流转百年，最终那权杖，成了梵天世界最美的作品。”梭罗在这里暗示我们：一旦我们认定了某种创造有值得我们付出一切的价值，我们就应完全投入其中，热爱并坚定地追求。（解读寓言的寓意。）回望历史长河，又有哪一个伟大成就不是源于创作者的爱？贝多芬《命运交响曲》汹涌而来，凡·高的火焰色向日葵，牛顿的三大定律，又有哪一个不是饱含着创作者澎湃的激情，穿越千古破空而来？（还是扣住主旨论述。）

我已无法历数古今中外多少因热爱而造就的伟大创造，可这种繁盛，恰与当下创造之光的暗淡形成触目惊心的反差。（对照式论证。）我们有袁隆平，有王选，有钱学森，可这些科学巨匠或已作了古，或垂垂老矣，而后起之秀乏善可陈。（情况不乐观。）为何？我想正是因为当下已绝少对科学本身有着痴爱的年轻人，我们有的，只是一群又一群为了名利，为了一纸证书而在实验室里苦干的学生，他们一旦获得了所求的名利，便裹足不前，再不愿在黑暗中前行。同样，在文学领域，如今又有几人能如桑塔格一般从容说道：“我写作不是因为那里有读者，而是因为那里存在着文学。”一个个作秀者，只看见红地毯和金钱，作者比作品更有名的情况比比皆是。在看似繁盛的文学世界里，我们只见得浮光掠影般的“商品文学”，吾不见哪怕只是一个有着创造之光的作品。科学，文学，乃至其他种种事业，我们早已丢失了一往无前的热忱。（“科学，文学，乃至其他种种事业”，问题之普遍。）于是创造的婴孩夭折于腹中，岂不痛哉！

幸而我们还有幸存者明了这个道理。“成败得失，悲欢沉浮，在死亡面前终将逝去，我们看见的是那些恒久不变的东西。”乔布斯，主宰信息技术行业的先驱者曾如是说。（如此，这个社会还有希望！）是的，那些恒久的事物，人类的普世价值，抑或是科学艺术的真、善、美，才是创造的起源与归宿。（明确创造的起源与归宿。）当我们受困于一时得失，不思是否前进时，但想一想那些因热忱而永葆鲜活的灵魂，默念这句话：“热爱诞下创造的婴孩。”（要得创造，必须热爱。）

唯有此，我们才能以自己的创造，超越那有限而平庸的生命。（因为有创造，生命才璀璨。）

【综评】

有限的生命如何超越平庸，追求卓越？创造。创造最需要的是什么？热爱。我们都知道“热爱是最好的动力”的道理，有了热爱，再多的辛劳付出都会心甘情愿、无怨无悔。

本文从热爱切入来打量生命，亮出了“热爱诞下创造的婴孩”的旗帜。在这面旗帜下面，袁隆平、王选、钱学森、爱因斯坦、乔治·奥威尔、贝多芬、凡·高、牛顿等成功人士铺排而来，形成了雄辩滔滔的气势。纪德、圣埃克苏佩里、梭罗、桑塔格、乔布斯等有识之士联袂而来，构成了天花乱坠的大观。从议论文写作的角度看，这样明确的中心，这样翔实的事实论据，这样贴切的事理论据，都是好的议论文的表征。有了这些，你的议论文就立于成功之境了。

典题47 回到原点（2011年高考广东卷）

大千世界，“原点”无所不在，“原点”可以是道路的起点，可以是长河的源头，可以是坐标的中心，可以是事物的根本……

请以“回到原点”为标题，联系生活体验与认识，写一篇文章，自定文体，不少于800个字（含标点符号）。

【典题解析】

“原点”是地理概念，如“道路的起点”“长河的源头”；也是数学概念，如“坐标的中心”；还是哲学概念，如“事物的根本”；还可以是其他。可以是实指的，也可以借助比喻、引申等手段获得虚指的意义。

展开的角度：为什么要“回到原点”？怎么样才能够“回到原点”？“回到原点”后会如何？等等。

抓住“回到道路的起点”立意，无论是由于意外的变故被迫回到了起点，还是为升得更高、走得更远而主动回到起点。也可以抓住“回到长河的源头”“回到事物的根本”立意。总之，要明确“原点”的内蕴，切口宜小；要合理对接现实；要有积极的立意，可以是正面的，也可以是辩证的。

既可以缩结故事来艺术地传达对“回到原点”的认识，也可以从理性的层面上去阐释对“回到原点”的理解。

佳作58

回到原点

电影《让子弹飞》让人捧腹之余更予人一个耐人寻思的结尾，张麻子历经腥风血雨又重上马鞍，驰入山林。也许英雄的归宿终是草莽！（从电影说起，引发读者的兴趣。）电影的结局总是太蒙太奇，但我庆幸，英雄不是走回头路，他只不过是回到原点，那里才有刀光剑影，那里才有豪迈与洒脱。（点题了。）

回到原点，重返本真，重拾你的真性情。

难忘毕淑敏的一句话：“额头上没有一丝皱纹的美人，怕血管里流动的都是水。”的确，生活在现代世界里的人们是不是已经忘记自己不施粉黛的素颜，是不是已经遗漏了真性的原点？我们习惯于挤出不由衷的笑容，习惯于对化妆品和面具的依赖。殊不知我们暗自高兴，以为岁月的痕迹和世故的表情统统被遮去，却令自己最珍贵的一面、生命最澎湃的热度一同被抹去。

生命的原点在于个性的张扬，在于情感的表露，在于性格的突围。（对“生命的原点”进行诠释。）回到原点不是褪下成熟的外衣，而是撕掉不必要的包装；回到原点不是原地踏步，更不是退回起点，而是以淡定而真实的姿态上路，轻轻抬头，已屈指行程二万，翻越无数的高山……（申说“回到原点”，而且是对举着说，容易让读者形成印象。）

每次坐飞机时，空乘人员都会为乘客演示应急用品的使用方法。面对乘客，本是机上空姐绽放最美丽一面的时机，但我却每每看见一张张默然而冰冷的脸，很规范却很敷衍。

我想，再动人的脸容也经不起随意的解读和虚伪的摆弄。回到原点，虽不完美亦叫人亲切；远离原点，尽管精致但让人生厌。（还是对举着说。）回到生命的原点，是展现自己自然而感性的一面，是在生命的轨迹上搏动着最和谐的节奏，是在自己和他人的心中演绎着真善。（以整饬的句式来演绎“回到生命的原点”的内蕴。）

于是想起著名的人口学家马寅初。尽管在那个人云亦云的年代，多少学者为苟全已放下知识分子的尊严，但马老依然保持着不屈的姿态。“宁鸣而死，不默而生。”（引用胡适名言为马老画像，贴切！）造反者说他已丢掉立场的原点，我却谓马老回到了一个学者应有的原点。“绝不向以力服人不以理服人的人低头。”这个原点如此厚重而神圣，承载了人性的光辉和一个知识分子最倔强的底线。

原点不是起点，坚守原点者业已登上一个道德的高台；原点又是起点，坚守原点，回到原点者从这里再出发，再扬帆启航，最淋漓也最真实，最平平淡淡也是最轰轰烈烈。（说“原点不是起点”又说“原点又是起点”，富于哲理的表达，而且言之有理，言之有文。）

在一个浮躁的社会里，我们满足于“枝枝叶叶外不寻”，但一个人人都标榜“金钱为原点”“权力为原点”的社会又何尝不是一个迷失了原点的贫血社会？唯有每个人都自觉地寻找原点的坐标，重获人性的庄严，才有“民德归厚”的一天。（清晰的表达，鲜明的态度。）

回到原点，重拾本真，这样的要求算不算太高？（以问句收束全文，意味深长！）

【综评】

竞技作文，演绎的是“狭路相逢‘能’者胜”的道理。阅卷老师看重学生独立思考与思维的能力，看重学生独立运用语言文字进行表情达意的能力，看重学生进行创造性表述的能力。你的这些能力高人一筹，你的竞技作文就会“秀于群”。

本文从人的性情的角度切入，论述“回到原点，重返本真，重拾你的真性情”的观点，立论睿智，思路严密。

全篇内容丰富：电影《让子弹飞》，空姐的作为，毕淑敏的话，人口学家马寅初的铮铮铁骨……这些事实、事理都很好地佐助了论点的确立。

文章语言表达流畅，富有文采，而且相当多的文句很有意蕴，耐人品读。

典题 48 我的时间（2011 年高考浙江卷）

阅读下面的文字，根据要求作文。

一代人有一代人的偶像。钱学森、袁隆平、宗庆后、张艺谋、马化腾、刘翔……他们是不同时代不同行业的成功者，有无数崇拜者和模仿者追随其后。他们做过什么，又是怎么做的，被写进了种种励志读本。然而，他们的成功很难复制，因为时间在变，万物在变，一个人成功的路子也在变。

时间不是一个抽象的概念。春夏秋冬，四时更替。物理时间随着时钟的指针分分秒秒匆匆地流逝，而人生的时间，则由大大小小的悲喜堆叠而成过去，由错错对对的选择建构而成未来。所以，人生的真谛不在复制别人的成功，而是认识自己，在合适的时间里做好该做的事！

根据上述材料的含义，以“我的时间”为标题，写一篇不少于 800 字的文章。

要求：① 选准角度，明确立意；② 除诗歌外，文体不限；③ 不得抄袭，不得套作。

【典题解析】

材料有两个部分：一是关于多个领域的成功人士的，因为他们成功的道路各不相同，所以本身就昭示了“成功很难复制”的道理。但是，追寻他们成功的足迹，无疑是大大有助于自己走向成功的。一是把现实生活中的现象抽象为对时间的理性认知，其实就是对生活质量、生命价值的认识与评价。它告诉世人：你的时间范畴内有悲喜，有正误，这些都很正常，关键是善用时间，不让光阴虚度。

如果你写自己怎样科学合理地利用自己的时间，就自己在一定时间内，在某个特定事件中如何化解矛盾冲突，如何战胜自我（“小我”），从而表现出某种高贵的品质与情操，这样的文章就是切题的。

如果你依托于一些成功人士，表明“成功是让时间的效益最大化的结果”之类的主题，传达你对成功人生之所以成功的理性解读，这样的文章也是切题的。

佳作 59

我的时间

每个清晨，都平静地把自己铺成一张白纸，等着阳光到我的灵魂里泼墨挥毫；每个夜晚，都把自己倒得空空的，然后往里面添加风、星星、萤火虫……（这开头，诗情画意啊！）总之，尽量添加一切诗意的东西。我只是想提醒自己，认识自己，在我的时间里做我自己。（秀出了自己的认知。）

我知道自己到底在寻找什么，什么样的生活才是我想要的。有人说，眺望摩天大楼的人，其实是在眺望自己的幸福。我不是，我的幸福没有那么高。

我的幸福低到尘埃里。（单独成段，引人注目！）

世上有不计其数的成功者，他们头顶光环，令人艳羡，无数崇拜者和模仿者追随其后。然而，那是你想要的么？人生不在复制别人的成功，而是做你自己。

有的人的幸福如瀑布或山洪，有的人的幸福如涓涓小溪。

屋檐上鸽子成群，院子里花团锦簇。你喜爱的小狗，即使你在它吠叫时轻轻拍打它的小脸，它也依然喜欢依偎着你安静入睡。还有不被打扰的月亮，可以喝的露水……（岁月静好的画面。）这一切都是我急着要向你表达的，我安静的幸福，我真实的自己。

在这么高速旋转的时光里，我们丢失了什么，我们又拣起了什么？看看那些令人窒息的钢筋水泥构造中步伐匆匆的人们，看着那尾追在名人背影后的追星者，以及盲目模仿复制成功者道路的人……他们的眼睛储满了名利却丧失了蓝天，他们的耳朵塞满了阿谀却失去了鸟鸣。（对举着说，很有表现力的文字！一种行文的技巧。）他们失去了自己，迷失在别人的道路与时间里。

在我的时间里，我要做自己，追逐我低入尘埃的小小的幸福。

我时常背起背包到附近的山上去远足，在自然中，我找到了自己。当繁密的树叶遮住午后的阳光，又“故意”疏漏其中的一两缕，打在潮湿的地面；当深秋的第一树或黄或红的落叶在我面前摇曳而下，带着欲言又止的忧愁；当南风带着沁人的土香袭乱我的头发……（形象化的语言。）这一刻，时光在外部世界里一点一滴地逝去，却好像与我无关，因为我找到了自己的时间，找到了自己的幸福。我可以坦然地与自己对话……

在我的时间里，我只想做自己，我只想像个孩子一样，在你面前兴高采烈地阐述我简单的思想。在属于自己的道路上，在忠于自己的幸福里，做我自己，就像那水边的蜻蜓，临风吟唱，翩翩起舞。（优美的文字！）

【综评】

这是一篇获得满分的考场作文。

思想的光芒是其超拔群伦的关键。世人都在热追成功，“我的幸福低到尘埃里”，做好“我”自己，“追逐我低入尘埃的小小的幸福”；“时光在外部世界里一点一滴地逝去，却好像与我无关，因为我找到了自己的时间，找到了自己的幸福。我可以坦然地与自己对话……”在忙碌成为常态的今天，作者如此别致地处理“我的时间”，这份从容，这份坚守，透出了优雅。

语言的优美是其获取高分的要素。文字或理性，如“有人说，眺望摩天大楼的人，其实是在眺望自己的幸福。我不是，我的幸福没有那么高”；或感性，如“在属于自己的道路上，在忠于自己的幸福里，做我自己，就像那水边的蜻蜓，临风吟唱，翩翩起舞”。这，让人美不胜收。

典题 49 拒绝平庸（2011 年高考江苏卷）

不避平凡，不可平庸。为人不可平庸，平庸则无创造，无发展，无上进；处事不可平庸，因此要有原则，有鉴识，有坚守。

请以“拒绝平庸”为题，写一篇不少于 800 字的文章。

要求：① 立意自定；② 角度自选；③ 不必面面俱到；④ 除诗歌外，文体自选。

【典题解析】

“平庸”是寻常而不突出，没有作为；寻常而不高明。“拒绝平庸”就是拒绝无所作为、得过且过的消极思想的影响，追求生命的高度、人生的厚度，实现人生价值。“平庸”表现在个人生活、工作上，是得过且过，庸庸碌碌；表现在群体意识上，是群体没有核心价值观，失去斗志，没有奋斗目标；有时也体现在产品设计上；还体现在文学创作上。如果写成议论文，“拒绝平庸”就是论点。我们可以进行“四大追问”：什么是平庸？为什么要拒绝平庸？怎样才能拒绝平庸？拒绝平庸将会怎样？就用“层进式”结构展开你的思辨。当然也可以写成记叙文，编写故事来承载“拒绝平庸”的主题，可以叙述自己，也可以叙写别人。

佳作 60

拒绝平庸

不由得（文章开头就说“不由得”，真的合适吗？不显得突兀吗？最好在前面加上“看到此题”。）**想起早上**（突出“早上”，材料新鲜，有种即时感。据作者介绍，在高考之前，他也并不知道有这样一家餐饮小店的存在。平时他到学校都是坐 2 路公交车，高考那天是妈妈开车送他，改变了线路，所以才偶然看到了“风沙渡”的店招牌。此例又再一次证明“生活中不是缺少美，而是缺少发现美的眼睛”。）**过来赶考时瞅见的一家小餐馆，名为“风沙渡”。独这三字，意境全出，那杂乱的店面也仿佛不嫌粗陋，而自有一种粗犷邈远**（用“粗犷邈远”揭示了店名的意境，也突出了店名的不同凡响之处，为下文的议论张本。）**的豪情在胸中激荡了。**

只是一个招牌，却可以让这一家平凡（用“平凡”修饰小餐馆，正是为了突出它的不平凡。）**的餐馆从一干“某氏餐馆”“某某小吃”**（在与其他平庸店名的比较中凸显“风沙渡”的不同寻常。）**中脱颖而出，这就是超越了平庸的力量。**（既评了店名，又点了文题。一举两得。）

不由又想起一群人（有了前文，此处的“不由”就自然了。作者由“店”而“人”，联想进一步展开。）他们也曾坐在这考场，也曾为了理想而奋斗，而他们现在，叫作“蚁族”；他们的住所，叫“蜗居”。（“蚁族”“蜗居”，用语时尚，而又略带不屑。）当社会的风霜吹凉了热血抹平了棱角，（用语形象而又极具概括力。）当学过的知识没有用武之地丢弃在脑海尽头，他们早忘却了身为高学历人才的骄傲，沉寂了，平庸了。最可悲的不是身居不足盈尺的斗室，也不是食不果腹衣不保暖，而是丧失了理想和追求，（一语中的，揭示了平庸之根。）只剩下忍让顺从。没有人生来就是任人践踏的草芥蝼蚁，但如果有一颗甘于平庸甘于卑贱的心，（“有一颗”“的心”多余了，宜删去。）那唯一（“唯一”强调别无他途，警告平庸的后果，令人震惊。）的归宿就只是蝼蚁。

要成为强者，必先有一颗强者之心；要俯瞰平庸的众生，先必有一股“登临意”。（两个“要”，开出“拒绝平庸”的药方，将议论向前推进了。）对，登临，（“登临”真乃神来之笔。“登临”就是登高望远，“登临”就会有不同凡响的境界；“登临”就会有不同寻常的胸怀。）是辛弃疾“把吴钩看了，栏杆拍遍，无人会，登临意”的登临，是杜甫“会当凌绝顶，一览众山小”的登临。（辛弃疾的“登临”抒发的是怀才不遇、壮志难酬的感慨；杜甫的“登临”抒发的是雄视天下的豪气。）

是否有一颗强者之心，一颗超脱平庸的心，是平庸（应在“平庸”后加“者”，以与“出众者”对应。）与出众者的分水岭。人只是（“只是”有贬义，忽略了人其他方面的能量。应删去“只”。）会思想的苇草，最高贵的就是会思想。所以人的高贵来自灵魂，来自思想层面的高贵。有了一颗拒绝平庸的心，终有人会从你眼中的坚定，（应调整为“坚定的眼神”，这样就与后面的“不俗的谈吐”“紧握的双拳”相对应，使句式更整齐。）从你不俗的谈吐与紧握的双拳看出你的不凡。即使结果还是不尽如人意，即使会有“心比天高，命比纸薄”的诋毁，（“诋毁”宜改为“遗憾”。）即使“零落成泥碾作尘”，仍会有（“有”似多余，可删去。）“香如故”。[此段有帕斯卡尔、曹雪芹（写晴雯的8字断语）、陆游，氤氲着文化气息。]

“蚁族”又如何？若心怀鸿鹄之志，俯视那有着优厚境况的燕雀，我坚信：终有一天，能（“能”前面要加“你一定”，否则，便成无主句。）“扶摇而上九万里”“朝游北海暮苍梧”，携长风，浩荡而去。

相信“风沙渡”的主人（推测“风沙渡”主人的身份，回应开头。）不会是一个平庸的、世俗的商人吧？如果不是一个来自黄土高原的汉子，也必是腹藏诗书但不得不囿于世俗的文人。（推测得很有准头，店主人正是个出版了许多本书的文人，是一个有过军旅生活的女性。）否则，怎会有如此豪情、如此透着古韵气息的招牌？

我必去“风沙渡”。（此句前最好加“高考结束后”。）**酒菜已不重要。小酌后，与老板相视而笑**（“相视而笑”其实是“会心一笑”，表明“我”与店老板一样，都是拒绝平庸之人。）**出门去，我辈岂是蓬蒿人？**（引用李白诗句，又是神来之笔，起到了画龙点睛之效。）

拒绝平庸，世界有你而精彩。（不少文章习惯于在文章最后重申中心论点，作为收束文字，不失为一种可以借鉴的手法。）

【综评】

本文有三股气。

一是灵气。开头不同寻常，以一家餐馆名“风沙渡”作引，材料十分鲜活而又切合题旨，随即由店名联想到生活当中那些曾经的“天之骄子”们，现在仅留“一颗甘于平庸甘于卑贱的心”。再为甘于平庸者开出了治“庸”的药方。结尾又回到“风沙渡”的店名上，由“名”而“人”，最终回归“拒绝平庸”的主旨。全文上下勾连，一气呵成。

二是豪气。评价“风沙渡”店名时用“粗犷渺远的豪情”写自己的感受。也正是带着这份豪气，作者鄙夷那些“蚁族”，又引用了辛弃疾、杜甫的登高致远的诗句，很有气魄！

三是书卷气。对“风沙渡”的店名情有独钟，多处恰到好处地引用了名家诗文，在行文中的用语典雅、形象等都可圈可点。

典题50 熟悉（2009年高考四川卷）

请以“熟悉”为题目，写一篇不少于800字的文章，立意自定，文体自选。

【典题解析】

“熟悉”是“知道得清楚”的意思，把这个小学生也会写的题目放到高考试卷上，考生就得警惕，因为很容易就会因为写顺手了而浅淡平庸。所谓“熟题难出新”“题浅反为难”。若写记叙文，可以在熟悉的人或事物中挖掘出“陌生”来。比如，“我”自以为对某个亲人或者朋友极为熟悉，于是对他（她）有了成见，可是在某一件或几件事上，我却感到他（她）是那么陌生。反之，最陌生的也可能是最熟悉的，那种似曾相识、一见如故，蕴含着几多人生情怀和生活哲理。如此，文章就有了张力。若写议论文，要尽可能阐述对“熟悉”的独到见解，比如，“熟悉有时使我们麻木”“熟悉可能使我们懈怠”“熟悉是厌倦的温床”“熟悉有时是创新的大敌”“熟悉往往是探索新域的陷阱”“熟悉常常是好奇心与探索欲的杀手”“熟悉的地方也有风景”，等等。

佳作61

熟 悉

智者无为，庸人自缚。心若无异，万法一如。

——《信心铭》（僧璨大法师）

（真正有才华的人是有所为有所不为的，否则只会庸人自扰。只有当心无旁骛对一个领域深入研究，达到无人能及的熟悉的时候，万物法度便清晰简单了。也就是说，所有的成功人士之所以能成功，就是因为他在那一领域已经驾轻就熟了。如此说来，这个“题记”非常贴题。）

我们惊叹太白清新飘逸的诗句，那是因为他熟悉中华的经典；我们欣赏郎朗悠扬婉转的琴声，那是因为他熟悉黑白的键盘；我们感叹哥白尼的发现，那是因为他熟悉浩瀚的宇宙。（整饬的句式，优美的文字。涉及文学、艺术、科学多个领域的名家，都是因为“熟悉”而达到了相当的高度。这是紧紧围绕主题展开的文字。）

真正的智者不是博而不精的涉猎，那样只会庸人自扰。当心无旁骛地对一个领域深入研究，达到无人能及的熟悉，在熟悉中，万物法度便清晰简单。（是对“题记”文字的诠释，也是对前段三例的解读。）

中国自古就有“读书百遍，其义自现”的训诫。当百遍的“咀嚼”之后，才会熟悉文中意旨；当百遍的“消化”之后，熟悉才会让其义自现。（从“熟悉”的角度，解读训诫文字。还是围绕主题展开的文字。）

西方哲学家也说过“知道的越多，才知道自己不知道的越多”。熟悉会让人明白很多道理，熟悉才会让人了解万物的法度。（还是扣住“熟悉”论说。）

司马迁熟悉中华历史，才有了《史记》的不朽；当李时珍熟悉百草千方，才有了《本草纲目》的伟大；当纪晓岚熟悉经史子集，才有了《四库全书》的浩瀚。（运用组合论据，而且紧紧扣住“熟悉”申说。）熟悉造就了华夏的辉煌，缔造了民族的昌盛，成就了伟人的不朽。

心无旁骛地研究，才有了无人能及的熟悉，才造就了千古流传的功绩。冷僻枯燥的文字没有阻止住他钻研的脚步，孤独凄凉的大漠没有停止住他探访的脚步，冷嘲热讽的眼光没有动摇他追寻的心灵。（整句。表达效果很好的文字。）当他对西域一种即将失传的文字达到无人能及的熟悉时，人们毫不吝惜地把“国学大师”的称号赠予了季羡林先生。（运用典例，也是在“熟悉”上申说。）

如果没有对文字的熟悉，他不会有巨大的成就；如果没有对汗牛充栋的经典的熟悉，他不会有深刻的认知；如果没有对华夏典籍的熟悉，他不会有真知灼见的眼光；（三个“如果……”句，从反面申说季羡林先生的成功源于“熟悉”。）如果……没有那么多如果，熟悉成就了这位伟大的国学大师。而他熟悉的秘诀，就在于心无旁骛地钻研。心无异，行才正，思才深。

成功其实很简单，就是达到无人能及的熟悉。（反复申说后的再强调。）熟悉，一把通向成功的钥匙，一块登上成功的阶梯。（连用比喻，明确“熟悉”与“成功”之间的紧密关系。）

释迦牟尼在菩提树下七天七夜的心无异，才成就了佛祖的大彻大悟。僧璨大师对佛法的熟悉，才有了“智者无为，庸人自缚。心若无异，万法一如”的劝世良言。

熟悉，万法一如。（在全文 20 多次出现“熟悉”后，再度强化“熟悉”这个主题词。）

【综评】

当众多考生把熟悉作为一种日常生活场景进行写作时，该文作者却跳出圈子，另辟蹊径，巧妙地把成功和熟悉结合起来，提出了“成功就是达到无人能及的熟悉”观点，新颖而不失自然。尤值一提的是作者精心选择的这几个素材，它不仅充分反映出作者阅读涉猎甚广的视野，更反映了作者对这几个题材驾轻就熟的飞扬文采，读之，既觉论证有力，亦觉如饮甘露。

典题51 “海龟与老鹰”（2008年高考全国卷Ⅱ）

阅读下面的文字，根据要求写一篇不少于800字的文章。

南太平洋的小岛上，有很多绿海龟孵化小龟的沙穴。一天黄昏，一只幼龟探头探脑地爬出来。一只老鹰直冲下来要叼走它。一位好心的游客发现了它，连忙跑过去赶走老鹰，护着小龟爬进大海。可是，意想不到的事情发生了，沙穴里成群的幼龟鱼贯而出——原来，先出来的那只幼龟是个“侦察兵”，一旦遇到危险，它便缩回去，现在它安全到达大海，错误的信息使幼龟们争先恐后地爬到毫无遮挡的海滩。好心的游客走了，原先那只在等待时机的老鹰又飞回来了，其他老鹰也跟过来了。

要求选择一个角度构思作文。自主确定立意，确定文体，确定标题；不要脱离材料内容及含意的范围作文，不要套作，不得抄袭。

【典题解析】

这个材料改编自美国的伯罗蒙塞尔的《海龟和老鹰》。原文的中心是：人们对小海龟的帮助看似善举，实则违背了自然之道，给海龟带来的反而是更大的伤害。

现在考生面对的是一则经过改编的纯叙述的材料（材料本身存在的一些疏漏不在此处讨论），考生可以根据自己的理解自由地选择作文角度，提取观点，确定写作范畴。

从海龟的角度看，我们可以肯定它们的先侦察了解情况而后动的做法，也可以否定它们不多方获取信息的做法。

从老鹰的角度看，我们可以分析它的成功是源于永不言弃的人生态度，待机而发的人生策略。

从好心人的角度看，我们可以从动机与效果的层面展开哲学思考，为什么有时候的爱反而成为一种伤害？许多事情我们是不是应该顺其自然呢？

如果能从海龟和老鹰，好心人和海龟或老鹰的关系角度考虑，立意就会更为深刻，谈论的范畴就会更为宽广，比如从好心人和海龟的关系谈遵循自然规律；从海龟的生活和好心人的角度谈学校教育，谈家庭教育；从老鹰和海龟的关系角度谈机智和审时度势、综合把握信息的问题；等等。

佳作62

老鹰哲学

（上升到“哲学”层面，很有高度的文题！）

南太平洋上的小龟纵然聪明，不过，最终还是葬身鹰腹！（概述材料，文字简洁。契诃夫说：“简洁是天才的姐妹。”很有道理！）自然界中鹰享有盛誉，仔细总结，发现其有以下三个特点，称之为老鹰哲学。

老鹰哲学之一：看清事实。（分论点一。让文章层次清晰。）

看清事实是做好任何事情的基础。小龟们看到侦察兵爬进了大海，便以为一切安全，便心安理得地爬了出来，结果呢？只能遭受灭顶之灾。而老鹰却正好相反，它们看清了还有成千上万隐蔽在沙中的小龟，结果大获丰收！

其实生活中的我们也应该看清事实，否则会让我们遗憾终生！（联系现实。）司马家族不就因此而中了诸葛亮的空城计而遗憾恼怒吗？我们不也经常因广告效应而买到一些伪劣产品吗？（其实，这里如果用上组合论据的话，效果更好！）所以，我们需要看清事实。看清事实是一种智慧。

老鹰哲学之二：引而不发。（分论点二。）

老鹰没有因游客的出现而放弃狩猎，它在等待机会，游人走了，它的机会便来了，最终它成功了！

战争中的“诱敌深入”不也正是这样吗？我们经受住小的诱惑，是为了垂钓更大的猎物，让更多的敌人进入我们的包围圈，一举将它们歼灭！现实生活中不也这样吗？我们一直在等啊等，直到股票涨到一个很高的价位时，我们才把手中的股票抛售出去。这不正也是一种智慧吗？（继续联系现实。）很多时候，我们同样需要引而不发！

老鹰哲学之三：坚持不懈。（分论点三。）

老鹰没有因游客的出现而放弃了这次捕食，它坚持了下来，最终得到了自己想要的结果。人难道就不是这样吗？苏武牧羊几十载，最终回到了祖国的怀抱，这是他的坚持不懈；海伦·凯勒双目失明，她没有放弃，与各种不利因素作斗争，最终因《假如给我三天光明》等而成为残疾人心目中的偶像，这是她的坚持不懈；孙子膑脚，兵法修列；文王拘而演《周易》，仲尼厄而作春秋，这些都是他们的坚持不懈；八年抗战，我们最终取得了胜利，这也是坚持不懈……（组合论据，有雄辩滔滔之感。）伟人尚且如此，我们平凡人难道不应该这样吗！坚持不懈是一种智慧！

这便是老鹰的哲学！有了它，老鹰得以捍卫自己的领空，称霸一方，无人匹敌！（说老鹰。）

学习老鹰的哲学，我们便能驾驭着老鹰的智慧，长出一双坚强的翅膀，以一双锐利的双眼，自由搏击于长空！（说我们。当然是老鹰带来的启迪。）

【综评】

这是议论文，却有别于习见的议论文。作者独具慧眼，站在老鹰的角度审视所给材料，从中拈出了“老鹰哲学”，并且分解为三个向度。通篇始终扣住了材料，先分析材料再展开联想，以“列锦式”呈现典例，既丰赡又简练，表现力极强。从中足见作者积淀丰厚，驾驭文字的功力不俗。全篇结构完整；由鹰而人，构思精巧，含味隽永。语言上给人以老辣之感。

典题52 “春来草自青”（2008年高考山东卷）

请以“春来草自青”为话题，写一篇不少于800字的文章。

要求：① 自拟题目；② 自定立意；③ 除诗歌外，文体不限；④ 文体特征鲜明。

【典题解析】

这是一道带有比喻色彩的富有诗意的命题。从写作的角度看，找到恰当的本体，把相对飘逸的诗意落到确凿的现实是必由之路，否则，以朦胧的行文对诗意的命题，只能是凌空蹈步，不知所云。

那么，“春来草自青”的内涵与外延如何呢？

“春”是外部条件，是人为努力；“青”是水到渠成，是理想境界。“春来草自青”说的是功到自然成，是付出之后的回报，是汗水之后的硕果。甚至可以以正在进行的高考来演绎这个命题，把高考看成“春”，把金榜题名看成“青”，把自己比喻成小草，表达对自己能发挥出水平，赢得阅卷老师认可的愿望。行文的切入口可大可小。

明确了这些后，我们就可以激扬文字了：可以叙写故事，表达“春来草自青”的主题，诸如经过考验的牢不可破的友情，风雨过后出现的彩虹，勤奋刻苦之后的优异成绩等。可以议论风生，阐述“春来草自青”的道理——在“春”上做足文章，谈付出，论条件；把“春来”和“草自青”之间的因果关系分析透彻，小草经过严寒的冬天，受到过摧残、伤害，经历过磨难，可能面目全非，但是因为春天的到来，才使得百花盛开，大地吐绿变青，芳草碧天涯。

佳作63

顺其自然，功到自成

俗话说：“车到山前必有路，船到桥头自然直。”是的，春姑娘的脚步必定会踏青小草的衣裳，夏日的急雨必定会惊起满塘蛙鸣虫吟，秋风的抚摸必定会点染收获的金黄，冬天的飘雪必然会营造一个银装素裹的神话。（优美的文字，其中可以看出作者的精心。其实，四季的变幻，都在诠释着同样的道理。）一切都在述说着这样一个道理：凡事顺其自然，便功到自然成。

顺其自然，是一种干劲，是一种心态，是一种智慧。（这等认知有中华文化的传统。《周易》《老子》《庄子》都是提倡“顺其自然”的。）

顺其自然，才能树立踏实的作风。（申说“为什么”。）优秀士兵向南林，高考落第，便投笔从戎，立志考军校；得知失去军校报考资格，便脚踏实地，立志做个好兵；遇到不懂的，便虚心请教，看什么就学什么。久而久之，他成为军中不可多得的人才，连自己也未曾料到。（列举典例。中国当代的，军界的。）这就是顺其自然的力量，它使跋涉者不抱怨、不气馁，只要脚下有路，便坚定地一路豪歌向天涯，踏实做事，勤恳做人，路在脚下，成功便不再遥不可及。顺其自然，让理想贴近生活，让实力更加强大，让信念更加坚定。（扣住中心论点进行剖析。在典例与论点之间做了恰当的链接。）

顺其自然，才会拥有良好的心态。（继续申说“为什么”。）诗仙李白，贵妃研墨，力士脱靴，何其显达！然而不甘为“御用文人”的他听从了自己的心，离开长安，云游四海，于是心胸开阔，佳篇辈传。李白的顺其自然，就是顺应了自己的真性情，不阿权贵，回归本我。（还是典例。中国古代的，文学界的。）这份“自然”扫拂了官场的尔虞我诈，皇城的凄冷薄情，京城的纸醉金迷，还李白一江清川，一颗宁静的心，一份恬淡的安逸。正因有了如此旷达的心态，地上少了位庸人，天上多了位谪仙。顺其自然，让心田开满花朵，让奋斗不再艰辛，让心海风平浪静。（仍然扣住了中心论点进行分析。）

顺其自然，才能抵制纷繁的诱惑。（还是在申说“为什么”。）当著名企业家埃克·托雷斯刚刚升职为部门主管时，许多熟人拿着礼品请求他的“照顾”，他却说：“我是个顺其自然的人，你若优秀，我自会让你发光。”他用这句话打发了许多以钱谋私的人，赢得了清廉的美誉和上级的青睐。（又一则典例。外国的，经济界的。纵观数例，可以看出作者在用例方面的用心。）一个凡事顺其自然的人，不会因窗外的花花世界而让心门大开，不会因前方的灯红酒绿而眩晕双目，更不会因友人的鼓动而迷失方向。（排比句，容易形成论证的气势。）因为，那都不是心中的自然，顺其自然，让双目澄澈，让意志坚定，让诱惑让路。

相反，不顺其自然，急于求成，就会遭到惩罚，多少次自然灾害都归根于人类的贪婪，多少失败者站在成功的门外数落自己的急躁，多少人只知向前赶却忽视了本应属于自己的良机……违背自然，终究是错误的选择，春天的花儿在冬日绽放，便会早早凋谢。（反面申论。与前文形成鲜明的对照，有力地支撑了作者论证的展开。）

老子云：“天法道，道法自然。”听，先贤在教导我们，只有顺其自然，才能为成功铺就坚实的路基，唯有自然之道，才能成功地驾驭自己的心灵。（以俗话始，以老子语终，都是申说的顺其自然的道理，可谓首尾呼应，章法谨严。）

冰融春自来，春来草自青。朋友，请牢记：凡事顺其自然，便功到自然成！（点题。重申中心论点。）

【综评】

这是一篇典范的议论文。审题准确，立意高远，非常切合题意，而且论述有层次，逻辑思路清晰。考生以俗语为引子，用春、夏、秋、冬四个类比式的排比紧随其后添彩造势，然后顺理成章将自己的论点和盘托出。如此开篇，颇为经典。

提出论点之后，作者将此一分为三，三足鼎立。三个分论点，各为领起句统领各自的段落，每个议论段落的构成，又是三三制：论点、事例、分析。均为例证段落写作的经典范例。而且选材分别为军界、文学界和经济界，也足见考生视野的宽广。三个主体段落的主旨句能够逐层深入地对问题进行分析，最后还能做到正反论述，可见考生的思路非常清晰。

典题53 “凤头、猪肚、豹尾”（2005年高考江苏卷）

我们常常用古人所说的“凤头、猪肚、豹尾”六字来谈写作，意思是开头要精彩亮丽，中间要充实丰富，结尾要响亮有力。写作固然如此，仔细想想，小到生活、学习，大到事业、人生，又何尝不该这样呢？

请以“凤头、猪肚、豹尾”为话题，写一篇不少于800字的文章。

注意：话题包括三个方面，也可以选取其中一个方面或两个方面展开；自定立意；自拟标题；自选文体，但不要写成诗歌或剧本。

【典题解析】

需要说明的是，话题作文曾经在21世纪初风靡一时。它的优长是降低了考生审题难度，以免一旦偏题而满盘皆输；弊端是让“宿构”在高考中频繁得逞。

本题从写作说起，再说生活、学习、事业、人生，话题范围很广。考生有很大的发挥空间。

在“注意”中，题目要求“话题包括三个方面，也可以选取其中一个方面或两个方面展开”，又给了考生极大的自由：说三个方面可以，说两个方面也可以，说一个方面同样可以。也就是说，在“凤头”（良好的开头）、“猪肚”（精彩的过程）、“豹尾”（出色的结局）三者之中，考生可以写三者、两者、一者。

佳作64

没有了妖魔的取经之路

（一个引人入胜的文题。）

我只是一介书生，所以难免卖点书呆子气。每每看《西游记》，总觉得既然孙大圣可以日行千里，为何不背着唐僧一步西天，也省得一路上千辛万苦，还有这妖那精的惦记着唐僧肉。（问得好！恐怕这也是很多人心中的疑问。这就会吸引着读者往下看了。）

如果一步西天，倒也爽快，只是师徒几人的关系恐怕也只能停留在“酒肉朋友”的层次上了。所谓“患难见真情”：八戒虽色，却处处念叨着师傅，偷了个西瓜还不忘分给师傅半个；沙僧虽傻，却任劳任怨，甘心做大伙儿的下手；悟空虽狂，可师傅有难，不也是不顾生死、降妖除魔吗？（以“色”“傻”“狂”概括唐僧的三个弟子，精准，形象，也给读者留下深刻的印象。）战场上结下的友情才是钢铁铸成的啊！倘若一切都太容易，那悟空充其量只是个开路的，沙僧充其量只是个脚夫，八戒逗逗大家开心而已，便是一个太无趣的故事了。（一个“倘若”，引出下文，与上文形成对照。本段从正反两方面申说“患难见真情”的观点。）

如果一步西天，唐僧倒是可以省去一路的担惊受怕的搅扰，安心地吃斋念佛，朝发夕至，取回佛经。可所谓“出门长见识”，唐僧若只随徒儿们在云里雾里日行千里，又怎知这天底下人间的百态？敝人不才，未曾念过佛经，可也听说佛从人间来，人间酸甜苦辣尝尽，才换来“佛”超脱尘世的感悟，写入佛经，贻养后人。不经历千难万险，唐僧又怎能真正领悟这佛经的精深蕴意？阳光总在风雨后啊！（申说“出门长见识”的观点。）

真的可以一步西天，佛经取回，又怎么样呢？抑或，难道西天之行仅仅为了取回几本经书吗？（连续发问，把议论引向深入。）

没有遇上白骨精，没有进过盘丝洞，又怎知世间的险恶？没有住过高老庄，没有下过龙王庙，又怎知世间的冷暖？人性中的怯懦如何除去，人性中的恶性如何摆脱？至性如何养成，高僧如何修炼？倘没有这一路历尽艰难的感悟，又怎可获得？（连续发问，引人深思，为下文张本。）

我们活在世上，总希望找这样的捷径，那样的捷径，感叹“一步登天”才是最大的财富。我们厌恶过程而只求所谓的结果，我们不管它是“猪肚”还是“蛇肚”，除了“豹尾”，我们什么也不要。所以今天我们还要防什么作弊，防什么替考，防什么徇私舞弊，防什么假冒伪劣。（说“猪肚”“蛇肚”，其实是申说“征程即真经”的道理，令人信服。）

倘若每个人的心中都有一条取经之路，以开放的心态迎接磨难，迎接考验；倘若每个人看到的不仅是鲜花掌声围绕的“豹尾”，更祈求一个丰富多彩的“猪肚”，那我们得到的又岂止是那几句赞美之词呢？

没有妖魔的取经之路，是一条南辕北辙的路。（点睛之笔。一语点醒世间人！）

【综评】

大凡真正意义上的佳作，均有“机智”的构思。何谓“机智”？著名作家王蒙说，就是“亏他想得出来”。高考作文要想脱颖而出，非得有个性、有创造性不可。阅卷专家在“好”中选“好”时，常常着眼于该文有没有一点其他考生没有涉及的东西，有没有一点令人眼前一亮的东西。这些“东西”，不一定很大、很重，很可能是轻轻一瞥，即如电击石开，迅速揭示出生活的深层意蕴。

一篇好文章，应该追求“三独”——独立思考、独家发现、独特表达。这三点，本文都做到了。首先，面对“凤头、猪肚、豹尾”这个话题，该考生想到了“厌恶过程而只求所谓的结果”的时弊，又想到了“西天取经”的故事可以作为自由发挥的由头，这就充分体现了他的“独立思考”。取经之路为什么少不得妖魔？作者的认识有三点——“患难见真情”“出门长见识”，这无疑是他的“独家发现”。至于“独特表达”，就更鲜明了。文章既有浓郁的杂文味，又是相当规范的议论文。三个分论点层层递进，很有见解，很有力度；结尾处则眼观现实，痛下针砭。作者文笔洒脱，有时大词小用，有时举轻若重；有时粗俗，有时典雅。语言虽然比较朴素，但俏皮、风趣、活泼。真可谓“嬉笑怒骂，皆成文章”。

作为议论性散文，本文所运用的事例似乎太单一，缺乏“古今中外”式的精心安排，通篇只以西天取经这一故事为说理对象。然而，剑走偏锋，文行险招，虽然丢掉了材料的丰富，却得到了思考的深刻：他索性将故事一议到底，把一个妇孺皆知的故事议个深议个透，让人耳目一新，让人感到不可思议。整个议论的过程，都是建立在假设的基础上的，而“患难见真情”“出门长见识”等不同角度的精彩论证，使本文在单纯美中出现变化美。

与全文的论点相一致，题目也运用了假设，同时“没有了妖魔”跟人们认知中的“八十一难”形成强烈反差，从而生成了引人入胜、发人深省的奇特效果。

典题 54 先天下之忧而忧，后天下之乐而乐（1982 年全国统考）

命题作文：先天下之忧而忧，后天下之乐而乐。

要求：不少于 800 字。

【典题解析】

题目出自《岳阳楼记》，是个一目了然的命题。旨在倡导“先忧后乐”的观念。因此，立意不是问题，关键是如何在有限的时间、有限的篇幅里传递这样的观念，并且让读者特别是阅卷老师这样特殊的读者认可你的传递。

我们可以构思故事，在艺术的讲述中表达“先忧后乐”的主题；也可以展开议论，具体阐释“先忧后乐”的内涵，论述如何才能做到“先忧后乐”，达到“先忧后乐”的境界后会怎么样；等等。

佳作 65

先天下之忧而忧，后天下之乐而乐

与民同忧，与民同乐，堪称美德。（从一般人的忧乐观说起。）然而，北宋文学家范仲淹并不满足于此，他提出了更高的要求：先天下之忧而忧，后天下之乐而乐。（比照之下，无疑，范仲淹的“先忧后乐”观境界更高。）这“先”“后”二字，大有深意，值得我们认真领悟。

当天下人未忧之时，你能体察到潜伏的危机，并因此食不甘味、夜不成寐，是为“先忧”。1958 年，当许多人被“浮夸风”刮昏了头，敲锣打鼓，喜气洋洋，跑步进入“共产主义”的时候，彭德怀同志却紧锁着眉头，日夜担心我们的社会主义家业有可能毁于一旦，我们党长期以来形成的群众路线和实事求是作风有可能被置诸脑后。实践证明：他忧对了。人们痛定思痛，越发感到这种“先忧”精神的可贵。（以彭德怀同志为例，诠释何谓“先忧”。）

“先忧”者并不是天生的“先知”者，彭德怀同志之所以能够想得深一些，看得远一些，操心得早一些，是因为他注重实事求是，坚持用马克思主义的立场、观点、方法分析问题。为了弄清事实的真相，他不辞辛劳，走访了那么多乡村和工厂，搞了那么多深入细致的调查研究，方才确信自己不是“杞人忧天”，而是有理有据，非忧不可；否则，愧对祖国和人民。（以彭德怀同志为例，论述做到“先忧”的条件。）

“先忧”者还必须是“先行”者；闭门忧思，袖手叹息，无益于天下，无助于变

"忧"为"乐"的历史进程。这不仅需要有见识，而且需要有胆略，有为民请命、为国献身的壮志豪情。"先忧"者往往是少数，要想冲破世俗的偏见，要想顶住各种各样的压力，没有一点舍生取义、"以额叩关"的精神，是很难坚持下去的。（进一步论述做到"先忧"的条件。）

当然，"先行"者不等于"独来独往"的英雄，要想行之有效，必须唤起民众，并肩携手而行；否则，只能是"斯人独憔悴""举杯消愁愁更愁"。（阐释真正的"先行"者不该孤军奋战的道理。）彭德怀同志不怕罢官，挺身而出，上"万言书"，用自己的行动向千万人鸣响了警钟；没有这样的金石之言，就不会有今天的欢乐诗篇。（还是以彭德怀同志为例，这是用例的"切割法"。）

当忧转化为乐之后，"先忧"者应当如何行事呢？应当"后乐"。如果自恃有功，认为自己有先见之明、先行之苦，就理所当然地争享受，争权利，乐于天下人之先，那简直意味着背叛！（阐述"后乐"的道理。）

"先乐"可耻，那么"与民同乐"好不好呢？（再申说"与民同乐"的不足之处。）一般来说，这是无可非议的美德。但是，作为一个共产党人，或者是有志于共产主义事业的人，这样的标准就显得太低了。因为从长远的观念看，我们目前的"乐"还仅仅是"小乐"，比起共产主义的灿烂前景来，它委实太微不足道了。愿为共产主义奋斗到生命最后一刻的战士，难道可以满足于一得之功，躺在小小的安乐窝里做美梦吗？再者，当过去的"忧"转化为今天的"乐"之后，又会酝酿着新"忧"，这是由事物的矛盾法则所决定的。我们怎么能够"乐而忘忧"呢？（进一步明确"后乐"的道理。）所以，正确的态度是居安思危，永远当一个"先忧者"，永远当一个"后乐"的傻子。（卒章显志，表明"正确的态度……"重申文章的中心。）

愿先忧后乐精神长在，愿我们的生命其乐无穷！

【综评】

这是当年参加高考语文阅卷的南京师范大学中文系何永康老师的"下水作文"。何老师为此文写下如下的文字——

这篇"下水作文"给中学生的议论文写作以如下启示。

议论就是"分析"——分析和剖析。打个比方，中心论点有如西瓜，一个好瓜在手，你盘来盘去，即使把西瓜摩热了，它到底还是一个只见表皮的西瓜；如果你操起解剖刀将它切成两半，就可以审视、研究其内部构造和关系了，你对西瓜的认识和评说就会深化。

分论点，乃是作者运用思想的解剖刀将中心论点进行切割、分解的产物。一篇小议论文，如果只有中心论点，一贯到底，那就像“巷子里头扛木头——直来直去”，思路将无法展开，议论将无从入里。我希望中学生在写议论文时，能够认真地、准确地分解出两至三个分论点，一个不容许（因为容易“偷懒”，这“一个”往往就是中心论点）。

譬如写“先天下之忧而忧”，便可以大致分解出如下几个分论点。

1. 何谓“先忧”？就是当天下人未忧之时，你能体察到潜伏的危机，并因此食不甘味、夜不能寐。

2.“先忧”者不是天生的“先知”者，而是先于学习、先于调查的结果，所以他们总是忧得有“理”、有“据”。

3.“先忧”者必须是“先行”者。闭门忧思，袖手叹息，无益于天下，只能“斯人独憔悴”“举杯消愁愁更愁”。必须“先行”，既有见识，又有胆略，以自己的实际行动带领民众前进，推动变“忧”为“乐”的历史进程。

要之，我的这篇“下水”作文，强调了以下六点。

① 开门见山，简明扼要地亮出切题的中心论点；

② 应分解出二至三个小论点；

③ 应加强说理；

④ 应少而精地用例，短小的议论文一例即可；

⑤ 应把“这一个”例，“切割”开来，分别“投档”，服务于相关的小论点；

⑥ 应抓住关键词，巧妙地展开，将道理说透，如“先忧”“先知”“杞人忧天”“先行”“后乐”“先见之明”“先行之苦”“与民同乐”“小乐”“大庇”“新忧”“乐而忘忧”，等等。

时师以为：

何老师的这篇下水作文最大的价值就是示例了“切割法”用例。同时，让我们懂得中心论点要分解的道理。

日常佳作

典题 55 “知识分子”

阅读下面的材料，写一篇不少于800字的议论文。立意自定，文题自拟。

知识分子是社会上一个特殊群体，他们中的大多数有专业素养，有非凡操守，但也有骨头不硬，甚至斯文扫地的。特别是在面对领导时，知识分子的表现就大有可观之处了。

对此，你有何思考呢？

【典题解析】

对于知识分子，中外学者文人有过许多的著述，比如保罗·约翰逊的《知识分子》，比如柯平的《都是性灵食色》，比如潘剑冰的《民国课堂：大先生也挺逗》，比如王风、邵永海、杨海峥编著的《我们的师长》，比如朔之北、许毕基编著的《名家上学记：那时大师如何上大学》，比如李沐紫、许毕基编著的《大师讲学记：讲坛上的大师身影》……列举这些，旨在说明两点：一是知识分子这个群体值得关注，也确实有很多人关注过或在关注；二是如果有了这些阅读积累，你下笔时会文思泉涌，备料足够。

什么样的人称得上真正的知识分子？真正的知识分子有着怎样的秉性？在不同时代不同的情境里知识分子如何保持自己的秉性？社会应该为知识分子提供怎样的生存环境？我们如何看待知识分子的种种表现？把诸如此类的问题想清楚，我们就能够做到言之有物。再在言之有序、言之有文方面下下功夫，佳作可期。

佳作 66

发出自己的声音

（以动宾结构为题，凸显文章的中心论点。）

材料说的是这样的情形：在我们这样一个“官本位”的国度，有些领导干部虽然没有多少学问，但是“屁股”的能量总是大于“脑袋”；面对这样的官员的颐指气使，满腹经纶的知识分子常常表现得非常谦恭，不敢抗争，委曲求全。于是，领导干部感觉越发良好，知识分子处境日见困窘。（对材料的形象性概述。）

由此，我觉得，发出自己的声音非常重要，必须坚持发出自己的声音！（亮出文章的中心论点。）

发出自己的声音就是敢于表达自己的见解，任何时候都坚持自己的价值判断，言出由衷，不人云亦云，不昧着良心讲话，不媚上，不媚俗，不向金钱拜倒，不为浮名所累。（说“是什么”，其中暗引了老一辈无产阶级革命家陈云同志的话语。）

发出自己的声音是知识分子良知的表现。（说“为什么”，其一。）知识分子是时代的良心，“为天地立心，为生民立命，为往圣继绝学，为万世开太平”是他们的职责所在。（引用著名的“横渠四句”，阐明知识分子的责任。）想想“牙防组”这么多年的作为吧；再看看一些专家学者居然联合起来说某品牌的酒具有护肝养肝的功能，殊不知，有点基本常识的人都知道，凡酒，对人体都是有伤害的，哪怕你再能喝，进入身体的酒精都是需要你的有关器官去处理的。他们竟然罔顾事实，发出自己的对消费者进行误导的声音，他们的良知何在？（概写“牙防组”、推崇某品牌的酒的专家学者们的行径，并且紧扣主题发表见解。批评他们发出“误导的声音”，是从反面立意。）

发出自己的声音是知识分子血性的表现。（说“为什么”，其二。两者之间有递进意味。）非常怀想 20 世纪的民国时光。在那个时候，多少知识分子风流倜傥，血气正酣。（领起下文四例。）李公朴“四一二”反革命政变后，离开部队，在上海从事新闻工作发出自己的声音；“九一八”事变后，积极参加抗日救国运动和群众文化教育工作发出自己的声音；后来与沈钧儒、邹韬奋等一起被国民党政府逮捕，抗战爆发后获释，仍然不忘发出自己的声音；直至因为积极参加爱国民主运动在昆明被国民党特务杀害，对闻一多先生留下“天快亮了吧”的遗言而去。（详写李公朴例。）鲁迅先生置个人生死于度外，把祖国的前途、民族的命运放在首位，以笔为“投枪”“匕首”，对国民党的黑暗统治猛烈开火，显示了永不磨灭的“民族魂”。梁漱溟在全国性的会议上，公开要求毛泽东主席要有容人的雅量。同盟会老会员张奚若一身风骨，对执政党颇多批评。（略写鲁迅、梁漱溟、张奚若三例。）这些人都是知识分子中的优秀分子，他们是知识分子的标尺，标示出了人性的高度。（议例文字，言简意赅。）

只有发出自己的声音，才能彰显知识分子存在的价值，无愧于“时代先驱”“社会楷模”之类的美誉。

怎么样才能真正发出属于自己的声音呢？（说“怎么办”。典型的层进式结构路数。）

我以为，从知识分子自身而言，要有“人到无求品自高”的追求，要有“敢把皇帝拉下马”的豪情，要有“我不入地狱谁入地狱”的担当。（从知识分子自身说起，排比句中有引用，精彩的表达！）当然，社会也应该营造出让知识分子讲话的氛围，把“言者无罪”作为底线，让“智囊团”真正发挥作用而不是作为某种摆设；领导要有容人的胸襟，对知识分子的声音“闻者足戒”，做到“兼听则明”。［从社会、领导的角度论说，其间运用了引用、析词（把“言者无罪”与“闻者足戒”拆开来用）的修辞格，也是很精彩的表达！］

身为知识分子，无论如何，都要坚持发出自己的声音！（重申中心论点。）

【综评】

本文以严密的逻辑性取胜。作者在概括了材料的内容后，慧眼独具地提炼出了“发出自己的声音非常重要，必须坚持发出自己的声音”的观点。随后按照从“发出自己的声音”“是什么”（“敢于表达自己的见解，任何时候都坚持自己的价值判断，言出由衷，不人云亦云，不昧着良心讲话，不媚上，不媚俗，不向金钱拜倒，不为浮名所累”）说到“为什么”要“发出自己的声音”（从“是知识分子良知的表现”和“是知识分子血性的表现”两个角度展开，前者运用了现实生活中的两个反例，后者运用了现当代史上的四个正例，两相比照，很能说明问题）再到“怎么样”才能够“发出自己的声音”（从知识分子自身素质、社会大气候、领导者的胸襟三个角度进行阐释）的结构，层层推进，使得文章有着雄辩的力量。最后，重申自己的主张：“身为知识分子，无论如何，都要坚持发出自己的声音！”予读者以强烈的印象。

之所以有此妙构，与作者出众的认识水平、宏阔的阅读视野和深厚的写作功底有着密不可分的联系。作者立足历史，观照现实，触角敏锐，思虑周密；富有锋芒的遣词造句表现出勇于担当的情怀，殊为可敬。

典题 56 “竞争”

阅读下面的材料，围绕“竞争”话题，发表你的观点，写一篇不少于800字的文章。立意自定，题目自拟。

在我们的教育体制内，学生的各种排名——单科的，总分的，班内的，校内的，全市的，全省的——屡禁不止，可谓司空见惯。

时任中国教育学会会长、著名教育家顾明远先生倡言：“在学习中本来就不该鼓励竞争。”

对此，你是如何看待的呢？

【典题解析】

关于“竞争”，社会各界都有切身体会，中学生也不例外。求学路上，一路走来，在各种各样的序列里“竞争”着：学业考试有排名，体育比赛有先后，现实表现在老师心里也有一杆秤……应该说，这是一个让人很有表达欲望的文题。

命题中的“发表你的观点”“你是如何看待的呢”都是指向议论文的。那么，就要想清楚如下问题：“竞争”的实质是什么？“竞争”的利弊何在？影响“竞争”结果的因素有哪些？你对“竞争”的态度怎么样？如此等等。

从“出奇兵”的角度看，大家都一窝蜂地揄扬“竞争”的时候，你如果站出来说“不要竞争”并且能够言之成理的话，胜算应该会更大。

佳作 67

远离竞争

（动宾结构的文章标题，亮出自己的观点，非常醒目的观点！）

说句老实话，对于中学甚至小学的凡考试必排名的做法我一直有自己的想法，只是社会大气候如此这般，我等凡夫俗子也只能停留在想法阶段而无能为力。忽然（“忽然”，陡转！凸显了下文内容。）看到“在学习中本来就不该鼓励竞争”的说法，而且是中国教育学会会长的观点，翻腾在胸口的想法似乎一下子找到了奔涌的勇气。虽然也接受过诸如“优胜劣汰”“物竞天择，适者生存”的理念的灌输，还聆听过老师们太多的“竞争是生活的营养品”之类的教导，我还是顽固地坚持“远离竞争”的观点。（出观点了，而且是别具一格的观点！）

顾明远先生“不惮前驱”地在前面摇旗，我如影随形地在后面呐喊：远离竞争！

（再次强化观点，而且单独成段，醒目！“摇旗”“呐喊”分开来运用，乃“析词”的修辞格，有味！）

竞争没有必要。（分论点一。）虽然我们也知道美国亚利桑那州一个自然保护区的珍稀鹿种因为没有了狼、豹等天敌而悠闲自得使得体质下降，因为大量繁殖而食物短缺，以致大量死亡的事实。它似乎告诉我们竞争的必要性。但是，毋庸讳言，我们的现行教育似乎背离了教育的本真，在实施教育的过程中与教育的终极目标渐行渐远。因为，教育就是让人得到健康的发展的，而现在的所谓竞争从某种意义上说对学生是一种摧残，让学生所思所想除了分数还是分数，遑论综合素质的提高了。这，绝对不是教育的理想境界！（理性的分析，很有道理！）殊不知，只要学生的智力在教师指导下得到了充分的发展，教育的目的就达到了，果如斯，还要什么竞争？（正面阐释，与前文构成比照，有力度！）

竞争不仅没有必要，而且实际上也没有可能。（分论点二。）眼下的竞争就是以考试分数为衡量标尺的，分数高的就处于竞争的优胜者位置，分数低的则处于下风。是不是分数高的就是我们的社会真正需要的人才？是不是分数低的就一定没有好的前程？（问得好！）君不见，当今社会“蓝领阶层”奇缺，技术工人抢手吗？事实上，每个生命个体的资质是有差异的，恰如顾先生所说，有的学生很喜欢数学，有的学生很喜欢美术，这两个人完全是在两股道上跑车，你让他们之间如何竞争？（析得妙！）

而且，竞争弊端多多。（分论点三。与前两个分论点构成鲜明的递进关系。）因为竞争，学生的生活内容变得越来越单调；因为竞争，学生的人际关系变得越来越紧张；因为竞争，学生的心理状态变得越来越畸形；也因为竞争，老师之间互相提防，彼此都藏着一手，学校里面充斥的是不宽松的气氛，笼罩的是紧张兮兮的氛围。（一组整句，概述了“竞争”带来的负面的情况。）这，绝不是危言耸听！这，与建设和谐社会的宏旨是极端不协调的。反观已经颁发了百余年的诺贝尔科学奖至今没有真正地落户中国的尴尬的现实，教育上蔓延得汪洋恣肆的竞争风气恐怕难辞其咎。瑞士钟表匠塔·布克在自己的作坊里能够制造出误差低于1/100秒的钟表，在牢狱中却不能制造出误差低于1/10秒的钟表；著名历史学家希罗多德在《历史》中做出的“30万奴隶建造金字塔”的结论为“金字塔是由当地一批欢快的具有自由身份的农民和手工业者建造”的结论所推翻。（两则典例，极具说服力。）这些都昭示着人们：在过分紧张的生活环境里，别指望有奇迹发生。只有内心平和，才能创造世间无与伦比的美。这，应当予我们教育工作者以深深的启示！（结论水到渠成，让人信服。）

我深知人微言轻是不争的事实，但是我还是要郑重地呼吁：为了教育回归本真，为了人的真正发展，请远离竞争！（重申中心论点。）

【综评】

一气而下地欣赏了这篇佳作，充盈于胸的是两个字："痛快！"

作者视野宏阔，以古今中外的多个领域作为观照"竞争"的视角，因为材料丰赡，所以，倡导的"远离竞争"的结论令人信服。

文章深合布局谋篇的章法，整饬的总分总结构显示了章法的谨严，分论部分三个角度的递进式展开气脉贯通，观点与材料的领起与支撑关系相当妥帖。

特别予读者以印象的是语言的圆熟，这，虽然不是一日之功，但是应该视为考生们努力的方向。

典题57 “因果”

阅读下面的材料，自定立意，自拟标题，写一篇不少于800字的文章。

“祸福皆因果”是佛门警世之言。意思是，世间的祸与福，根本原因都在于我们自身。

你是如何看待“因果”的呢？是封建迷信？是付出与收获的关系？是自作自受？还是其他什么？

【典题解析】

“因果”是一个高频词，而且不分地位贵贱、修养雅俗，都懂。

有人认为“因果”是封建迷信的说法，不足为据；有人认为“因果”是付出与收获的关系，你真心付出了，总会有回报的，虽然有时候回报不是那么直接，或者立竿见影；有人认为“因果”自作自受，所谓“自作孽，不可活”。其实，材料里面已经表明：“世间的祸与福，根本原因都在于我们自身。”也就是说，关键看你怎么做。不是有个说法：“人在做，天在看”吗！

搦管为文时，我们可以执其一端，也可以打通几种不同的认知。关键是要言之成理，言之有据。

佳作68

一切皆有因果

（明确表态：认同“因果”说。）

佛说：一切皆有因果。

依我行走江湖多年的经验，此言大有道理！（作者表明态度。）

不妨先读两则故事——（从容不迫的文风。透着大气！）

泰勒牧师对教会学校一个班的学生许诺：谁背出《圣经·马太福音》的第五章到第七章的全部内容，他就邀请谁去西雅图的“太空针”高塔餐厅参加免费聚餐会。这部分内容有几万字，而且不押韵，要背出来有相当大的难度。所以，尽管参加免费聚餐会是许多学生梦寐以求的事情，但几乎所有的人都浅尝辄止了。然而，几天之后，还是有一个11岁的男孩胸有成竹地站到泰勒牧师面前，一字不错地背了出来，甚至到了最后部分简直是声情并茂的朗诵。这，让泰勒牧师惊叹不已。

1965年，一个四年级学生主动到西雅图图书馆帮忙，他总是认真地把放错地方的图书准确回归原位。后来，他因搬家而离开了西雅图，但他仍坚持让爸爸开车送自己到西雅图图书馆义务劳动。他说："如果爸爸不送我，我就走着来。"这，让读者为之动容。

这两则故事的主人公是同一个人：多次在各种财富排行榜上处于榜首的微软公司创始人比尔·盖茨。（缘事说理，而且是很有代表性的比尔·盖茨的故事。）

比尔·盖茨能够有今天这般成就，影响的因素当然有许许多多，但是有一点可以肯定，那就是，这一切，绝非偶然！其执着精神、责任心等都令人感佩。（议例，点出核心概念"执着精神""责任心"。）

确实，一切皆有因果。（结论水到渠成。）

还因为他懂得知识就是力量。据说，他在9岁的时候就已经读完了所有的百科全书。（继续申论，点出"知识就是力量"。略说。）

还因为他懂得放弃。在读到大三的时候，毅然决然地放弃了唾手可得的学位而一头扎进他所酷爱的电脑世界，弹奏出人生的精彩乐章。如果他循规蹈矩地把书念下去，创业的大好机遇也许就稍纵即逝了。其他人能够做到吗？（继续申论，点出"懂得放弃"。略说。）

还因为他懂得进退。美国的RealNetworks公司曾经向联邦法院提起诉讼，指控微软公司违反"反垄断法"，并要求其赔偿十亿美元。官司还在进行中，RealNetworks公司的首席执行官格拉塞却致电比尔·盖茨，希望得到微软的技术支持，以使自己的音乐文件能够在网络和便携设备上播放。比尔·盖茨出众人意料地对格拉塞的提议表现出出奇的欢迎，表示对方真想整合软件的话，他将很有兴趣合作。无独有偶，在从20世纪80年代就与微软公司处于对抗状态的苹果公司因为只占有了不到10%的市场份额而举步维艰的情况下，比尔·盖茨向苹果公司投资1.5亿美元，把苹果公司从倒闭的边缘拉了回来；还在2000年为苹果公司推出了Office 2001。从此，两大公司合作伙伴关系进入了一个新时代，真正实现了双赢。（继续申论，点出"懂得进退"。详说。）

没有人不称颂比尔·盖茨的成功，大概也很少有人不羡慕比尔·盖茨的成功，殊不知，这个世界上是没有随随便便的成功的。（"殊不知"，一个很有表现力的词汇。）

因为，一切皆有因果！（再次申明中心论点。）

【综评】

很显然，作者是相信世间的"因果"的，并且以比尔·盖茨为例，有力地诠释了"因果"。

比尔·盖茨是世人追慕的成功人士，他之所以如此成功，影响的因素自然很多。作者依仗"行走江湖多年的经验"，审视了比尔·盖茨人生经历中几个重要的行迹，令人信服地演绎出了"一切皆有因果"的结论。材料丰富，对中心论点的支撑有力，启人睿智。

其间，材料运用上"切割法"的技法，让读者留下深刻的印象。

典题 58 “家国情怀”

阅读下面的材料，写一篇文章。

家国情怀是几千年来扎根在中国人内心深处的精神元素。《礼记·大学》里说的“修齐治平”，范仲淹的“先忧后乐”，张载的“四为”，顾炎武的“天下兴亡，匹夫有责”，直到习近平总书记力倡的“中国梦”、家训家风……这些都是家国情怀在不同时代的经典表达。

对于“家国情怀”，你有怎样的体验与认知？请按照要求完成作文。

要求：① 立意自定；② 文体自选；③ 文题自拟；④ 不少于 800 字。

【典题解析】

材料中各种对“家国情怀”的表述有共同的地方，那就是责任和担当，这是家国情怀的精髓。“知责任者，大丈夫之始也；行责任者，大丈夫之终也。”近代以来，久经磨难的中华民族迎来了从站起来、富起来到强起来的伟大飞跃，如今，中国特色社会主义进入了新时代，迎来了实现中华民族伟大复兴的光明前景。同时，世界多极化、经济全球化、社会信息化、文化多样化深入发展，互联网、大数据、云计算、区块链、人工智能等新技术正在深刻改变着人类社会生活。当今之世，揄扬“家国情怀”有着很强烈的现实意义。

搦管为文之时，要“写好”，必当“想透”。可以缩结有个“家国情怀”的故事，也可以表达对“家国情怀”的思索。

佳作 69

家国情怀，立身之本！

（明晰的判断，亮出中心论点，较很多论题式标题更为可取！）

他是美国普林斯顿大学理学硕士，毕业后到台湾大学数学系任教，1949 年 11 月 27 日，他克服重重困难，顶着“投共”嫌疑，冒着“被失踪”危险，以父亲“病重”的“充分理由”向学校告了长假，毅然乘坐当年中国台湾至重庆的最后一次班机回到祖国大陆，成为西南师范学院（而今的西南大学前身之一）的教授，主讲过集合论、微分方程、拓扑学等十多门课，学识相当渊博，科研成果也得到国内外好评。虽然在回到大陆后饱经磨难而痴情不改内心无悔。

他是李孝传，一位充满传奇色彩的教授。（以一则相对新颖而又与“家国情怀”主题高度相关的故事入题，篇幅虽然不短，但是典型、别致，有引人入胜的效果。）

他的经历，很好地诠释了家国情怀。他之所以至今还为人们所记住，出现在《那时那人那些事儿——西南大学漫话96则》一书中，固然是因其在学术方面不俗的成就，家国情怀也是个因素，一个非常重要的因素，因为他从美国到中国台湾再到中国大陆，那份家国情怀让人动容。（点题，指出李孝传的经历价值之所在，强调故事的内核就是“家国情怀”。“之所以……固然……也……因为……”体现出严密的逻辑关系。）

“家国情怀”是什么？人言人殊，责任和担当是其精髓，这是一个人的立身之本。梁启超先生说得好：“知责任者，大丈夫之始也；行责任者，大丈夫之终也。”（诠释“家国情怀”的内蕴，引用的梁启超先生的名句非常贴切。）

一个人立身于天地之间，如果没有一份“家国情怀”，纵使身居高位，或者学富五车，或者拥有巨额财富，也轻如草芥；有了“家国情怀”，哪怕身份卑微，学问平常，经济状况一般，也会光彩照人。因为，“家国情怀”是一个人的魂。[概括申说“家国情怀”的重要性，从俗谓的“红道”（仕途）、“黑道”（学术）、“黄道”（经商）三个层面对比着行文，表现力强。]

你一定记得上个世纪抗战时期汪伪政权的那些风云人物吧？汪精卫、周佛海、陈公博、周作人……一个个都是一时之选，却永远地被钉在了历史的耻辱柱上，为何？在中华民族生死危亡的紧要关头，他们放弃了对祖国的责任和担当是关键。（以典型的反例实证“家国情怀”的重要性，颇具说服力。）

那么，怎样才能拥有“家国情怀”呢？（阐述怎样才能拥有“家国情怀”，从“祖国利益高于一切”“胸怀天下忘却小我”两个方面展开，一用范例，一用组合型特例，行文富于变化。）

你必须是祖国利益高于一切的。无论什么时候什么状况，祖国永远是至高无上的。那么多的科学家为了祖国科技的发展隐姓埋名数十载，默默无闻地奉献了一辈子而无怨无悔，就是因为内心深处对祖国的那份责任和担当。

你必须是胸怀天下忘却小我的。一个人总是考虑自身的利害得失，其格局自然有限；当他以天下为己任的时候，他就可能青史留名了。“大庇天下寒士”的杜甫，“先忧后乐”的范仲淹，“天下兴亡，匹夫有责”的顾炎武都是有大格局的人物。

家国情怀，立身之本！切记切记。（重申文章中心论点，再次强化。）

【综评】

这是一篇很有特点的议论文。全篇采用了经典的层进式结构，又颇具特色：一是以一则典例入题，巧妙地落实到“家国情怀”上；二是抓住“责任和担当”诠释“家国情怀”，可谓切中肯綮；三是略说“为什么”而详写“怎么样”，详略有致；四是无论是范例还是特例，都很典型，因而都很具说服力；五是文笔多变，或用墨如泼，如开篇的典例，或惜墨如金，如对杜甫、范仲淹、顾炎武的概括。

典题 59 突围

钱锺书认为，人生如围城，城外的人想冲进去，城里的人想冲出来。现今社会，小到个人，大到国家，“围城”无处不在。有围城，就会有突围。

你对“突围”有什么经历体验或思考看法？请以“突围”为题，写一篇不少于800字的文章。

要求：① 立意自定；② 角度自选；③ 不必面面俱到；④ 除诗歌外，文体自选。

【典题解析】

“突围”是个热门语汇：曾任国务院副总理的李岚清有著述名为“突围”（讲述改革开放之初状况的），知名学者邱冠瑛有专著名为“突围”（为党的十六大献礼的），著名作家余秋雨有散文名篇《苏东坡突围》……在你的视野范围内，在你的人生经历中，在你的认识高度下，你有什么“围”需要“突”？你为什么要“突围”呢？你认为怎么样才能成功“突围”呢？如果成功“突围”了会怎么样呢？如果“突围”未遂又如何看呢？想清楚了这些问题，你再去完成一篇作文应当不是难事。

很显然，这里的“围”不是一个实指，而是一个喻指，喻指的内容非常广泛。客观上指阻碍世人前行的事物、不良的习惯、陈旧的传统、僵化的思想、世俗的束缚等，主观上指本身很好但客观上阻碍人前行的事物，如舒适的生活、过于优越的环境等。每个人都会有自己的“围”，你的情感可能是你的“围”，你的事业可能是你的“围”，你的环境可能是你的“围”……处于人生困境的人固然有，处于人生顺境的人也会有，要不怎么会有“欲壑难填”一说，更何况，不满是向上的车轮！

“突围”为突破包围。“突围”的反面是保守、封闭、故步自封、不思进取。“突”是“突破”，有主动含义，应为意识到被“围”后主动的“突破”。

从对个人发展、对社会进步的角度来考察，我们都需要“突围”，只有不断“突围”，个人才会别拓新宇，丰富人生；社会才会永远进步，日见昌明。

要想成功“突围”，需要诸如胆识、智慧、行动、持恒、合作……

成功“突围”后，应达到心灵、自然、社会的宁静、和谐、美好。如果“突围”未遂，至少我们有过追求，也享受了过程，可以告慰于心灵的是：尽力，无悔！

写作时要注意在选材方面突破陈旧老套的框框，不要只是纠缠于写突破父母之爱、爷爷奶奶之爱，不要只是纠缠于写突破高考之“围”，也不要只是揪住古人不放，强扯硬拉，说古人的成功就是因为“突围”了，古人的失败都是因为不敢“突围”。要致力于写出鲜活的生活，个性化的体验、认识，要有人文的大视野，要有思想的高境界。

选择了写作议论文，要在准确表述论点、概括议例精当议例、选用鲜活素材诸方面用心。

佳作 70

突　围

这年头，在很多人眼里，专家成了“砖家”，一说为专门忽悠人的家伙；教授成了“叫兽”。（“砖家”“叫兽”，多么悲催的事情啊！）知识分子频频中枪，这是为什么呢？

我想，知识分子露脸太多，走明星路线，是他们中枪的“外在原因”，知识分子内心浮躁，离学术之城太遥远，是其“内在原因”。（理性分析“知识分子频频中枪”的外在和内在的原因。）因此，我认为，知识分子需要再度“突围”，重新回到学术的“围城”中去。（作者亮出了观点。）

中国自古便是个学术氛围浓厚的国家，上贤有孔孟老庄，他们“发愤忘食，乐以忘忧，不知老之将至”。那个时候，许多人都沉醉在自己的学术世界里，似乎有那么一点清高。而正是这份清高，使他们可立于尘世而不被遮蔽耳目，从而保持自我坚守操行，思索宇宙探究本心。（曾经的知识分子，致力于学术。）

到了近现代，随着国门洞开，知识分子呼吸到围墙外的新鲜空气，历经了五四新文化运动、延安整风、真理标准问题大讨论、“人性论”争鸣等，终于一次次地打通了那堵围墙，突围成功。毫无疑问，这样的突围是值得肯定的，是振奋人心的，因为他们走出了象牙之塔，冲破了种种旧思想的桎梏，摆脱了条条框框的束缚，为中国学术界别拓新宇。（用一组排比句，揭示知识分子突围的意义。）在这样的突围猛士中，李大钊、陈独秀、鲁迅、郭沫若、周扬、丁玲、胡福明、王元化等巨擘彪炳史册。（一组很有分量的名字，有四两拨千斤的功用。）

然而，时至今日，知识分子逐渐蜕变成一个明星职业。（一个“然而”，一个“蜕变”，笔锋突转，为当今的知识分子画像。）中央电视台“百家讲坛”上的明星教授们频频露脸，戏说历史，娱乐大众。不少专家学者的文凭来自“克莱登大学”，故宫锦旗“‘撼’卫”不住学术的脸面……丢物丢人又丢魂啊！丢了知识分子那“板凳要坐十年冷”的耐得寂寞之魂。（言简义丰，直击要害！）

鉴于此，我认为知识分子需要抛却心中那份浮躁，重回学术围城，找回心中那方净土。（在深情回望了历史后，让知识分子“突围”而“重回学术围城”的观点就显得很有智慧、很有价值。）

是的，我同意大学就应当是永远的“象牙之塔”，无形的围墙将它与俗世隔离，使它不被名利之风吹及。如此，便会少些无聊的争斗、论文抄袭、文凭造假之类的下作。

是的，我同意学术界应当是一方净土，研究是基于自己的专业追求，是为学术的学术，是普济苍生的善举，是陈省身的“数学好玩”，是远离名缰利锁的纯粹的学术。

是的，我认为知识分子应当有一份清高。只有拥有了清高，才能不垂涎于世人汲汲的名利；只有拥有了清高，才能以一颗沉静的、对科学近乎虔诚的心，去探索，去发现，去创造。（排比段，对大学、学术界、知识分子表明了自己的愿景：象牙之塔、净土、清高。认知殊为高远，文笔堪称老辣！）

我热切期盼着知识分子的再度“突围”，让他们重回“象牙之塔”，再开学术之花！远离名缰利锁的学术之花。（曲终奏雅，用优美的语言再次强调了中心论点。）

【综评】

这是一篇很有分量的考场佳作。可圈可点之处多多。

一是立意高远。当众多的考场作文把“围城”锁定为长辈之爱，高考之困的时候，作者放眼学术世界，敲打知识分子，观照历史，关注现实，表现出超越同侪的识见，让人“如听仙乐耳暂明”。

二是内容丰厚。在作文的“发展等级”的四个维度中，有“丰富”一席之地，本文以丰厚的内容攀升到了“丰富”的境界。从春秋战国的诸子百家，到五四新文化运动、延安整风、真理标准问题大讨论、“人性论”争鸣，再到“百家讲坛”，还有论文抄袭、文凭灌水，等等，博古通今，古今比照，可谓列花簇锦，展现了作者视野之宏阔，积淀之厚重。

三是说理深刻。议论文当然应该以说理见长，让理性的光芒照耀全篇。本文的叙例文字相当简练，分析的文字相当深刻，直攀作文的“发展等级”的四个维度中的“深刻”之境。对学术界种种败象的烛照，对知识分子内心世界的剖析，鞭辟入里，入骨三分。

四是行文大气。本文的行文概括性强，文字老到。“这年头”“时至今日”“鉴于此”等，特别是铺陈而来的三个“是的”领起的段落，更有曲终奏雅的“让他们重回‘象牙之塔’，再开学术之花！远离名缰利锁的学术之花”之类的文字都可以作为佐证。

典题 60 “过程 PK 结果”

我们熟悉这些说法：“不在乎天长地久，只要曾经拥有。”“天空不留下鸟的痕迹，但我已飞过。”同样，这些话我们也耳熟能详：“成则为王，败则为寇。”“没有最后的鲜花绽放，一切的努力都是白费。”

前者强调过程，后者看重结果。过程重要还是结果重要？这是一个问题。

对此，你有过怎样的体验？又有着怎样的认识？请写一篇文章，要求中心明确，不少于 800 字。

【典题解析】

这是一个有现实意义的命题，因为无论说过程重要还是结果重要都有足够的事理与事实支撑。其实我们经常面临着这样的困惑。

“真正的快乐不在于目标的是否达到，而在于为实现目标的努力的过程之中。”确实，不是所有的付出都有回报的，但是我们仍然要不断地付出，毕竟“天上不会掉馅饼”。

国际标准化组织（ISO）的质量管理体系、绩效管理理论中有“结果导向”的基本概念和核心思想，它强调经营、管理和工作的结果（经济与社会效益和客户满意度），经营管理和日常工作中表现出来的能力、态度均要符合结果的要求，否则没有价值和意义。

真是“公说公有理，婆说婆有理”!

那么，你的“理”呢？你的“理”之“据”何在呢？

你不妨从理性分析的角度去凸显“过程重要”，抑或“结果重要”；你也可以通过对古今中外大量事实的梳理、剖析甚至借助于对文学作品的赏鉴等，来演绎出“过程重要”或者“结果重要”的结论。一句话，必须“言之有理”，“持之有据”。

在宏观层面上，众说纷纭是常态；而就写作者个体而言，你千万不能乱了方寸，不妨“执其一点，不及其余”，以“片面的深刻”思维彰显作文的智慧。

佳作 71

过程比结果重要

过程重要还是结果重要？众说纷纭。（设问，引发读者的阅读兴趣。）

我认为，过程的意义远远大于结果。（亮出帅旗。而且用了“远远”这样富有感情色彩的词语。）道理很简单：任何事都有过程，而未必所有事都有结果。（说其间的“道理”，一言以蔽之，言简意赅。）

当然，这么说你肯定还不能接受，那么请你接着往下看。（欲擒故纵的技巧。）

从主观认识上来说，做事情注定了过程更重要。（从主观认识入手。）有句话：谋事在人，成事在天。谋事即为过程，成事即为结果。它已经告诉我们，人所应该做的只是去谋事，人的责任也只是去做，去感受这个过程。通过过程，享受快乐，获取经验。

从客观事实上分析，做事情过程比结果更重要。（从客观事实分析。）做一件事同样都成功的人，我们更尊重那些经过自己努力而成功的人，会看不起在过程中用卑鄙手段达到目的的人，为什么他们做事有同样的结果却得不到同样的认可呢？做一件事同样失败的人，我们仍然佩服那些付出自己努力的人，就像项羽，楚汉之争，他终以失败告终，但他在世人的眼中永远是一位英雄。为什么同样是失败的结果，却有着大相径庭的后人评说呢？（既论成功者，也说失败人：都是过程更重要。妙！）正所谓不以成败论英雄，不看结果看过程。我们奋斗的意义只在于拼搏的过程，只要尽为己所能，就够了。结果真的无所谓。

过程有其单独存在的价值和意义，而没有过程的结果是毫无意义的。（又找了一个生发的角度。）迄今为止，发现的最快的事情要数光电效应了，这几乎瞬间就能产生的结果，也需要经过 0.9 秒，没有这 0.9 秒，不会有任何现象产生。皮之不存，毛将焉附，过程的不可替代性和结果对其的依赖性足以证明过程的重要性了。

反之，结果只是过程中或然的一个点，而非必然。（在观照了“过程”后，再观照“结果”。思虑周密！）想必大家都熟悉下面的故事，有个人吃了九个馒头还没饱，吃了第十个后饱了，他就认为吃第十个就能饱，所以他只肯付第十个馒头的钱。若真认为结果重要，那岂不是赞同此人的谬论吗？（不无道理！）

有些人似乎将结果与人生目标画上了等号，好像注重过程大于结果，就是没有远大的人生目标，我们暂且纵容他们的假设。但是，他们有没有想过：人活着，何必那么累呢？当我们历尽千辛万苦终于得到自己想要的结果，那又怎么样？这一个结果可能是下一个过程的开端，或者说它本身就包含于生命的过程之中，而重要的是我们体验了奋斗的艰辛，体验了努力拼搏后成功的喜悦，这就足够了。这样说，并不意味着结果不重要，结果可以是某一时期内支撑我们坚持下去的理由，它可以是旗帜，可以是号角，但不是目的，我们的目的是趁着年轻，尽可能地去体验多姿多彩的人生，体验是一种过程，生命是一种过程。（说来说去，还是说过程的重要性。）

我们每个人来到这个世上，都是为了能够实现自我价值，其实实现自我价值的精彩更多地体现在过程中。自我价值的实现，结果只是一个分数牌，而精彩大多在过程中体现，我们在困难面前的每一次坚强努力，每一滴饱满的汗水，都展现了我们的精彩。雄鹰搏击长空的快乐，白鲨畅游海底的愉悦，海燕翱翔天际的英姿，飞蛾扑火的义无反顾，无不在过程中体现，为什么影迷不会错过每一集电视剧而只是去看结局呢？（整饬的句式，很有表现力！）为什么球迷不会放弃每一节比赛而只是去看比分呢？因为精彩更多地体现在过程中。

结果作为过程的附属品，只能体现过程的价值，过程本身却实现着自我价值。结果只是一个符号，人解决问题的能力，内在潜能的开发，对社会的贡献，无不在过程中实现，自我价值是伴随过程而实现的，过程的终结也意味着自我价值实现的结束，并且过程执行的方向和深度直接决定了自我价值实现的程度。（说结果不重要！）

眼前的我们，就应该珍惜学习的过程，享受奋斗的过程，这样，你才可能在结果的那一点上取得成功，然后继续下一个过程。（还是过程。）

过程重于结果。信哉！（再强调。）

【综评】

毋庸置疑，是理性的光芒成就了这篇佳作。

作者始终扭住"过程重于结果"这个中心，反复申说其中的道理：任何事都有过程，而未必所有事都有结果；同样的成功与失败，过程决定了人们的价值判断；过程有其单独存在的价值和意义，而没有过程的结果是毫无意义的；实现自我价值的精彩更多地体现在过程中；结果作为过程的附属品，只能体现过程的价值，过程本身却实现着自我价值。真是丝丝入扣，雄辩滔滔。

本文是"想透是写好的前提"理念的又一力证。

佳作72

结果比过程重要

过程是那长长的路途，而结果才是千辛万苦要到达的终点站；过程是那信徒的一个个脚印，而结果才是他们最终要到达的圣殿；过程是那一级级周而复始的台阶，而结果才是最后到达的顶峰。（开篇不俗！以整饬的句式，把过程与结果对应着说。）

试想，倘若没有了结果，那过程就像嚼烂了的甘蔗渣，没有丝毫意义可言。（用一个比喻，凸显结果的价值。）

结果比过程更有力量。（从"力量"角度申说。）海明威的《老人与海》中的主人公桑迪亚哥就是为了"捕鱼"这一结果才出海，造就了一位"硬汉"；鲁迅为了"拯救国人"这一结果才弃医从文，写出了《阿Q正传》《药》《风波》等旷世名篇，从而被誉为"民族魂"；周恩来总理就是为了"中华之崛起"的结果，才奋发图强，成为新中国的缔造者之一……（组合论据，扣住"结果"说。）正如黑格尔所言："假如一个人的人生之舟不知驶向何方，那么它的航行将会是痛苦并徒劳的。”（贴切的引用。）

如果过程真的那么重要，那会有什么“黑色六月”，只用短短数个小时，宣判一个学子“十五年的寒窗”？（问得好！）过程诚可贵，结果价更高。（仿拟格。好！）文凭与知识都是学习过程的结果，所以结果更重要。

一个律师他打官司如果不是为了帮当事人讨个说法这一结果，难道是为了感受论辩的快感吗？一个消防员如果不是为了扑灭大火才在火海中穿梭，难道是为了感受扑火过程中的惊险和刺激吗？一个外科医生他毕生的追求如果不是为了救死扶伤这一结果，难道是为了体味庖丁解牛、游刃有余的乐趣吗？（又是连续反问，非常有论证力度。）

结果比过程更有影响。（从“影响”角度申说。）斯托夫人的《汤姆叔叔的小屋》一书深深影响了美国历史、世界历史。当时正值美国南北战争，是美国分合的关键时刻，《汤姆叔叔的小屋》比任何军令和政府文件产生的作用都更有力。后来这部小说漂洋过海，风暴般地影响了拉丁美洲的黑奴解放，甚至促使了早期中国先进人士的觉醒，总之它深刻地影响了世界。我们可以设想，倘若没有斯托夫人的《汤姆叔叔的小屋》——她辛勤劳动的这一结果，她一个柔弱女子，为黑奴而战的过程，如今还有谁会记起？（典例。）

结果比过程更有作用。（从“作用”角度申说。）沃森和克里克经过研究，发现并揭示了 DNA 分子的双螺旋结构，应用他们的结果，我们可以解释 DNA 精确复制转录，以及其内部种种问题。而他们研究的过程能起到结果的作用吗？（典例。）我们在体育比赛中大声呼喊“重在参与”，试想难道这参与不是我们想要的结果吗？（问得好！）

人是社会的一部分，自我实现同样离不开社会而单独存在，滴水不融入海洋，只能是被日光所蒸发；大雁脱离群体，也只能发出哀鸣，我们说自我实现便是要看他对社会的贡献，而结果正是实现自我价值的动机与原动力，正是为了达到我们想要的结果，我们才能够废寝忘食地去努力。人是社会人，衡量一个人是否自我实现的根本表现不在于过程体验而在于社会贡献，有了社会贡献才能谈人的尊严，社会贡献可以是物质的，也可以是精神的。司马迁如果没有《史记》，那么他如何成为史家第一人？爱因斯坦如果没有“相对论”，他又怎么成为 20 世纪最伟大的科学家之一呢？（还是精彩的发问！）

往往都是失败了之后才会说注重的是过程，其实结果就是证明了很多东西了。失败了，能证明你的方法或途径发生了错误；成功了，说明你的努力得到了回报，你的方法适合你。注重过程——只是我们掩耳盗铃的自我安慰罢了。（反驳“过程重要”论。）

所以，我认为结果比过程重要。

【综评】

这篇文章突出在观点显豁而外，更引人注目的是它的结构和语言。

“结果比过程更有力量”“结果比过程更有影响”“结果比过程更有作用”三个立论让“倘若没有了结果，那过程就像嚼烂了的甘蔗渣，没有丝毫意义可言”的中心论点有了极强的张力。

第一节文字的整饬，第五节反诘文字（“一个律师……”）的犀利，倒二节对“注重过程”论者到位的心理剖析等都凸显了不俗的文字功力。

典题 61 “反穿袜子”

根据下面的材料按要求写作。

有个四五岁男孩，平时总爱反穿着袜子，父亲有时帮他把袜子好好地穿上，他还要自己脱下来，再翻个面穿上去。有一次父亲生气地问他：“你为什么总要反着穿呢？线头露在外面，多难看！”没想到他竟理直气壮地说：“袜子是我在穿，不是穿给别人看的，线头在里面会使我的脚不舒服，我当然要把袜子翻过来！”

上面的材料引发了你怎样的思考？请结合自己的体验和感悟，写一篇文章。

要求：自选角度，自拟题目；议论文，不少于800字；不得套作，不得抄袭。

【典题解析】

这个材料虽然涉及父亲和儿子两个人，但是立意的重点应当在儿子身上。尤其是结尾处儿子的话表现了穿袜子是从自己舒服的角度出发的。反穿袜子是对常规思维的挑战，是坚持初心。但也不能只一味地肯定小男孩图舒服反穿袜子是正确的，正穿袜子其实也意味着遵守社会规则与制度，只顾自己开心，有时会影响个人发展或整个社会秩序的规范，因此，批评小男孩的立意倒是更能显示思想的深刻性。“上面的材料引发了你怎样的思考”意味着必须写议论文；“结合自己的体验与感悟”意味着行文不能只是客观论述分析，必须谈及自己的认知。

佳作 73

不忘初心，方得始终

（“金句”入题，凝练显豁。）

尼采曾在《查拉图斯特拉如是说》中提到：“谁终将声震人间，必长久深自缄默；谁终将点燃闪电，必长久如云漂泊。”（以尼采的名著中的名句开篇，顿生高大上之感。）人行于是非之间，必平衡于方圆之间，敢于做自己，方为处世之道。（“敢于做自己”，亮出本文的“旗”。如果简要地点一下小男孩的行迹，表明本文的中心论点所由，似乎更符合材料作文的路数。）

王佩瑜这个名字大家都不陌生，她现在是京剧圈的“名嘴”，五岁时学唱老生，不到17岁，便将全国大大小小的奖都拿了一遍。拍摄电影《梅兰芳》时，需要找人为孟小冬配唱，梅大师的儿子梅葆玖当即推荐了王佩瑜，并且说：“当今这个京剧圈中，最适合给孟小冬配唱的就是王佩瑜了。”如今年近30的王佩瑜要将京剧文化弘扬传承，她不仅唱，而且频繁地上综艺节目，许多人质疑她分明是想红，王佩瑜对此解释："我有我自己的行事方法，在传承发扬京剧上，我会不断创新，让更多的人接受并了解京剧文化。"（"我有我自己的行事方法"，紧扣中心论点的说法，贴切的引用！）正是这种态度，让她的京剧之路越走越宽，她将京剧与流行歌曲相结合，让许多人喜爱上了京剧。（典型例证，对论点是个有力的支撑。）

王佩瑜在质疑声中前行，面对不解与疑惑，她敢于做自己，用行动来证明自己，不正是"不忘初心，方得始终"吗？（议论文字，揭示典例与中心论点间的联系。）

傅园慧是里约奥运会的一名网红，在比赛结束后的采访中，她幽默风趣的言语引起了大家的关注。网友们开始扒她的微博，发现傅园慧在生活中还是个段子手，这股"洪荒之力"给大家带来欢乐的同时，给她自己也造成了不小的麻烦。一些网友认为，运动员一天到晚训练那么紧张，她却整天在网络上活跃，有失运动员的风采，面对如此"攻击"，傅爸爸劝女儿关掉微博，但傅园慧拒绝了。（"拒绝"得好，也是对"初心"的坚守！）她对网友的质疑没有回应，但在后来的世锦赛中不断超越自己，打破世界纪录。用成绩来证明自己，给外界一个最有力的回应。

毕淑敏曾说过："掌纹只是生命的见证，而抓住命运的是自己。"黄大发，贵州遵义的一个老人，带领300多名村民翻越三座大山，修建了一条长4000多米的"生命渠"，改变了村民靠天吃水的命运。事迹曝光后，（"曝光"？表示将某件事情置于公众关注力之内，常偏指负面事件。用词不当！）外界有的人认为，当代愚公黄大发的故事不足为奇，不就是修了一条渠吗？可黄大发真的不仅仅是修了一条渠，退休之后，黄大发仍不忘带领村民种辣椒、种柚子，发誓要摆脱贫困的帽子，村子里的马路、学校都是他带领修建的。"时代楷模"的称号可谓实至名归。（在摆出了异议后，再陈述自己的观点，给读者的印象更加深刻。）

人行于世，不免受到外界的质疑，但敢于做自己，不忘初心，便是对质疑声的最好回应。（重申中心论点，在结构上回应开头。）

【综评】

全文采用传统的总分总的结构，层次分明。开篇借尼采之口提出中心论点，观点鲜明，而且增加了文章的厚度。分析论证部分事例典型恰当，符合时代节拍，而且王佩瑜、傅园慧、黄大发三例都能正反结合着分析。结尾照应中心论点和开头，收束有力。

如果在三个典例而外，再运用几组组合论据，会使文章的中心论点得到更为有力的支撑。

佳作 74

适应是为了生存

（标题乃达尔文“适者生存”的观点。）

袜子正穿是为了美观，这是人们一直以来默认的规则，而袜子反穿则是为了舒适，也有一定的道理。父亲应该尊重儿子的思想个性，还是强制他来适应规则，这其实反映出一个矛盾，但可以肯定的是，人最终还是要适应规则。（在对举中亮出自己的观点，从袜子的正穿反穿中拈出了“人最终还是要适应规则”的道理。）

昔有孟母三迁，通过改变环境而改变孟子的认知想法，从而成就一代圣人孟子，可见适应的重要性。（用“孟母三迁”说“适应”，似乎不是很恰当。）适应是一个艰难的过程，就像钢铁要在熔炉中铸炼。没有人天生就是正确的，其个性思想也不一定是错误的，但是人生活在各种各样的规则中，不想被淘汰就只能适应。与生物中“物竞天择，适者生存”的观点相同，那个男孩或许认为自己是正确的，可是他的老师同学们会怎么看他，会不会觉得他与别人格格不入？树枝需要被修剪，才能成为真正的参天大树。（如此认识小男孩的反穿袜子，算得上独到！）

适应生活，就要学会适应生活中的生存规律，就要学会适应生活中的环境，就要学会适应生活中的规则。一位官员，面对种种物质诱惑选择宝马香车，最终只会锒铛入狱；路上的司机，追求速度而置规则于不顾可能会酿成大祸；同学打怪升级，不遵守游戏规则只会提前死亡。（组合论据，谈“适应生活中的规则”的重要性。）

人，要懂得自己的追求，要认清自己的目标，要在前行的路上能够多适应，多改变，让自己变得不断完美，成为一个真正懂得生活、懂得世事的人。适应的过程，也是完善自我的过程。因为适应，人的个性会收敛，性格会内敛，涵养会提高。（三个整饬的句子，论“适应”的妙处。）被生活和社会淘汰的人，多数是不会适应的人。

正穿袜子，袜子里的线头会让人不舒服，但这不舒服可能也就是制度与规则。（从袜子正穿的线头会让人不舒服，谈到也可能让人不舒服的“制度与规则”，类比得当。）官员如果贪图舒服，置规则于不顾，一时的痛快最终换得世人唾弃，遗臭万年。但为官若能忍受“线头之不适”，能遵守清正廉洁、克己奉公的规则，便能名垂青史，万人敬仰。（正反论证，观点自明。）清朝的曾国藩为政时，“三年清知府，十万雪花银”是当时官员的真实写照，但曾国藩却始终出淤泥而不染，洁身自好。在京任职期间，以身作则拒绝收礼。在两江总督任上的时候，到扬州的一个富裕的盐商家做客，面对满桌子的山珍海味，只是低头吃自己面前的一点东西，属下以为上级不喜欢这一桌饭，结果曾国藩却说："一食千金，吾不忍食，吾不忍睹。"（很典型的例证！叙写的文字很有表现力。）曾国藩面对美食的诱惑而始终铭记"袜子里的线头"，不违背原则去"反穿袜子"，最终赢得世人的敬仰。（议论紧扣材料展开，妙不可言！）

适应"袜子中的线头"，自规自律，把美好的一面留给别人和世界，而不只是自私地图自己舒适，这样人生会更美好，世界会更和谐！（见微知著，因小识大，高妙！）

【综评】

在众人一致称赞小男孩的做法的同时，本文观点新颖，独辟蹊径地指出"正穿袜子"是一种规则，人应该适应规则来生存。从正反两方面列举同一时期曾国藩和贪官面对规则的适应与不适应，来证明适应的重要性。结尾回归材料和中心论点，深化了中心论点。

典题62 关注与忽略

在这个世界上，有太多的人值得我们关注，有太多的事情值得我们关注，有太多的景观值得我们关注，有太多的时点值得我们关注……因为人的精力有限，我们又不可能人人关注，事事关注，处处关注，时时关注。我们往往会忽略一些人，一些事，一些景，一些时点。有时候是无意的，有时候是刻意的……其实，关注与忽略也是一门艺术。

请以“关注与忽略”为题，写作一篇不少于800字的文章，立意自定，文体自选。

【典题解析】

这是一个二元关系型的命题作文，较之独字型命题、词语型命题，甚至句子型命题，它对审题的要求都要高。构思时，需要条分缕析，在厘清二者关系的前提下，要注意兼及二者，不能偏废。

从文字表面看，这两“元”是对立关系，因此，关注与忽略的对象应该是迥异的；从内容深层看，这两“元”也可以是同位关系，因此，关注与忽略的对象也可以是同一的，只不过可以在时间上错开，在地域上错开，等等。

文体有自由度，但是一旦选择了某一种文体，就要有意凸显该文体的特征，写出该文体的味道来。

佳作75

关注与忽略

（二元关系题，不是理想的议论文标题。）

关注自然的种种平常现象，你也许会有惊人的发现，而忽略是发现之路的红灯；关注社会的种种小事，你也许会有更多的体悟，而忽略是思想深化的障碍。（扬“关注”而抑“忽略”，态度鲜明。）

因此，纵使是一件小事，也值得我们去关注而不是忽略它们。

关注细节，会让自己获得机会；忽略细节，会成为事业成功的绊脚石。（概述关注细节的妙处。）

有人因为扶起倒地的拖把而获得就业机会，有人因为一封被回绝后的感谢信而重获机遇，有人因为指出面试者故设的“错误”而脱颖而出，这些，正是因为他们关注了细节。（具体列述关注细节的妙处。）面临同样的遭遇的人不计其数，可忽略细节的习惯让他们放走了最后的希望。

因此，关注细节而得到机会的概率要比忽略大很多。（对上文进行归结。）

正如有人因为忽略了一个不起眼的问题而使自己损失惨重，有人因为忽略礼仪而失去了合作的机会，有人因为忽略生活细节而与“质变”的机会擦肩而过。看似无用的知识仍值得关注，忽略它们也许会让你付出惨重的代价。（“忽略”的危害性。）

印度洋海啸之前，一个女孩发现了海水的异常活动，于是用学校老师给予的知识做了快速判断，因而救下了不少人。海啸的发生概率虽不是很大，但这样一个海啸预兆是不可忽略的。若是女孩上学时认为它可有可无，那么不仅是她，还有那些幸免于难的人们也会丧命。（典例。极具说服力。）因此，关注一个看似无用的知识是多么重要啊！

关注或忽略，结果往往会有天壤之别。女孩的关注救了许多习惯于忽略的人，而科学家的一些关注更是成就了自己，甚至造福了全人类。（紧扣着“关注与忽略”做文章。）

伽利略关注了被人们忽略了上百年的钟摆，于是他有了惊人的发现；牛顿关注了被人们忽略的各种折射现象，于是他成就了精彩人生；富兰克林关注了被人们忽略的雷电现象，于是他为世界科学做出了巨大的贡献。（“关注”的神效。）

其实，很多人都有关注并发现的潜力，而忽略却让人的成就有了天壤之别。

所以，关注那些经常被你忽略的事物吧，这些关注也许会为你带来不小的惊喜！（再度重申中心论点。）

【综评】

作者在展开时采用了议论文常见的内隐型层进式结构：“关注细节，会让自己获得机会；忽略细节，会成为事业成功的绊脚石”；“看似无用的知识仍值得关注，忽略它们也许会让你付出惨重的代价”；“科学家的--些关注更是成就了自己，甚至造福了全人类”。思维有梯度，有深度，这是值得称道的。

值得称道的还有作者述例的技巧：言简意赅，铺排而出，形成雄辩滔滔的气势。

同样值得称道的还有文章的语言运用：多对举，多排比。在对举、排比中，不经意间，道理得到了彰显。

典题63 “隐私保护与科学探秘”

根据以下材料，选取角度，自拟题目，写一篇不少于800字的文章；文体不限，诗歌除外。

每个人都有秘密，隐私保护逐渐成为社会共识；大自然也有秘密，科学探秘已经成为时代热潮。

【典题解析】

本题为理性思辨型材料作文，“秘密”是材料的核心词语，是材料语境下的“秘密”，而不是一般意义上的秘密。材料有两个不同的立意指向：一个是“保护”，一个是“探寻”。第一个指向是从人际关系的角度而言，强调“隐私保护”；第二句话从自然科学的角度，强调的是“寻幽探秘”。在人际关系方面，不管是成人还是孩子，他们的“隐私”都是需要“保护”的；而在自然奥秘方面，无论上天或是入地，所有的“秘密”却又都是要“探寻”的。我们可以选择一个角度，或写保护个人隐私，或写探寻大自然的奥秘，也可以综合立意。

从人际关系的角度谈“隐私保护”，我们可以思考的问题是：① 如何界定个人隐私？② 为什么要保护个人隐私？③ 应该如何保护个人隐私？从自然科学的角度谈“科学秘密”，可以思考：① 探秘大自然的目的是什么？② 我们为什么要探秘大自然？③ 怎样才能科学高效地探秘大自然？如果超越既有选择，我们还可以从人与自然的关系角度进行更加深入的思考：无论是保护还是探秘，我们人类活动的最高原则应该是遵循“真善美”的价值追求，即求真、向善、创美，从而创造一个人与人、人与社会、人与自然和谐相处的美好世界。在自然、社会两个不同的方面，人们有没有一个可以一致遵循的行为准则呢？保护隐私是向善，探寻奥秘是求真。

写议论文，可以直接发表对保护隐私或探秘自然的看法。正确立意：左手科学探秘，右手保护隐私；保护隐私，让好奇止于尊重；揭露罪恶不违背“隐私保护”原则；探秘科学的底线止于与社会自然的和谐；保护隐私，探秘科学，唯真善美是求。

佳作76

保护别人的秘密

（标题是动宾结构，一个明晰的判断，很好！）

哲人说：“没有秘密的人不是一个完整的人。”（引述名言，强调“秘密”的客观存在。）秘密是一个人的必备属性，每一个人都有秘密。而自觉保护别人的秘密，就是对一个人最起码的尊重与爱护。（亮出文章的中心论点。）

虽然有越来越多的公益广告呼吁人们保护隐私，尊重人格，可是由于隐私泄露而引起的诈骗案件还是屡见不鲜。（从隐私泄露之普遍入手，谈保护隐私之严峻性。）一个钓鱼网站就能让成千上万人的秘密被彻底暴露，一条来历不明的短信就能让你银行卡里的存款不翼而飞。信息产业的飞速发展、网络通信的广泛普及，让泄密这件在过去听起来觉得很遥远的事情，越来越迅速地走近我们的日常生活，隐私保护刻不容缓。

“绿水本无波，因风皱面。”（很有文采的引用文字，也很切题。）在信息爆炸式增长的网络时代，许多不法分子将他们邪恶的眼睛盯上了与人们日常生活息息相关的各种隐秘信息，身份证、银行卡号、居住地、手机号码，各种各样的密码、验证码，甚至是你的消费喜好、家庭结构等在过去等闲视之、不以为意的各种信息都有可能成为他们兴风作浪、为非作歹的可手工具。我们不得不紧跟时代发展的步伐，以更加谨慎的态度、更加先进的方法保护我们自己的秘密及别人的隐私。

电影《辛德勒的名单》中有这样一句台词：“人的权利大小，不在于如何让人死，而在于如何让人活。”辛德勒手握能够决定1100名犹太人生死的长长的名单，用自己的智慧和勇气保守了与这些无辜者生死攸关的重大秘密。（典例，紧扣主旨，而且定向叙述，很好！）利用自己的权力，严守他人的秘密，始终思考如何才能让人更好地活，这就是美好的人性，这就是对他人的尊重与爱护。（对“严守他人的秘密”的价值的发掘。）得到辛德勒拯救的犹太工人们用他们从自己牙齿上取出的金子铸成了一个质朴的戒指，在上面用希伯来文刻上了一句经文，“凡救一名，即救全世界”。爱他人，爱我们生活着的这个世界，这是最为崇高的品德，而这一切都是从严守他人的秘密、保护别人的隐私做起的。（辛德勒典例的延续。智慧地落脚到“严守他人的秘密、保护别人的隐私”上。）

中国人向来推崇古代儒家“仁心博爱”的理念。仁者，爱人也。己所不欲，勿施于人。“仁”的观念是我们中华优秀文化传统的一个重要组成部分。“仁爱”思想让我们能够换位思考，推己及人，共建和谐温馨的人际关系，共建“我为人人，人人为我”的美好家园。在当前形势下，我们更有必要将传统文化与时代精神结合起来，把利益与道义结合起来，在保护自己的同时，以更加认真、更加虔诚的态度尊重他人，自觉筑起一道爱的围墙，严守别人的秘密，保护他人的隐私。（从传统文化的角度谈“严守别人的秘密，保护他人的隐私”，有高度，有厚度！）

让我们擎起爱的大旗，以“仁爱”的名义起誓，尊重他人，保护隐私，构建和谐，播种美善，努力成为最好的自己。（结尾再申中心论点。）

【综评】

文章的标题就是中心论点，可谓明确。开头的三段既开宗明义，解读了作者的观点；又结合实际，强调了论述的话题的价值，为进一步的剖析树起了绝好的靶子。接下来的四、五两段承接上文，从中外思想史的角度言说了“严守别人的秘密，保护他人的隐私”的思想意义和现实要求，具有较为强大的逻辑力量。

多处贴切的引用文字，为文章增色不少。

典题64 “老舍茶馆的发展壮大”

阅读下面的材料，根据要求写作。

1979年，尹盛喜组织20余名知青，在北京前门箭楼旁搭了个露天茶摊，经营困难。

1988年，他创立老舍茶馆，聘请没地方演出、生活困顿的民族老艺人表演传统曲艺。客人点一杯茶，就能欣赏到著名艺人的琴书、单弦、相声等。老舍茶馆的名气越来越大。

1993年，尹盛喜的女儿尹智君利用所学的酒店管理知识来经营老舍茶馆，引进新人、新思维。

2008年北京奥运会期间，尹智君对员工进行英语、国际礼仪、传统特色服务的培训，老舍茶馆半个月里接待了13位外国元首及政要。近年来，传统文化的复兴给予了老舍茶馆更好的发展机遇。

从露天茶摊发展成有国际影响的茶馆，这里面既有两代人的追求与努力，也有时代发展的契机，还有传统文化的巨大魅力……老舍茶馆的发展引发了你怎样的思考与联想？请写篇文章，谈谈你的认识。

要求：不得脱离材料内容及含意，选好角度，确定立意，明确文体；不要套作，不得抄袭；不少于800字。

【典题解析】

这是一道叙事体任务驱动型材料作文题，核心事件是“老舍茶馆的发展壮大”。老舍茶馆之所以能够发展壮大，“这里面既有两代人的追求与努力，也有时代发展的契机，还有传统文化的巨大魅力”。这是题目所给的立意指向，下笔前需要整体思考，综合立意，不可只谈及一点，而忽略其他。

材料中父女俩的做法虽然不同，但是都突出了“文化兴馆”这个点：父亲的做法突出了对传统文化的保护和传承。女儿的做法则突出了中西文化的结合，既有英语、国际礼仪的培训，又有传统特色服务的培训，且“传统文化的复兴给予了老舍茶馆更好的发展机遇”。考生既要立足于传统文化对茶馆发展的影响，又不应把思维只限制在茶馆上，而应从茶馆的发展延伸出来，比如从文化兴馆的角度去思考文化兴业、文化兴国的问题，将思维深化。

上述三个立意点之后为省略号，表明考生也可以有其他合理立意。比如：老舍茶馆从聘请没地方演出、生活困顿的民族老艺人表演传统曲艺，发展到2008年北京奥运会期间，女儿尹智君对员工进行英语、国际礼仪、传统特色服务的培训，到老舍茶馆半个月里接待了13位外国元首及政要，都让我们看到，老舍茶馆从“振兴古国茶文化，扶植民族艺术花”到“传承古国茶文化，弘扬民族艺术花”的历史性调整，正是契合新时期提出的弘扬传统文化的新使命。老舍茶馆的发展壮大正是顺应了历史潮流，与时代同行的最好体现。

围绕老舍茶馆的发展，也可确定如下立意方向：事业发展与传承文化相得益彰；接力时代潮流，弘扬传统魅力；守传统之魂，扬时代风帆；让传统乘上时代的巨轮；携手传统文化，共铸时代佳话；紧跟时代发展，植根传统文化；让传统接力，让文化闪光；借传统文化之风，接改革创新之棒；坚贞于坚守，创新于传承。

佳作77

立经典传承，乘时代长风

老舍茶馆始于露天茶摊，经由曲艺茶馆，终成文化名片。(概述了老舍茶馆发展史，文字简省。)茶馆之繁盛茁壮的背后既有两代人的追求与努力，也有时代发展的契机，还有传统文化的巨大魅力。(揭示发展壮大的原因。)

老舍茶馆尹家父女两代人不懈追求，才将经营惨淡的茶摊打造成四海闻名的大茶馆。没有尹盛喜聘请民族老艺人表演琴书、单弦、相声等传统曲艺，老舍茶馆的名气怎会越来越大？没有尹智君眼光独到、创新开拓，何来今日名馆？(两个“没有……”是假设论证，引发读者的思考。)当评书者在茶馆抚尺，当名角在茶馆唱念做打，当古乐器在这里重新奏响，这一隅角落如何不引人凝眸？(“隅”与“角落”有重复之弊，应该去一留一。)这一杯茶如何不别样芳香？

于是茶馆因文化而兴，传统因茶馆而传承。(说“茶馆”与“文化传统”的关系。)

传统文化的无尽魅力是代代相承的精神财富。中华老字号、老铁锅铸造、手艺人藤椅编织技术都是经过了一代又一代的“大国工匠”之手才得以保留至今。(泛例，铺排开来。)王佩瑜接触京剧并且学习京剧之后，就勇于将京剧与现代文化做结合，开创了一种新的京剧文化，让很多不关注京剧的人了解到了她这个人，从而也喜欢上了京剧。(特例，是与泛例相映成趣的“点”。)叶嘉莹先生的吟诵、“中国诗词大会”及“经典咏流传”等文化节目层出不穷，赋予每一个中国人传承和弘扬传统文化的新使命。(又是泛例。)(其实，讲究一下泛例和特例的“序”，更好！)

于是人因传统文化而红，传统文化因人而薪火相承。(说“人”与“传统文化”的关系。)

不论是老舍茶馆因琴书、评弹、相声等名扬四海，还是孔子学院在全球遍地开花；不论是英雄崇尚、家风弘扬融入日常，还是故宫博物院打造世人瞩目的文化盛宴，传统赠予当代人的绝不只是唱念做打的京剧，青衫长袍的诗歌百篇，或是精美绝伦的汉服，而是现代生活的精神支撑。（整饬的句式，美妙的文字。）英国伊丽莎白女王有言："与其诅咒黑暗，不如点亮蜡烛。"传统文化的传承与创新成为当今社会的主要发展潮流，传统文化便是我们从先辈手中接下的火炬，照亮前方发展之途的明灯。（连用"火炬""明灯"两个比喻，揭示传统文化在当今社会的功用之大。）

文化传承和我们的事业发展并不矛盾，而是相辅相成。（过渡句，为下文张本。）

近年来，传统文化的复兴给予了老舍茶馆更好的发展机遇。站在时代的制高点上，老舍茶馆尹智君用所学的酒店管理知识引进新思维，对员工进行英语、国际礼仪、传统特色服务的培训，在北京奥运会期间把旧茶馆打造成国际知名茶馆。对员工进行英语、国际礼仪培训是国际共性的东西，而传统特色服务的培训则是中国文化传统中独有的东西。老舍茶馆半个月里接待了 13 位外国元首及政要，这些外国元首和政要大概不是奔着这里的英语和国际礼仪来的吧！（扣住"中国文化传统"生发议论。）

不单是茶馆与文化互为成就，一座城市也会因文化兴，而文化更会因城传，依托于历史底蕴打造的名城古迹，让城市和文化融为一体。不单是城，一个国家也可以因文化兴国，因文化强国。（由茶馆而城市而国家，大大强化了文化的功能。）

英国作家毛姆有言："传统为我们提供经验，而非枷锁。"（再次强调传统的时代价值。）如梭罗在瓦尔登湖畔告诉年轻人撑祖宗之船，并抵达前人未曾抵达的水域。立经典传承，萃取先人之无尽精华；乘时代长风，手握际遇而代代为嘉。

【综评】

本文逻辑严密，思考有深度，充满雄辩力和思辨性。文题本身就揭示了中心论点，第一段紧扣材料提炼概括观点；紧接着采用层进式结构说理，从茶馆因文化而兴到传统文化因人薪火相承，再到文化传承和事业发展相辅相成，逐步深入分析，使得论证结构层次分明，论证层层深入，从而有力地证明了观点；结尾再照应观点，收束有力。其间，例证典型，语言出彩。

佳作 78

茶香袅袅，余韵悠长

始于露天茶摊，经由曲艺茶馆，终成文化名片。盛喜的茶芳香弥漫，香拨我心，致敬文化，彰显时代之搏动。

它的茶味厚香醇，它的曲艺经典惊艳你我，它的国际影响难以置信。一座茶馆两代人，一杯清香文化传。（整饬的句式，不一样的表达效果。）茶馆之繁盛茁壮的背后，是底蕴深厚的传统文化给它的滋养，是两代人不懈追求与努力的沉淀，是时代发展为它创造的契机。

茶香清清，传统文化滋养它的芳香，余韵雅致而悠长。（“茶香清清”，与下文的“茶香浓浓”及“茶香袅袅”明晰了文章主体部分的结构层次，也从三个角度对中心论点进行了论证。）

“唯有文字能担当此任，宣告生命曾经在场。”史铁生的经典语句可仿而用之，“唯有文化能担当此任，滋养茶香之沁人心脾。”（引用，然后创造。豁人耳目！）评书者在这里抚尺，名角在这里唱念做打，古乐器在这里重新奏响，让这一杯茶别样芳香。中国有传统文化，在古老艺术这一最肥沃的土地上，千万绿色在这里生长。奥运会上的脸谱头盔，日渐发展的文化式慢综艺，依托于历史底蕴打造的名城古迹，都是实践，都是见证。传统文化宛若游龙行遍中国，养出的将不只是余韵悠悠，更将展出华夏更美的万千景象。（传统文化在当代绽放出夺目的光彩。）

茶香浓浓，两代人孜孜以求，余韵动人而悠长。（独立成段，有结构上的显性功用。）

“历史必有奋斗者书写，梦想光华必为追梦人所添。”没有尹盛喜十载露天坚持，没有尹智君眼光独到、创新开拓，何来今日名馆？叶先生 90 岁高龄讲学而不辍，她的追求让古之学者心有慰藉。有时候，可能目标很大，梦想很远，但当你的追求与奋进如秋菊般盛放，必能邂逅梦想，接受拼搏带给你的回馈。（叶嘉莹先生是名人，典例，很有说服力。）

茶香袅袅，时代发展成就它的非凡，余韵浓烈而悠长。（“茶香袅袅”，与前文的“茶香清清”和“茶香浓浓”相呼应。）

“唯有时代取之无尽，用之不竭，容得下最大的梦想。”近年来，传统文化的复兴给予了老舍茶馆更好的发展机遇。若无奥运会的际遇，老舍茶馆又怎会接待 13 位外国元首与政要？近日，曾多次广受追捧的故宫又出品漫画《故宫回声》，以广受年轻人喜爱的方式传扬故宫的活力与生机。（漫画《故宫回声》拓展了文章的境界。）的确，我们这个时代有着最繁荣的背景，能为众多发展提供广阔的生存空间，我们需借助其力量，使传统文化与之有机结合，从而迸发出无穷无尽的希望。

握一杯茶，心喜文化远播，时代腾飞。

看一场戏，欢欣我少年中国，顾盼生姿。

茶香袅袅，余韵悠长。（点题。）

文化之光，光耀四方。（连续的短句，连续的短小段落，有新人耳目之效。）

【综评】

本文开头紧密联系材料，透过现象看本质，表明自己的思考。中间部分采用并列式结构，将“茶香”与传统文化、两代人的不懈追求与努力和时代发展有机结合起来，严谨合理。结尾部分上升到国家的高度思考问题，紧扣文化复兴的时代热点，体现了当代学子的责任意识和家国观念。

文章引用准确，有理有据，显示了作者阅读的广度和深度。行文优美，富有文采，可以看出作者驾驭文字的功底不凡，具有很好的文学素养。

典题65 “人当常怀敬畏之心”

根据以下材料，选取角度，自拟题目，写一篇不少于800字的文章。文体不限，诗歌除外。

人常常因为不懂得敬畏而犯错。我们要常怀敬畏之心，学会敬畏规则，敬畏自然，敬畏生命……

【典题解析】

这则材料的核心词语是“敬畏”——又敬重又畏惧，写作时，两方面的内容必须兼顾，孤立地谈一方面就是偏题。可以整体立意：说清楚什么是“敬畏”，解释其内涵；说清楚为什么要常怀敬畏之心，针砭现实，列举不敬畏的恶果或正面列举拥有敬畏之心的人的所作所为，指出积极意义；说清楚怎样对待“敬畏之心”或需要敬畏哪些对象。也可以选取需要敬畏的某一对象进行写作，如敬畏自然、生命、规则等。敬畏自然，因为大自然是奇伟壮丽的，因为大自然是神秘莫测的，大自然那无与伦比的智慧孕育了人类。敬畏生命，因为生命的诞生是神奇的，每一个生命都是不同凡响的存在，无论是动物，还是植物，还是其他的生命；因为生命是伟大的，一个生命个体的寿命虽然是有限的，但是人类一代接一代的薪火相传，人类文明的火炬熊熊燃烧，照亮了历史的天空，也将点亮未来的星空，即使是一个个体，他创造的辉煌也足以令世人仰视；因为生命只有一次，是脆弱的，渺小的，短暂的。敬畏规则，有序的文明社会，必须有各种规则来保证；敬畏所有光明正大的规则，就是尊重公平、提高效率；知易行难，更重要的是学会敬畏规则，践行敬畏。

佳作79

我们要敬畏生命

（主谓句，一个判断，明确表达观点，可取！）

“风儿可以吹动一张大纸，却无法吹走一只弱小的蝴蝶，因为生命的力量是不屈服。”（引用开篇，紧扣题旨。）每每读到这句话，心中都油然而生出一种敬意。因为这不屈服的力量，我感到生命的崇高。

我们要敬畏生命。（明确中心论点。）敬畏生命是对自我灵魂的塑造，是对自我人格的提升。（点明持此论点的原因。）

还记得在一次网球公开赛上，紧张激烈的比赛正在进行着。突然，不幸发生了，一只小鸟误闯场地，被网球击中，死去，掉落在绿茵茵的场地上。这一插曲令在场的人都目瞪口呆。而更令人意想不到的是：那位击中了小鸟的选手跪在了死去的小鸟面前，神情凝重而虔诚。（典例！人对鸟的敬畏。）这一跪，无疑是最令人感动的一跪了。

在古代，人人都给皇帝跪；在现代，我们也给死去的亲人跪。有时，也会跪着向他人求助……很多人都下过跪，可是又有几个是为一只小鸟而跪的呢？（议例。从对比的角度展开，很有力度。）古人云：男儿膝下有黄金。人是不会轻易给别人下跪的，更别说在他人眼中不值一提的小鸟。可是他跪了，那一跪承载了这位选手多少的内疚、悲痛与对生命深深的敬畏啊。我想说，他虽然跪着，但比无数站着对生命毫无尊重、毫无敬畏之心的人要高大得多。（再度对比行文，好！）

还记得那位公交车司机，在行车途中，心脏病突发，他做了三件事：一是先把车开到马路边，用最后一点力气拉动制动闸，让车停下；二是按下车门的按钮，打开车门；三是将发动机熄灭。做完这些，他趴在方向盘上停止了呼吸。当死神突至的时候，他没有惊慌与痛苦，他心里想的念的都是车上的乘客。这看似不可思议的行为，承载了作为一个公交车司机多少强烈的责任感，又承载了作为一个真正的人对生命多么崇高的敬畏之情。都说，死是一块试金石，而这位公交车司机的行为显示出他的道德操守与他人无法比拟的人格魅力。他无疑是伟大的，他虽然死了，却活在人们的心中。（还是典例，涉及人，而且是整车的人。只是叙写得有点繁复，文字其实可以精简些。）

阿尔贝特·史怀泽曾说："善是保存和促进生命，恶是阻碍和毁灭生命。"无论是那位网球选手的一跪还是那位公交车司机死前所做的三件事，都体现了人类最伟大的情感之一：敬畏生命。这生命，无论是动物还是人，无论是微不足道还是伟大，都是值得我们敬畏的。而他们对生命的敬畏之心又何尝不值得我们对他们——"真正的人"尊敬呢？（对生命敬畏的人是"真正的人"，"真正的人"值得人尊敬。）

敬畏生命，也让每一个生命敬畏你！（以敬畏赢得敬畏。）

有时候，我们敬畏生命，也是为了更爱人类自己，丰子恺曾劝告小孩子不要肆意用脚踩蚂蚁，不要肆意用火或用水去残害蚂蚁。（很有感染力的例子！）他认为自己那样做不仅仅出于怜悯之心，更是怕小孩子的那一点点残忍以后扩大开来，以至于驾着装着炸弹的飞机去轰炸无辜的平民。（认识与众不同，启人睿智。）

确实，我们敬畏地球上的一切生命，不仅仅是因为人类有怜悯之心，更因为它们的命运就是人类的命运：当它们被杀害殆尽时，人类就像最后的一块多米诺骨牌，接着倒下的也便是自己了。（敬畏是感情的付出，也是感情的收获；敬畏一切生命，实际上也包括自己。）

【综评】

这是一篇规范的议论文。文题本身就亮出了中心论点，开篇即以引用文字扣住题旨，又明确了中心论点。接着以一则又一则典例，申说了为什么要敬畏生命——包括鸟儿在内的生灵。殊为难得的是，作者不仅是把敬畏投诸自己而外的生灵的生命，而且不断联系自己，敬畏一切生灵的生命实际上也是敬畏自身；其间还有不少认识异乎寻常，让人很受启迪。

还有一些引用文字，既佐助了论证，又增添了文采。

典题 66 “守护弃婴的‘妈妈’徐朴们”

阅读下面的材料，根据要求写作。

守护弃婴的“妈妈”徐朴记不清自己做了多少次“母亲”。而那些她怀抱里的孩子，大多是因患有严重脑瘫、脑积水、先天无肛、唐氏综合征等疾病而被遗弃的婴儿，有人评价做了十几年公益的徐朴：“她做了母亲乘以一百倍的工作，也有着母亲乘以一百倍的力量。”

在徐朴身上，有三股力量，凝聚成把孩子从生死边缘拉回来的合力。一个是专业，看护身患疾病的孩子，需要较高的专业知识水平；另一个是情绪，心疼但不流泪、心酸但能坚忍，起码在孩子面前都是笑脸与阳光；还有一个则是团队，徐朴带动丈夫、身边人创办公益组织“朴质公益”，致力于弃婴生存状态的改善。

三股力量之间有内在的联系吗？请选择其中两股力量进行有机关联立意，写一篇文章。

要求：选好角度，规范立意，明确文体，自拟标题，不要套作，不得抄袭，不少于 800 字。

【典题解析】

徐朴能够把守护弃婴的公益事业做了十几年，得益于她身上的三股力量。这三股力量也是我们立意的依托。两两关联，还得有机，颇费思量！徐朴的公益关注的是典型的弱势群体，是人间大爱的表现。“专业”指向能爱，属于智商，是技术层面的；“情绪”指向有爱会爱，属于情商，是艺术层面的；“团队”指向持续爱，是机制层面的。

“专业”+“情绪”：能爱还要会爱，有技能还要恰当地展示技能，其间需要隐忍控制。心里有阳光，才能给予他人阳光。“专业”+“团队”：能爱还要持续爱，一个人的能量毕竟是有限的，团队推进才能提供有力的保证。有了专业知识，再依托集体的力量，事业才能做大做强，做到可持续发展。“情绪”+“团队”：会爱还要持续爱，把一个人的高情商推广到一支团队，团队可以成为爱得持久的支撑。深度思考后会发现，其间，有很多可以生发的写作角度。

佳作 80

为你，千千万万回！

（出自畅销书《追风筝的人》中的名句，贴切地表达了文章主题。）

她的头发里夹杂着霜华，怀中婴孩面容粉嫩如初花。笑容像阳光一样留在这位医护专业的女士唇角，她的情绪让所到之处皆有温度。徐朴无数次成为“母亲”，是专业使然；为弃婴千千万万回，是因为情绪常在。（以动人的画面开篇，概括了材料，也明确了文章的中心论点。）

因为具有这样的专业能力，不知不觉中徐朴背负上了这样的职责。与此同时，她天性里悲天悯人的情绪又在鼓舞她为这样的职责坚强下去，把眼泪收藏到深夜，要把微笑沉淀成美好的样子留给这些本就不幸的孩子。两者相辅相成、共生相息，让她有能力勇敢，也让她有可能善良，更让她有希望一直走向光亮。（对所持论点的内涵进行诠释，让读者明白作者所指。）

“我从未对死亡习以为常。”阿尔贝·加缪在《鼠疫》中借助主人公里厄医生如此回答。为什么你非要去，是什么让你如此奋不顾身？在那个疫情肆意、人人自危的时代，始终和死神贴面共舞，抵死抗争的医生声音振聋发聩。是他的专业赋予他救死扶伤的义务和职责，是他温柔又坚韧的情绪坚定了他要发挥自己专业水平的决心。或许他的专业又在无声中滋养了他的情绪，呵护了他对生命的尊重、对死亡绝不习以为常的情绪。（以文学名著为例，定向叙述，夹叙夹议，妙！）

“这个故事使我受益，就像对自己的一个约定一样，让我也不要对死亡麻木。”无国界医生主席廖满嫦带着深沉又克制的情绪这样表达《鼠疫》对她的影响。在炮弹声中为难民进行手术，在因轰炸而簌簌落下的墙灰下入睡，为了防止武装分子袭掳需要一直穿着鞋子。廖满嫦以医生的身份行走在这些苦难之中，她发挥着她的专业知识，受到悲悯情绪的鼓舞一次次坚强着，也面对着来自情绪的一次次折磨。（廖满嫦一例也很典型，而且和前例有内在的关联，大妙！）

不是所有人都经历过那种救助失败就要把尸体推下台再进行下一场时应接不暇的自责悲痛，不是所有人都面临过那种问自己借了十美金为当地新生儿购买奶粉的同事出门就倒在流弹下的痛惜恐惧，不是所有人都深受过自己确信过安全的医疗中心被反复轰炸时的悲愤。但人在悲痛中不断前行，无国界医生怀着专业知识赋予的能力、受着悲悯善良情绪的鼓舞在战地里相互扶助着缓慢前进，即使再痛苦无及，也未曾废离。（一组排比句，而且是长句，高度概括了无国界医生的境遇，于中，更见其高尚。）

一如（“一如”，完全一样。很古雅的词汇！）忘却生死在前线辗转着的玛丽·科尔文。车臣、阿富汗、科索沃、阿拉伯……为还原战争真相，她先是失去一只眼睛，继而失去生命。“如果无法立即阻止，至少所有人有权知道真相，我是在当一个战争证人。”长眠在叙利亚的她曾经只是个人文专业的高才生，幻想着写写小说。但是人文专业赋予她的悲悯情绪在战争报道下苏醒了，在她笔下，炮弹不仅是一个名词，伤亡也不仅是一个数字，它们意味着烧毁的房屋、残缺的肢体、抱着孩子哭泣的女人和士兵眼中一闪而过的惊恐。她把一生都留在漫天硝烟里。（又是一则典例，和廖例是不同的领域，拓展了文章的境界。）

专业知识配备的能力，悲悯情绪呵护的善良互相支撑着，让一个人有能力坚强，也让一个人有必要一直善良，永远留存着赤子般的真挚。

为了那些需要的人，可以千千万万回！（点题，重申文章的中心论点，强化读者的印象。）

【综评】

本文扣住“专业”+“情绪”做文章，凭借着“专业”和“情绪”，有着大爱的人们为了那些需要帮助的弱者愿意千千万万回付出。文学名著《鼠疫》、无国界医生主席廖满嫦、战地女记者玛丽·科尔文三则典例紧紧围绕“专业”和“情绪”议论，夯实了作者的观点。

文题源自畅销书《追风筝的人》中的名句，很贴近主旨，也很有韵味。频现的长句、富有感情色彩的语句，显示了作者驾驭文字的深厚功底。